문답으로 풀어 본

트럼프와
한반도

문답으로 풀어 본
트럼프와 한반도

TRUMP AND KOREA

도서출판 새빛
SAEVIT

1부   트럼프 2기, 한국의 외교 (34문답)

1 한미관계

2 한중·한일관계

3 한-글로벌 파트너 협력

4 경제안보

2부   트럼프 2기, 한국의 안보 [29문답]

1 국방정책

2 북핵

3 글로벌 안보 현안

3부 　트럼프 2기, 한반도 통일 [16문답]

1 대북정책

2 통일정책

이 책은 세 가지 목표 의식을 갖고 출간되었다. 첫째, 트럼프 2기의 출범으로 직면할 수 있는 위기들을 따져보는 것이다. 특히 외교·안보·통일 분야에서 주요 이슈를 개관하고 쟁점을 파악하며 이를 통해 국익을 위한 지혜로운 대응을 모색하기 위함이다. 둘째, 국내 중견 연구진의 협력을 통하여 연구 역량을 확충하고 집단지성의 인프라를 만들어 내는 것이다. 국내 최고의 외교·안보·통일 분야 중견 연구자들이 함께 모여 공동으로 작업하는 과정에서 서로에 대한 이해를 도모하고 협력적 연구 경험을 배양함으로써 시너지를 창출하기 위함이다. 셋째, 이 책의 출간을 통하여 우리가 직면하고 있는 외교·안보·통일 이슈들에 대한 인식을 국민과 공유하는 것이다. 매일 일반 국민이 미디어를 통하여 접하는 다양한 국제관계 이슈들을 전문가들의 짧고 명확한 분석을 통하여 알기 쉽게 전달하여 이들 이슈에 대해 국민의 접근성을 높이기 위함이다.

21세기 국제관계는 더욱 복잡해지고 있으며, 우리의 국력도 명실상부한 선진국으로 신장함에 따라 우리가 해야 할 역할도 확장되고 있다. 이러한 복합 위기 도전이 기존의 외교·안보 공식을 거부하는 트럼프 2기의 출범으로 더 도드라지고 있으며, 이러한 도전이 한국의 미래에 중대한 영향을 미치고 있다. 이러한 상황 인식을 바탕으로 이 책에서는 현재 진행되고 있는 복잡하고 다양한 이슈들을 분석하였다. 미국, 일본, 중국, 북한, 러시아, 아세안, 유럽·NATO, 호주, 인도 등과 한국의 양자관계 분석을 비롯하여 경제안보, 신안보, 해양안보, 기후변화 등 현안 중심의 분석도 시도하였다. 아울러 한미동맹, 러·우 전쟁, 북·러 밀착, 북핵 등 안보 이슈를 포괄적으로 다루었을 뿐만 아니라, 북한의 대남 전략 및 인권 개선 문제 등 통일 관련 이슈들도 망라하였다.

이 책은 모두 21명의 중견 연구자가 집필하였다. 이들 집필자는 다양한 학문적 배경을 바탕으로 깊이 있는 연구를 하고 있으며, 다양한 기관에 소속되어 있다. 그러나 이러한 다양성에도 불구하고 이 책의 발간 과정에서 보여준 집필자 간의 신뢰와 협력, 그리고 각자의 전문성은 아주 인상적이었다. 이들 집필자는 위에 언급한 공동 목표를 달성하기 위해 힘을 모았고 적극적으로 협력하였으며, 서로 간의 신뢰와 존중을 바탕으로 단시일 내에 이 책을 완성할 수 있었다. 각자의 전공을 살려 충실하게 원고를 작성하였으며, 서로서로의 원고를 읽어주며 건설적인 토론을 이어갔고 책의 전반적인 통일성을 유지하기 위하여 협력적으로 원칙을 만들고 공동으로 교열작업도 실행하였다.

이제 이 책의 발간과 함께 한 가지 바람이 있다면 좀 더 많은 일반 국민이 이 책을 통하여 우리가 직면한 외교·안보·통일 이슈들에 대해 이해의 폭을 넓혀갔으면 하는 것이다. 집필자 21인은 학자로서 또 전문가로서 오랫동안 각자의 분야에서 쌓아온 연구역량을 바탕으로 사회에 이바지하고자 하며 이 책은 그러한 의지의 작은 발걸음이라고 할 수 있다. 이 책을 시작으로, 앞으로도 연구자들의 사회공헌이 지속되기를 바란다. 마지막으로, 집필 과정에 도움을 준 우정엽 박사께 감사를 전한다.

2025년 2월
집필자 21인 일동

트럼프 2기, 한국의 외교

1 한미관계

Q. 트럼프 2기 출범에 따른 한국의 과제는?

2025년 1월 20일, 미국 제47대 트럼프 Donald J. Trump 대통령이 취임하며 화려한 귀환을 알렸다. "트럼피즘 Trumpism"으로 불리는 트럼프 대통령의 철학은 안보적, 경제적 측면에서 미국의 국익을 최우선으로 삼는 실리 중심의 현실주의 외교를 핵심으로 한다. 트럼프는 국제사회 규범과 전통적 동맹 체계를 뒤흔드는 동시에, 미국 중심의 질서를 구축하려는 독자적인 접근 방식으로 자신만의 정치적 색채를 국제사회에 각인시켰다.

트럼프의 정치 철학은 단순하지만 강렬하다. 미국은 언제나 최고여야 하고, 이를 위해 필요한 모든 조치를 강행할 준비가 되어 있어야 한다. 그는 가치와 규범보다 경제적 실익을 최우선에 두며, 정책 전반에 거래적 접근을 적용한다. 덴마크로부터 그린란드를 매입하려는 시도와 파나마 운하를 되찾자는 주장이 대표적이다. 이는 전통적 외교 문법으로는 도저히 이해할 수 없는 발상이나 트럼프의 계산은 명확하다. 미국의 전략적 요충지를 확보하여 글로벌 자원확보 경쟁과 인프라 구축에 미국의 영향력을 되찾겠다는 강력한 의지를 보여준다.

이러한 트럼프의 정책과 스타일은 논란과 찬사가 공존한다. 정치적 동의를 떠나 트럼프는 분명히 미국 대통령 역사에서 독특한 인물로 기록될 것이다. 그의 외교정책은 전통적인 미국 대외정책과 여러 측면에서 차별화된다. 2차 세계대전 이후 미국은 다자협력과 국제규범을 중시하며 글로벌 리더로서의 책임을 강조해왔다. 그러나 트럼프는 미국의 실질적 국익國益을 중심으로 한 정책을 강조한다. 취임식 직후 행정명령을 통해 파리기후협정과 국제보건기구WHO에서 탈퇴한 결정이 이를 상징적으로 보여준다.

더욱 강력해진 미국 우선주의America First를 대외정책 기조로 내세운 트럼프 대통령의 귀환에 세계 국가들의 전략적 셈법이 복잡해졌다. 한국도 물론 예외가 아니다. 트럼프 2기 행정부는 힘을 통한 평화, 군사력 강화, 동맹국의 책임 증대, 대중국 전략 강화 등을 주요 대외정책 기조로 삼고 있으며, 이는 한반도를 포함한 인도-태평양 지역에 중대한 영향을 미칠 것으로 보인다. 한국은 이러한 변화 속에서 안보적·경제적 도전에 직면할 뿐 아니라, 새로운 전략적 기회를 모색해야 하는 복합적 과제를 안고 있다.

트럼프 2기의 미국을 상대하는 한국의 도전과제는 다음과 같다. 첫째, 방위비분담금 증액 가능성이다. 2024년 대선 캠페인 중 트럼프 대통령은 한국을 "머니 머신money machine"으로 지칭하며, 연간 100억 달러의 방위비를 분담해야 한다고 주장했다. 이러한 요구는 분담금 특별협정SMA 재협상 시도로 이어질 가능성이 높고, 한미동맹의 긴장을 초래할 가능성을 내포하고 있다. 한국은 방위비 협상이 양국 관계의 구조적 균열로 이어지지 않도록, 한미동맹의 전략적 가치를 부각하며 상호 호혜적인 협상을 끌어낼 숙제를 안고 있다.

둘째, 미북 정상외교 가능성이다. 트럼프는 외국 정상과의 개인적 관계를 중시하며 국제 협상에서 자신의 직감을 활용한다. 트럼프는 "김정은은 내가 복귀한 것을 환영할 것이다"라며, 미북 정상회담 재개 가능성을 내비쳤다. 다만, 이러한 정상외교가 실제 북핵문제 해결로 이어질지, 아니면 단순히 이벤트성 외교에 그칠지는 여전히 불확실하다. 사전 조율 없이 성급한 정상회담이 추진될 경우, 한국은 협상에서 배제되거나, 핵동결 등을 전제로 한 불완전한 군축 협상이 안보 리스크를 심화시킬 가능성을 배제할 수 없다.

셋째, 확장억제의 신뢰 하락 우려이다. 트럼프의 거래적 접근은 한미동맹의 핵심 요소인 확장억제의 신뢰성을 약화할 가능성을 내포한다. 대중국 견제를 위해 주한미군을 활용하고 한국이 스스로 자국방어에 힘써야 한다는 엘브리지 콜비 국방차관의 언급도 이러한 논리를 뒷받침한다. 이는 한국 내에서 자주국방과 독자적 핵능력 보유에 대한 논의를 증폭시킬 가능성이 있다. 한국은 확장억제 체계를 재확인하고, 미사일 방어, 사이버 방어 등 다양한 자주국방 역량을 확충하여 안보 환경의 변화에 대비해야 한다.

넷째, 보호무역주의 강화로 인한 경제적 충격의 가능성이다. 트럼프 행정부는 양자 간 경제관계에서 무역수지 흑자를 중요시하며, 관세를 대외정책의 전략적 레버리지로 활용하여 문제 해결을 시도한다. 대미 무역수지 흑자국인 한국에 자유무역협정FTA의 재검토나 관세 인상을 통해 압박을 가할 가능성이 있다. 이는 수출 주도형 한국경제에 직접적인 위협이 될 수 있으며, 경제적 불확실성을 증가시킬 수 있다. 한국이 '부자 나라'라는 트럼프 대통령의 인식은 한미 간 경제관계에 있어 조정 가능성을 암시한다.

마지막으로, 미국의 대중국 압박에 동참해야 하는 한국의 딜레마 심화이다. 미중 전략경쟁을 제로섬의 헤게모니 전쟁으로 인식하는 트럼프 행정부의 접근은 한국의 외교적, 경제적 리스크를 고조시킬 수 있다. 한국은 최대 무역 파트너인 중국과의 관계를 안정적으로 관리하고 대화채널을 유지하면서도, 미국 중심의 글로벌 공급망 재편에 협력을 강화해야 하는 과제를 안게 되었다. 반도체, 배터리, 방위산업 등 첨단분야 경쟁력을 지혜롭게 활용할 필요가 있다.

트럼프 대통령은 미국 대외정책의 전통적 문법을 넘어서는 독특한 접근 방식을 통해 글로벌 질서와 한반도 정세를 흔들고 있다. 한국은 이러한 변화 속에서 능동적인 전략으로 대응하며, 한미동맹의 실제적 가치를 증진해야 한다. 트럼프 2기의 도전은 위기이기도 하지만, '거래'를 통해 기회로 전환될 가능성 또한 충분히 내포하고 있다.

하경석 국가안보전략연구원

Q. 트럼프 2기 외교안보, 누가 이끄나?

　　트럼프 대통령의 재선과 함께 구성된 2기 행정부 내각은 트럼프의 미국 우선주의 철학과 MAGA^{Make America Great Again} 정신의 정책적 우선순위를 반영하는 인물들로 구성되었다. 트럼프 1기와 비교할 때, 2기 외교안보 핵심 인선은 트럼프의 철학과 일치하는 실용적이고 충성도 높은 인사들로 채워졌다. 이는 대외정책의 실행력을 극대화하려는 조치로 평가된다. 특히, 대중국 견제, 군사력 증대, 동맹 재조정, 그리고 대북정책과 같은 주요 과제에서 트럼프의 전략적 구상이 뚜렷하게 반영되었다.

미국 국가안보전략 구상의 핵심인선

● **마이크 왈츠**Mike Waltz **국가안보보좌관:** 전직 특수부대원(그린베레)이자 플로리다 하원의원 출신인 왈츠는 트럼프 2기 외교정책의 우선순위로 이란을 꼽는다. 이란이 러시아에 많은 무기체계를 지원하고 있으며, 이란의 대러시아 지원을 끊어야 우크라이나 전쟁 종전이 가능하다는 입장이다. 대이란 압박으로 시작해 이란-러시아-중국-북한으로 이어지는 '격변의 축axis of upheaval'을 끊겠다는 의도가 읽힌다. 대중국 강경파인 그는 중국의 코로나19 사태 발원, 시진핑 정권의 위구르 무슬림에 대한 인종학대를 이유로 2022년 베이징 동계올림픽을 보이콧했다. 미국이 중국과의 전략경쟁에서 이기려면 해군력이 중요하고, 중국보다 낙후한 미국의 조선업을 대대적으로 키워야 한다고 주장해 왔다. 당장 필요한 선박 건조·수리 역량을 확보하기 위해 한국·일본·인도 등 동맹과의 협력도 역설해 왔다.

● **마르코 루비오**Marco Rubio **국무장관:** 루비오는 강경한 대중국 입장을 지닌 인물로, 중국의 도전을 단순한 경제 차원의 경쟁이 아닌 민주주의 규범에 대한 도전으로 인식한다. 인권 문제에도 강한 목소리를 내고 있다. 중국의 인권과 법치주의 발전을 모니터링하는 미국의 '의회·행정부 중국위원회CECC' 공동의장을

맡아 중국공산당을 강하게 비판해 왔다. 북한 인권법 공동 발의자이자 대북 강경파이기도 하다. 플로리다 상원의원 출신으로 의회에서의 강력한 지지에 힘입어 중국과의 경쟁에서 승리하기 위한 전략을 구체적으로 실현해 갈 인물로 평가된다.

- **피트 헤그세스**Pete Hegseth **국방장관:** 폭스뉴스 앵커 출신의 헤그세스는 비개입주의적 미국 우선주의 외교정책을 지지하는 트럼프 충성파이다. 트럼프 1기 때 트럼프-김정은 대화를 지지했지만, 해외 주둔 미군의 철수를 주장한 이력이 눈에 띈다. 북대서양조약기구NATO의 무능함을 지적하면서 "나토는 동맹이 아니라 미국의 지원을 받는 유럽 안보조직"이라고 비판했다. 유엔에 대한 반감도 상당하다. 유엔이 반미국적·반이스라엘적·반자유적 글로벌 기구라고 비난한다. 러시아의 우크라이나 침공을 비난했지만, 동시에 우크라이나에 대한 미국의 군사적 지원에도 부정적이다.

미국의 대한반도 정책 관련 인사

- **엘브리지 콜비**Elbridge Colby **국방차관:** '주한미군 역할 조정론'을 주장해 왔으며, 중국 견제 우선론자다. 미군 주력부대가 인도·태평양 지역으로 이동해야 하며, 대만해협의 군사적 충돌에 대비

해야 한다는 입장이다. 주한미군은 중국 억제에 집중하고 한국이 자국 방어를 스스로 책임져야 한다고 주장하며 주한미군의 규모와 역할 조정 가능성을 자주 언급했다. 한국이 주한미군 방위비 지출을 확대해야 한다는 입장이다. 한국의 자체 핵무장 가능성도 주장해 눈길을 끌었으나, 이에 대한 미국의 지원에 대해서는 긍정적이지 않다. 북한 비핵화가 비현실적이며 미국의 대북정책은 대륙간탄도미사일ICBM 사거리 제한 등 군비통제에 집중해야 한다고 주장해 왔다.

● **리처드 그레넬**Richard Grenell **대북특사:** 트럼프의 대외정책 철학을 가장 잘 이해하는 인물로 평가된다. 미국 우선주의 기조를 대북정책에 적용하며, 북한과의 협상에서 미국의 이익을 극대화하려는 강경한 접근을 취할 가능성이 크다. 특히, 북한을 압박하며 미국의 레버리지를 확보하는 역할을 맡을 것으로 보인다.

● **알렉스 웡**Alex Wong **국가안보 부보좌관:** 트럼프 1기 북미 정상회담을 조율한 경험이 있는 웡은 정상외교 중심의 대북 접근 방식을 지원하며, 실질적 성과를 도출하기 위한 실무적 역할을 수행할 가능성이 높다.

트럼프 2기 외교안보 인선의 의미를 정리하면 다음과 같다.

첫째, 미국 우선주의 기조를 체화하고 트럼프에 충성스러운 측근들의 부상이다. 이는 대외정책 혼선을 최소화하며 일사불란한 추진력 확보를 위한 조치로 보인다. 둘째, 강력한 대중국 견제를 시사한다. 외교안보 핵심인선 대다수가 대중 강경파로 군사적, 경제적 측면의 강력한 대중국 압박구도 형성이 예상된다. 셋째, 대북정책에서의 변화 가능성이다. 그레넬과 윌의 기용은 트럼프 행정부가 북한과의 대화 가능성을 열어두면서도, 협상 과정에서 실질적 성과를 추구하겠다는 의지를 보여준다. 넷째, 군사력 증대와 동맹 조정의 가능성이다. 헤그세스와 콜비는 힘을 통한 평화를 추구하며 동맹국들의 부담 분담 및 역할 확대를 요구할 가능성이 높다.

트럼프 2기 행정부의 외교안보 내각은 트럼프의 미국 우선주의 기조를 구체화하고, 대중국 전략과 대북정책, 동맹 재조정 등 주요 과제를 효과적으로 추진하기 위한 구성으로 평가된다. 강력한 군사력 증대와 경제적 압박, 협상력 강화를 목표로 하는 인물들은 트럼프 행정부의 정책 방향을 명확히 보여준다. 한국은 이러한 인선을 주의 깊게 분석하고, 교류와 접촉면을 확대해 가며, 한미동맹 강화와 한반도 안정을 위한 전략적 대응을 강화해야 할 것이다.

김현욱 세종연구소, 하경석 국가안보전략연구원

Q. 미국의 인도-태평양 전략은 계속될 것인가?

일본이 처음으로 제시한 인도-태평양 개념을 미국이 행정부 차원에서 처음으로 채택한 것은 2010년이다. 당시 힐러리 미 국무장관은 하와이를 방문한 연설에서 '아시아 회귀 정책Pivot to Asia Policy'을 강조하는 차원에서 '인도-태평양' 개념을 처음으로 꺼내어 들었다. 하지만 이 개념이 정책적 정교화를 통해 전략으로 발전된 것은 트럼프 1기 행정부 시기였다. 2017년 11월 당시 트럼프 대통령은 아시아 5개국을 순방하면서 '인도-태평양 구상'을 발표하게 된다. 이 구상은 전략적으로 대중국 견제를 본격화하는 신호이기도 했다. 이후 2018년에는 태평양사령부를 인도-태평양사령부로 변경하고, 2019년에는 인도-태평양 전략 보고서도 발표하면서 국제정치에서 인도-태평양이 지정학적 중심으로 부상하게 된다. 이어 바이든 행정부로 인도-태평양 전략을 계승하면서 사실상 초당적 전략으로 자리매김하게 된다. 트럼프 1기 인도-태평양 전략은 미국의 쇠퇴를 멈추고 다시 강한 미국으로 돌아오는 설계도였고 이러한 목표 달성은 중국의 부상을 유효하게 막아내는 것과 상관성이 높았다.

미국에 '황금기Golden age'가 도래했다고 천명한 트럼프 2기 출범으로 인도-태평양 전략이 한층 강화될 전망이다. 트럼프 1기에 인도-태평양 전략이 '미국 우선주의America First'의 실천정책의 성격이었다면 트럼프 2기에는 'MAGA Make America Great Again' 승부수로서의 성격이 가미되면서 사활을 건 정책으로 강화되었기 때문이다. 트럼프 2기 인도-태평양 전략이 본격화되면 먼저 거래와 다자협력 간 충돌이 불가피할 것으로 보인다. 인도-태평양 전략은 근본적으로 다자적 협력을 통해 추진력을 가동할 수 있다. 광범위한 인도-태평양에서 협력하려면 역내 국가들뿐 아니라 유럽국가들도 이 전략에 적극적으로 동참해야 실효성을 높일 수 있는 것이다. 하지만 트럼프 2기에서 동맹과 적국을 구분하지 않는 극단적인 '거래적 접근법'을 가동할 때 이러한 다자적 협력을 기대하기는 어려울 것이다.

둘째, 다른 지역과의 지정학적 융합 기제를 인도-태평양 전략에 녹아내리지 못하면 반쪽짜리 전략에 그칠 수 있다. 트럼프 대통령이 취임 전 이스라엘-하마스 전쟁 휴전을 끌어내려고 한 것과 취임 직후 러시아 압박카드를 통해 러시아-우크라이나 전쟁을 빨리 종식하려는 것은 지정학적 중심을 인도-태평양으로 복귀시켜 대중국 견제에 노력의 집중을 가하기 위함이다. 하지만 과도기 국제질서 성격인 신냉전 구도에서는 어느 한 지역의 지정학이 다른 지역의 지정학과 분리될 수 없도록 연계성이 높아진 상황이다. 예를 들어 인도-태평양 지역 집중을 위해서 러시아-우크라이나 전쟁을 신속하게 종식하려고 러시아가 승리하는 방식으로 마무리된다면 이는 중국의 대만침공 시나리오 실행을 높이는 실책이 될 수도 있다.

셋째, 해양안보가 단지 해양의 공공재 속성을 지켜내는 수준이 아니라 팽창의 공간으로 변질되는 상황도 우려의 대상이 될 수 있다. 트럼프 대통령은 파마나 운하 통제, 그린란드 합병, 멕시코만의 미국만으로 명칭 변경 등 사실상 해양팽창에 기초한 현상변경정책을 추진할 태세다. 그런데 이는 트럼프 2기의 인도-태평양 전략의 본질을 훼손하는 함정에 빠질 수 있다. 미국의 인도-태평양 전략은 현상변경을 시도하는 중국에 대한 견제 차원의 성격이 강한데, 미국 스스로가 현상변경에 나선다면 이중잣대 함정에 빠질 수 있어서 인도-태평양 전략이 글로벌 무대에서 공감을 유도하는 데 난관에 봉착할 수 있다.

넷째, 트럼프 2기 행정부가 신뢰구축조치라는 안전핀을 전혀 작동시키지 않고 인도-태평양 전략을 자국 이익 달성 위주로

만 추진한다면 군사적 충돌 가능성을 높일 수 있다. 이 경우 특히 대만이 대리전 지대로 본격 부상할 수 있다. 트럼프 2기 출범을 앞두고 이루어진 한미 정상 통화에서 트럼프는 '무역 불균형'을 언급했고, 시진핑은 '대만 미관여'를 강조했다. 이는 경제와 안보가 분리될 수 없다는 의미이고 대만이 그만큼 중요해질 것임을 예고한다.

미국이 인도-태평양으로 전면 복귀하면서 동맹국에 더 많은 역할을 부과하려 할 수 있다. 미국 홀로 인도-태평양 전략을 추진하는 것은 제한된다는 점을 인식하기에 결국은 동맹의 협력을 요구할 수밖에 없다. 이는 동맹국에는 부담이자 동시에 기회요인이 되기도 한다. 그 역할을 높인다면 미국과의 거래판에서 협상력을 높이는 요소로 작용할 수 있기 때문이다. 이런 점에서 한국은 트럼프 2기 행정부에서는 한국판 인도-태평양 전략을 더 정교하게 진화시켜야 한다. 특히 항행의 자유 작전FONOPS, 대만의 유사시 역할, 인도-태평양에서 한미일 협력 의제 실천과 임무분담 제시 등 보다 실체적인 어젠다를 주도하고 이를 실행지로 전환하는 데 적극적인 역할을 한다면 대미 레버리지를 높일 수 있을 것이다. 특히 한미조선협력은 트럼프 2기 행정부의 인도-태평양 전략과 한국의 선진강국 정책이 동기화될 수 있는 핵심분야다.

따라서 대미 레버리지를 높이는 차원에서 인도-태평양 전략에서 한국의 역할을 높이는 정책을 본격화해야 할 것이다. 다만 미국의 전략에 단순히 동기화하는 것보다는 나름의 전략적 자율의 공간을 만드는 것이 거래상쇄 효과나 장기적 차원 모두에서 유리할 것이다. 따라서 인도-태평양 전략에서 역할을 강화하더라도 대중국 견제가 목표인 것처럼 곡해되지 않도록 메시지를 잘 관리해 나가는 복합방정식에 기반한 전략이 필요할 것이다.

반길주 국립외교원

Q. 트럼프 2기 미중 경쟁에서
한국의 전략은?

미중 경쟁이 거세지고 있다. 2008년 글로벌 금융위기 이후 오바마 대통령의 대중국 정책은 협력기조였다. G2를 거론하면서 전략적 보장을 제시했다. 즉, 서로 다른 체제, 이념, 목적에도 불구하고 협력하겠다는 것이었다. 중국의 부상에 대한 대응은 문서 상에서만 존재했다. 차이나머니가 미국으로 쇄도했고, 중국 GDP가 미국을 추월하는 것은 시간문제로 보였다. 그러나, 오바마 2기 셰일가스 추출이 현실화되면서 미국경제가 살아나기 시작했다. 연 경제성장률 5%를 기록했다. 그럼에도 불구하고 이미 차이나머니에 중독된 미 민주당계는 중국견제를 현실화하지 못했다.

트럼프 1기가 시작되면서 미국의 대중국정책은 경제적 이익에 기반하여 추진되었다. 무역수지흑자를 늘리기 위해 중국을 압박했다. 코로나를 겪으면서 트럼프는 중국을 악마화하기 시작했고, 미중 경쟁은 체제경쟁으로 전환되었다. 트럼프는 중국을 마르크스-레닌 정권이라고 불렀으며, 미국의 반중국 정서는 기록적으로 높아지기 시작했다.

이 당시만 해도 한국은 미중 경쟁에서 균형을 잡을 수 있었다. 한국만의 외교적 공간을 유지할 수 있었다. 트럼프 행정부는 중국 때리기를 추진했지만, 이는 미국 혼자 추진했던 것이며, 한국과 같은 동맹국들은 이에 동참하라는 압박을 받지 않았다.

바이든 정부가 들어서면서 양상이 달라졌다. 바이든 행정부는 중국이 미국을 추월하지 못하도록 첨단기술 분야에서의 공급망을 구축하고 여기에서 중국을 배제하기 시작했다. 미중전략 경쟁이었다. 게다가 동맹국들 및 파트너 국가들의 첨단기술산업 공장을 미국으로 끌어오기 시작했다. 즉, 민주주의 연합을 만들어서 중국을 같이 견제하자는 정책을 추진하기 시작했다. 미국 내 공장을 짓는 기업체들에는 IRA 법안과 CHIPS 법안을 통해 보조금을 지급하고 세액공제 혜택을 주었다. 미중 경쟁이 제로썸 경쟁으로 전환되기 시작했다. 한국 등 동맹국들 및 파트너 국가들은 미국 측에서 함께 중국을 견제하자는 압박을 받기 시작했다. 미중 간 한국의 외교적 공간이 사라지고 있었다.

트럼프 2기의 미중 경쟁은 관세를 이용한 무역흑자 증액을 우선적으로 추진할 것으로 예상된다. 관세를 이용해 중국의 대미수출을 막고, 해외에 있는 첨단기술 생산능력을 미국으로 불러들이겠다는 것이다. 이를 통해 미국 내 첨단산업을 육성하겠다는 것이다. 트럼프는 모든 수입품에 대한 관세 60~100%를 통해 중국과의 브로드 디커플링을 추진할 것이다. 즉, Big Yard, High Fence이다. 1기 때의 미중 무역협상 시도보다 더욱 강경한 일방적 관세 추진 정책이 예상된다.

1기 당시 트럼프의 대중국정책은 이익갈등과 체제경쟁이 혼합된 형태였다. 2기 트럼프 대중정책 역시 관세정책과 체제경쟁이 함께 추진될 것으로 예상된다. 트럼프의 외교·안보 인사들을 보면 미중 간 체제경쟁의 가능성이 높아 보인다. 루비오 국무장관은 "21세기 역사는 부상하는 독재국가가 가장 강력한 자유국가를 대체하느냐, 아니면 역사상 가장 자유롭고 부유하고 성공적인 미국 국민이 자유와 정의에 기반해 설립된 미국을 중심으로 뭉치느냐, 둘 중 하나"라고 언급했다.

대중국 안보정책은 다소 애매하다. 대만 위기 사태에 대해 대중국 관세 200% 언급을 했으며 해외 무역분쟁에 대한 개입을 꺼린다. 전략적 모호성을 보인다. 민주주의 연합에 기반하여, 대중국 압박정책의 일환으로 대만사태 시 군사적 개입을 공언한 바이든과는 달리, 트럼프는 대중국 압박과 대만정책을 별도의 정책이슈로 바라볼 가능성이 높다. 즉, 중국이 대만을 무력으로 점령하려 할 경우, 트럼프는 중국을 경제적 수단으로 압박하겠지만, 대만에 대해서는 군사적 지원을 지양할 가능성이 존재한다. 현재 중국의 국내 정치적인 상황은 매우 복잡한 것으로 보이며, 미국의 군부 고위 인사들은 2027년 중국이 대만을 침공할 수도 있다는 경고를 지속적으로 제기하고 있다.

중국은 현재 글로벌 사우스 국가들을 상대로 시장을 확대하고 경쟁적 '세 결집coalition building'을 적극 추진하고 있다. 미중관계는 정치와 경제, 이념과 체제 등 거의 모든 면에서 당분간 적대적 경쟁관계가 지속될 전망이다.

한국의 대응방향은 어떠한가? 첫째로, 미중 무역전쟁이 중국과 경쟁 관계에 있는 우리나라 기업(예, 한국 전기차)에 유리해지겠지만, 중국의 대미국 수출이 감소할 경우 우리나라의 대중국 수출에서 원부자재나 중간재 등을 중국으로 수출하는 기업체들(전체 수출의 70%)의 타격은 불가피해진다. 따라서, 미국시장에서 중국기업과 경쟁관계에 있는 한국기업체들의 경쟁력을 늘려 미국시장 점유율을 높이되, 중국 중간재 수출공급의 다변화를 추진해야 한다. 즉, 아세안, 인도, 유럽, 한국 국내기업들에 대한 중간재 공급으로 다변화할 필요가 있다.

두 번째 쟁점은 한미동맹의 중국 견제이다. 트럼프 외교안보정책은 중국 견제에 최우선 순위를 두고 있다. 주한미군의 역할 및 규모를 재조정하려 할 것이다. 한미동맹은 북핵 대비보다 중국 견제용이 될 것이다. 여기서 중요한 것은 한미 간 선박제조 협력이다. 미군함정이 인태지역에서 수리 및 보수를 위해 본토로 돌아가지 않고 한국 거제도 조선소에서 유지, 보수, 정비사업MRO을 한다면, 이는 한미동맹에 한국이 기여할 수 있는 매우 중요한 분야이다.

한석희 국가안보전략연구원, 김현욱 세종연구소, 김동찬 연세대

Q. 트럼프 2기 소다자 외교의 미래는?

소다자 외교는 신냉전으로 규정되는 과도기 국제질서에서 유 엔 등 그 기능이 약화되는 국제기구의 역할을 보완하는 플랫폼 으로서 역할을 해오고 있다. 실제로 현 국제질서에서 다양한 소 다자 플랫폼이 설계되고 진화하고 있는데 대표적인 것이 쿼드 QUAD와 오커스AUKUS다. 한편, 한국이 주도적으로 추진한 소다자 플랫폼인 한미일 안보협력체도 제도화를 위한 첫걸음을 시작한 상태다. 한미일 안보협력 소다자 플랫폼은 2023년 캠프 데이비드 정상회담을 통해 본격화되어 2024년 한미일 '안보협력 프레임워 크TSCF' 협력각서 체결로 이어지는 등 빠르게 진화하고 있다.

하지만 이러한 소다자 플랫폼의 역할이 트럼프 2기 행정부에 서는 위축되는 양상이다. 그 배경은 무엇일까? 우선 트럼프 2기 행정부는 소다자 플랫폼이 MAGA 질서 목표 달성에 그다지 도움이 되지 않는다는 판단이다. 오커스의 핵심 목표인 오커스 핵잠수함 건조는 기술적으로 가능하지 않을 뿐 아니라 미국이익에 별반 도움이 되지 않는다는 판단이 적지 않다. 쿼드는 대중국 견제를 위한 역할을 제대로 해내지 못하고 있다는 우려도 제기되는 상황이다. 특히 트럼프 행정부가 대외정책의 핵심공식으로 사용하는 '거래적 접근'은 다자나 소다자가 아닌 양자 플랫폼에서 그 진가를 발휘할 수 있다는 판단이 있다. 핵심 어젠다를 두고 직접적인 두 당사자가 담판을 벌여야 이익을 쟁취해 낼 수 있다는 판단에 따른 것이다. 이러한 공식을 적용해 보면 트럼프 2기 행정부에서는 양자 외교가 소다자 외교보다 활성화될 것을 시사한다. 다시 말하면 최소한 미국의 대외정책에서 소다자 플랫폼은 우선순위에 있지 않을 전망이다.

이처럼 트럼프 2기 행정부에서 소다자 플랫폼 가동 전망을 밝지 않은 것이 현실이지만 그래도 한미일 안보협력 플랫폼의 전망은 상대적으로 밝은 편이다. 지난 1월 마이크 왈츠 국가안보보좌관은 '한미일 협력체계'를 지속하겠다는 방침을 밝힌 바 있다. 이러한 발언은 트럼프 팀의 전반적인 인식을 반영한 것이다. 사실 트럼프는 한미일 협력이 자신이 시작한 것이라는 인식을 가진 만큼 다른 소다자 협력체보다 지속가능성이 높은 것으로 여겨져 왔는데 왈츠 국가안보보좌관을 통해 확인된 것이다. 하지만 북한 변수가 한미일 협력을 이완시키는 단초가 될 수도 있다. 트럼프는 취임 후 북한의 'nuclear power'라는 발언과 함께 김정은과의 친분을 과시하는 언사를 이어갔다. 한미일 협력의 근간은 북한의 핵보유를 인정하지 않는 것에 있는데 북한을 핵보유국으로 인정한다면 3자 협력 기제가 예전과 다를 수밖에 없을 것이다.

상기와 같은 쟁점과 도전은 외교적·전략적 방책 설계를 요구한다. 미국이 소다자 플랫폼에 관심이 없다고 유사 입장국이나 국제사회도 소다자 플랫폼에 관심을 갖지 않은 것으로 치부하는 것은 전략적으로 보면 근시안적인 사고다. 우선 한국의 경우에는 한미일 협력 플랫폼을 통해 대미 레버리지와 대일 레버리지를 제고할 수 있다는 점에서 정책적 우선순위를 높게 책정해야 한다. 하지만 이뿐 아니라 미국이 참여하지 않는 소다자 플랫폼에서도 한국의 역할을 높여야 한다. 대표적인 플랫폼이 인도-태평양4개국IP4 협력체다. 특히 나토-IP4는 지정학적 융합의 시대에 이를 외교적으로 정책화한 최적의 사례다. 나아가 한국은 선진강국으로서 새로운 소다자 플랫폼 출범도 주도하는 등 역할 신장에도 적극 나서야 한다. 유사 입장국을 중심으로 소다자 플랫폼을 가동시켜 통합적 정치력·외교력을 조성한다면 미국을 다시 동맹과 우방국으로 관심을 돌리는 선순환을 창출할 수 있을 것이다.

다만 다양한 소다자 협력을 구상하는 데 있어서 초기 노력의 중심은 한미일 협력에 맞출 필요가 있다. 트럼프 2기 행정부에서 한미일 협력이 미국의 이익에 어느 정도 도움이 되는지 실사에 나설 가능성이 있다. 이때 한미일 협력이 사실상 구체화된 것이 없다거나 크게 도움이 되지 않는다고 판단할 경우, 주춤할 가능성을 배제할 수 없다. 따라서 한국은 지금까지 발굴한 한미일 협력의제를 실천하기 위한 이행방안에 주안을 두고 한미일 외교를 진행하는 것이 필요할 것이다. 이때 MAGA 질서 목표와 한국의 외교안보전략 목표를 일치시키는 것을 목표로 한국이 선제적으로 실천방안을 제시하는 것이 미국의 거래적 접근에 유효한 대응방안이 될 수 있다는 점을 주지해야 할 것이다. 보다 중·장기적으로는 한미일 협력과 북한 비핵화 목표 공유 및 핵억제전략 제고를 직접적으로 연결시키는 것도 로드맵에 포함시키면 플랫폼의 확장성과 탄력성 각인에 도움이 될 것이다.

반길주 국립외교원

Q. 한국의 소다자 외교 전략은?

미국은 인도·태평양 지역에서 비효율적인 기존의 역내 다자기구를 보안·강화하여 효율적인 다자 안보체제를 구축하는 것보다는 다양한 동맹, 안보협력 등의 연계를 통해 점증적으로 다자 안보체제를 태동시키는 '상향식down-top' 접근을 선호한다. 대표적인 예가 미국·일본·호주·인도의 '쿼드Quad'와 미국·영국·호주의 '오커스AUKUS' 안보협력이다.

그러한 인도·태평양 지역 미국 주도 소다자 안보협력을 바라보는 두 가지 상반된 시각이 존재한다. 하나의 시각은 효율적인 다자협력을 추동하기 위한 새로운 실험이라는 관점이다. '동아시아 정상회의', '아세안 지역포럼' 등 기존의 안보협력체는 제도의 틀을 먼저 정비하고 그 속에서 회원국의 안보협력 증진을 추동해

왔다. 하지만, 다자 안보협력이 효율적으로 기능하고 있는 유럽과 비교할 때, 인도·태평양 지역 다자 안보협력은 역내 국가들의 역사적 구원, 영토분쟁, 문화·종교·정치체제의 이질성, 경제 수준의 차이 등으로 상대적으로 정체돼 있다.

따라서 미국은 비제도적이고 유연한 형태의 다양한 소다자 안보협력을 가동하고 이들의 유기적 연대를 통해 좀 더 확장된 다자협력을 발전시키려 한다.

다른 시각은 미국 주도 소다자 안보협력을 미중 지정학적 경합의 관점에서 접근한다. 중국은 미국 주도 소다자 안보협력의 강화와 연계를 중국 봉쇄 수단이라고 인식한다. 실제로 중국이 최근 십여 년간 인도·태평양 지역에서 영토 수호와 같은 핵심이익을 수호하기 위해 적극적 안보정책을 펼치는 시기에, 미국이 주도하는 소다자 안보협력이 점증하였다. 즉, 미국 안보네트워크는 중국을 봉쇄하기 위한 도구라는 것인데, 최근 프랑스, 영국 등 유럽국가가 인도·태평양 지역에서 관여의 폭을 넓히면서 그러한 관점이 더욱 부각하고 있다.

인도·태평양 지역에 자국 배타적경제수역의 93%가 있는 프랑스와 EU 탈퇴 후 '글로벌 영국'을 표명하고 있는 영국은 쿼드 국가 모두 또는 일부가 주도하여 개최하는 다자 군사훈련에 빈번하게 참여하고 있다.

인도·태평양 지역에서 미중 양 강대국 간 경합이 심화하는 가운데 미중에 비해 약소국인 중견국이 단독으로 역내 안보 질서 구축 및 유지에 영향력을 끼치는 것은 역부족이다. 하지만, 대안적인 지역 질서 형성을 위한 '중견국 연합'을 형성한다면 미중에 대해 어느 정도의 레버리지를 가질 수 있게 된다. 현재 인도·태평양 지역 소다자 안보협력은 미국 주도 안보네트워크를 구성하고 있는 국가 간에 형성되는 경우가 다수이다. 그런데 주목할 것은 쿼드 국가인 미국, 인도, 호주, 일본이 베트남, 인도네시아, 한국 등 역내 국가와 안보협력을 증진 중이고 이러한 안보협력이 미국 주도 네트워크를 강화하기 위해 추동되고 있다고 하더라도 그 부산물로 역내 국가가 주도하는 소다자 협력도 점증하고 있다는 점이다. 미국이 참여하지 않는 소다자 안보협력의 예는 일본, 호주, 인도가 2015년부터 개최하고 있는 전략대화가 있다. 또 다른 예로는 2017년 11월에 태동한 호주·인도·인도네시아 전략대화가 있다.

한국은 미국 주도 안보네트워크에서 위상을 높이기 위해 미국이 주도하는 다양한 소다자 안보협력에 참여해야 한다. 역내 비전통안보 이슈 대응에 기여한다는 정당성을 앞세울 수 있다. 그러면서 미국이 주도하는 소다자 안보협력에 더해, 아세안을 포함한 역내 국가와의 소다자 안보협력을 늘려나가야 한다. 실제로, 한국의 인도·태평양 전략은 한국이 역내 중견국 중심의 소다자 연합을 촉진하겠다는 강력한 의지를 표명하고 있다. 베트남, 호주, 인도네시아 등 역내 국가와 양자 안보협력 관계를 증진하고 다양한 조합의 소다자 안보협력을 추동해야 한다. 일례로, 한국은 호주와의 양자 관계를 발전시키면서 한국·인도네시아·호주 Korea, Indonesia, Australia, KIA 삼자 협력을 적극적으로 추진해야 한다. KIA는 인도네시아의 경제적 부상 및 아세안 지도국으로서의 위상과 호주와 한국의 경제·군사력을 고려하면 역내에서 주요한 안보·경제 협의체로 부상할 잠재력이 크다.

아울러, 한국은 역내 첨단기술 및 사이버 안보 분야에서 호주, 일본, 인도 등과의 소다자 협력을 증진해야 한다. 아울러, 우리가 인도·태평양 지역을 대상으로 한 한미일 협력을 강화하고 호주, 인도, 인도네시아, 베트남 등과 '한미일 플러스(+)' 연대를 시도해 볼 수도 있다. 이들 국가가 동남아에서 공동으로 개발 협력 사업을 수행하면서, 전략적 중요성이 커지고 있는 남태평양에서도 공동으로 협력사업을 추진하는 것이다.

결론적으로 미국이 주도하는 소다자 협력이 다자협력을 추동할지는 인도·태평양 지역 주요 중견국인 한국, 일본, 호주, 인도, 인도네시아, 베트남 등이 결성하는 소다자 연합에 영향을 받을 것이다. 이들 국가의 소다자 연합이 미국 주도 안보네트워크에서 위상을 확보해 가면서 자율성도 확보해 간다면 동 네트워크가 지나치게 미중 대립의 도구로 기능하는 것을 억지할 수 있게 된다. 나아가 메콩강 협력, 해적퇴치, 해양정보 공유 등을 위해 아세안에서 태동하고 있는 자생적인 (소)다자 협력과 연계된다면, 미중 전략적 경합에 좀 더 자유로운 다자안보협력을 구동할 수 있는 초석이 된다.

박재적 연세대

Q. 한국은 쿼드^{QUAD}와 오커스^{AUKUS}에 참여해야 하는가?

미국·일본·호주·인도 안보협력인 '쿼드^{Quad}'와 미국·영국·호주 안보협력인 '오커스^{AUKUS}'는 미국이 인도·태평양 지역에서 주도하고 있는 대표적인 소다자 안보협력체이다. 그런데 만약 쿼드+와 오커스+에 우리가 초청받는다면, 우리가 참여해야 하는지 한국에서 논쟁적이다.

먼저 쿼드 4국은 쿼드의 내실을 다지면서, 다른 한편으로 외연 확장을 시도하고 있다. 그런데 쿼드 플러스는 쿼드 4국 모두의 협의에 타 국가가 참여하는 것만을 의미하지 않는다. 쿼드가 다루고 있는 주요한 이슈 영역에서 쿼드 국가 일부가 주축이 되어 타 국가가 협력하는 것도 쿼드 플러스로 볼 수 있다. 따라서 다양한 이슈 영역과 국가 조합을 고려할 때, 쿼드 플러스는 단수가 아닌 복수로 전개되고 있다. 일부에서 쿼드를 하나의 제도화된 협의체로 상정하고, 쿼드 플러스를 특정 국가가 쿼드에 '가입'하는 것으로 표현하는 것은 현 단계에서는 옳지 않다. 실제로 쿼드는 이미 남중국해 항행의 자유뿐만 아니라, 역내 인프라 투자와 해양능력 배양, 해양안보, 보건과 방역, 공급망 다변화 등 다양한 비전통안보 영역에서 4국의 정책을 조율하는 기능을 수행하고 있다.

쿼드가 향후 4국의 공식적 쿼드 협의에 다른 국가가 참여하여 5국 간 협의, 6국 간 협의 등으로 확대되는 '쿼드 4국 + 알파'의 형식으로 확대될 가능성은 현재로서는 크지 않다. 이보다는 쿼드 국가 중 일부가 중심이 되는 다양한 소다자 안보협력이 확장되는 형식으로 쿼드의 외연이 넓혀지고 있다. 이처럼 쿼드의 위상이 강화되고 쿼드의 외연 확장이 본격화되어 감에 따라 우리의 쿼드 플러스 참여 여부가 주목받아 왔다. 전임 문재인 정부는 반중 전선에 참여하는 것으로 인식될 수 있다는 우려 때문에 '쿼드 플러스' 참여를 유보했었다. 그러나 윤석열 정부 취임 후 한국은 쿼드 플러스 참여에 적극적으로 입장을 선호했다.

인프라 투자나 방산 수출을 조율하기 위한 쿼드 플러스는 우리에게 경제적 이익을 가져다줄 수 있다. 비전통안보 이슈를 매개로 하는 쿼드 플리스는 중견국으로 역내 비전통안보 이슈에 적극적으로 대응한다는 대의명분이 있다. 첨단기술 관련 쿼드 플러스는 쿼드 국가가 중국보다 기술적 우위를 가지고 있기에, 우리의 경제적 이익을 위해서 중국의 눈치를 볼 필요 없이 참여해야 한다.

한편, 2021년에 체결된 '오커스'는 두 방향pillar으로 진행되고 있다. '제1축Pillar I'은 미국과 영국이 호주에 핵잠수함을 공급하기 위해 3국이 협력하는 것이며, '제2축Pillar II'은 첨단기술을 공동 개발하고 상호운용성을 강화하는 것이다. 2024년 10월 21일, 윤석열 대통령을 예방한 데이비드 라미 영국 외교부 장관은 한국과 오커스 3국 간의 '제2축' 협력이 강화되기를 희망한다고 밝혔다. 이는 동년 9월 17일 열린 오커스 3주년 정상회담 공동성명에서 오커스 3국이 캐나다, 뉴질랜드, 한국과 '제2축' 협력 협의를 진행 중이라고 언급된 것과 일맥상통한다.

한국의 참여 가능성이 커지고 있는 '제2축'은 6개 기술 분야(사이버, 인공지능, 양자 컴퓨터, 해저 기술, 극초음속 미사일, 전자전)와 2개 기능 분야(혁신, 정보 공유)로 구성되어 있다. 이에 더해 오커스 3국은 2024년에 '장거리 화력 발사기'도 공동 개발하기로 합의했다. 하지만, 각 분야에서 작업반, 포럼 등이 가동되고 있지만 아직 구체적인 성과는 미미하다. 공동 개발하려는 첨단기술이 대부분 민·군 겸용 기술이어서, 각국이 무기 수출 통제, 정보 공유 및 보안, 지식재산권, 상업화 등과 관련한 국내 법제를 정비해야 하기 때문이다. 2021년 체결이래, 오커스 3국은 제도 정비를 위한 자국 내 절차에 집중해 왔다.

한국 정부는 오커스 제2축 참여를 긍정적으로 검토하고 있다. 2024년 5월 1일에 개최된 한국과 호주 '2+2' 외교·국방 장관 회담 이후 신원식 국방부 장관이 한국의 오커스 제2축 참여를 논의했다고 강조한 것이 이를 방증한다. 일부에서는 한국의 오커스 제2축 참여에 신중론을 제기한다. 중국의 반발, 자체 방위 역량 개발 저하, 공동 연구와 개발에 드는 막대한 비용 등이 주요 원인이다. 그러나 한국이 오커스 제2축에 참여하면 얻을 수 있는 편익이 비용을 상쇄할 것이라는 긍정론이 신중론보다 우세해 보인다. 무엇보다 '오커스' 3국은 민·군 첨단기술 개발과 활용에 있어 선도적인 국가이다. 한국이 참여하면 우리의 첨단기술 개발 속도와 효율성을 높이고, 세계 방산 시장에서 입지를 확장할 수 있게 된다. 한편, 오커스 3국과 한국 군대의 전투 능력과 상호운용성도 향상될 것이다. 또한, 오커스는 미국이 인도·태평양 지역에서 운영하는 주요한 소다자 안보 협의체 중 하나여서 제2축 참여는 미국 주도 안보 네트워크에서 한국의 위상을 높여준다. 만약 일본은 참여하는데 한국은 망설인다면 한국의 위상은 상대적으로 떨어진다.

위의 이익에 근거해 한국이 참여한다면 참여 시기, 분야, 수준에 관한 면밀한 검토가 필요하다. 참여가 빠르면 빠를수록 개발된 첨단기술에 있어서 우리의 지분이 커진다. 하지만, 오커스 3

국이 한국에 관련 법제 정비와 더불어, 3국과 유사한 산업 보안
표준과 데이터 공유 및 관리 플랫폼을 갖추도록 요청할 것이다.
이를 준비하는데 적지 않는 시간과 노력이 필요하다.

박재적 연세대

문답으로 풀어 본 트럼프와 한반도

Q. 트럼프가 MRO 협력을 원하는 이유는?

2024년 1월 7일 윤석열 대통령과 당시 미국 트럼프 대통령 당선인의 전화 통화가 있었다. 트럼프 당선인은 미국의 선박 수출과 보수·수리·정비MRO 분야에서 한국과 긴밀하게 협력할 의향을 표명했다. 미국에서 운행하는 선박은 미국 의회가 1920년에 제정한 '존스 법Jones Act'에 따라 미국 내에서 건조해야 한다. 즉, '존스 법'으로 인해 한국에서 건조한 함선을 미국으로 수출하는 것은 불가능하다. 한화오션이 현지 건조를 위해 2024년에 미국 '필리 조선소'를 인수한 이유이다. 하지만, MRO는 '존스 법'의 적용 대상이 아니기 때문에 미국 당국으로부터 '함정 정비협약' 인증을 획득하면 해외에서도 수주할 수 있다. 단, 타 국가에서 미국 국적 선박을 수리하면 수리비의 50%가 세금으로 부과되어, 현재로서는 MRO 수주가 큰 경제적 이익은 아니다.

한국의 HD현대중공업과 한화오션은 미국 해군 MRO 사업 참여에 필요한 '함정 정비협약'을 미국 정부와 체결하였고, 이 중 한화오션은 2024년 8월에 이어 11월에도 미군 7함대 소속 함정의 MRO 사업을 수주했다. 한편, 일본은 제7함대 소속 군함에 대한 MRO를 오랜 기간 수행해 왔는데, 최근 미국과 일본은 일본에서 미 공군 전투기의 MRO를 수행할 수 있도록 협상하고 있다.

MRO가 주목받는 이유는 미국과 중국의 전략적 경쟁이 심화하는 가운데 중국이 '해양 굴기'를 기치로 해군력을 급속하게 증강하고 있기 때문이다. 중국의 함정 수가 미국의 함정 수를 뛰어넘은 지 오래다. 물론 항공모함과 잠수함을 비롯한 미국 함정이 질적으로 중국 함정보다 우수하지만, 미국의 MRO 역량 저하로 미국이 군함 운용에 심각한 차질을 빚고 있다. 이러한 상황에서 중국 견제를 위해 인도·태평양 지역에 배치된 미국 군함의 다수가 미국 본토에서 정기적인 유지·보수를 받고 있는데, 오랜 기일과 높은 비용 때문에 비효율적이다. 따라서, 미국은 인도·태평양 지역 조선업 선진국인 일본, 한국, 호주 등과의 MRO 협력이 절실한 상황이다.

미국 해군 참모총장은 2027년까지 전력 가동률(전투준비태세)을

80%까지 달성하겠다고 언급하였다.[1] 이에 부합하기 위해서 인도·태평양 지역에서 선박 및 군함 건조와 MRO 시장 규모는 더욱 확대될 것으로 전망된다. 2024년 12월, 민주당의 마크 켈리 상원의원과 공화당의 토드 영 상원의원 등은 초당적으로 '미국의 번영과 안보를 위한 조선업 및 '항만시설법SHIPS for America Act'을 발의했다. 118대 의회 종료로 자동 폐기되었지만, 119대 의회에서 재발의될 가능성이 크다. 동 법안은 미국 내 선박 건조를 대폭 확대하고, 중국 선박에 대한 의존도를 줄이려는 방안을 포함하고 있다. MRO와 관련해서는, 중국 등 우려 국가의 조선소에서 미국 선박을 수리하면 세금 200%를 부과하는 조항이 담겨 있다. 그러나 미국이 강화하려는 '전략상선단'의 선주가 미국 내에서 선단 수리를 위해 최선의 노력을 다했음을 입증할 경우, 동맹국 등 외국에서 수리하더라도 세금을 면제받을 수 있도록 규정하고 있다.[2] 더 이상 경쟁력 없는 미국조선업체의 보호를 위해 만들어진 '존스 법'을 개정하고, 해외 MRO가 활성화될 수 있도록 관련 법제와 제도를 정비해야 한다는 목소리가 미국에서 커지고 있다. 향후 미국 외에서 미국 선박의 건조가 가능해질 수도 있고, MRO 사업의 경제성도 높아질 전망이다.

---

1   Center for Maritime Strategy, "Assessing the 2024 Navigation Plan," https://centerformaritimestrategy.org/publications/assessing-the-2024-navigation-plan/
2   안소영, "미 의회서 '조선업 강화법안' 발의…한국에도 기회 될지 주목," VoA, 2024년 12월 21일, https://www.voakorea.com/a/7909019.html

규모가 한층 확대할 MRO 시장에서 첨단 조선업 역량을 보유한 한국, 일본, 호주 등이 미국 선박과 군함 MRO 수주 경쟁에 돌입할 것이다. 그러나 이런 경쟁 속에서도 중국의 해군력 팽창에 대응하기 위해 미국과 동맹국들이 전략적으로 협력해야 할 경우도 생길 것이다. 일례로, '수빅만Subic Bay'에서 조선소를 운영하던 한진중공업이 2019년 초 자금난을 견디지 못하고 필리핀 법원에 기업회생을 신청했다. 이후 중국이 '수빅 조선소' 인수에 나섰으나, 필리핀 정부와 한진중공업 측의 반대로 인수전 협상에서 탈락했다. 당시 미국 사모펀드PEF '서버러스Cerberus'와 호주 '오스탈Austral'이 경영권을 확보하려 컨소시엄을 구성하기도 했었다. 결국 2022년에 서버러스와 필리핀 해군이 '수빅 조선조'를 인수하였다. 현재 필리핀과 미국은 '수빅만'을 미국 해군 MRO의 거점으로 활용하기 위해 '수빅만'의 규모를 확장하고 있다.

국내에서는 한화오션과 필리핀에 수출한 선박의 MRO를 '수빅만'에서 수행하고 있는 HD현대중공업의 경쟁이 본격화할 것이다. 우리는 경제적 이익뿐만 아니라, 한미동맹을 강화하고 미국 주도 안보 네트워크에서 우리의 위상을 높이는 전략적 관점에서도 미국과의 국내·외 MRO 협력에 접근할 필요가 있다. 2024년 한미안보협의회의SCM에서 양국 장관은 미국 권역별 정비거점 구축정책의 진전과 공군 항공정비에 대한 MRO 시범사업에 대한 한국 측의 참여를 환영하였다. 미국 선박과 군함 MRO은 한국이

미국의 인도·태평양 전략에 기여하고 한미동맹을 강화하는 수단
이 될 수 있다.

김현욱 세종연구소, 박재적 연세대

Q. 한미 원자력 협력은 어떻게 전개될까?

우리나라와 미국의 원자력 협력은 크게 두 가지다. '핵무기'를 대비하거나 공유하기 위한 안보 차원의 협력과 '에너지'라는 산업을 중심으로 하는 경제적 협력 관계다. 그 중, 핵무기 이슈는 핵국가와 비핵국가라는 비대칭성으로 일방적으로 미국이 주도하는 관계에 가깝다. 그러나 에너지 측면에서는 국내 원자력산업이 1970년대 미국의 기술 이전으로 시작되었음에도, 현재 우리나라의 기술력과 경쟁력을 바탕으로 미국과 상호 호혜적인 협력 관계를 이어나갈 것으로 진단된다.

2025년 1월 8일, 한국과 미국 정부는 원자력 수출 및 협력에 관한 기관 간 약정MOU을 정식 체결했다. MOU는 양국 간 원전 협력 원칙을 재확인하고 양국 간 수출통제 협력을 강화한다는 것을 주요 골자로 한다. 이 협정을 통해 양국은 전략적 파트너십을 바탕으로 세계시장에서 영향력을 확대하고자 한다. 협정은 바이든 행정부의 임기 막바지에 체결되었으나 바이든 지우기에 나선 트럼프 행정부에서도 협력 기조가 이어질 것으로 전망된다.

트럼프 대통령은 취임 첫날 첫 번째 행정명령으로 바이든 정부의 78개 행정명령을 철회했다. 트럼프 정부의 행정명령 중 에너지 관련 사항은 파리협정 탈퇴, 미국 에너지 생산 확대, 해양 대륙붕 내 풍력 임대 임시 철회 및 풍력 프로젝트 재검토 등이 있다. 트럼프 1기에 이어 두 번째로 파리협정을 탈퇴하면서 청정에너지 산업의 위축이 예상된다. 반면 자국 내 생산 에너지 사용과 AI 등 첨단산업 증가에 따른 에너지 수요 폭증은 화석연료만으로 해결하기에 부족하다. 따라서 트럼프 2기 행정부는 원전 확대에 대한 의지를 갖추고 있는데, 크리스 라이트 미국 에너지부 장관 지명자는 미국 상원 인사청문회에서 "상업용 원자력과 액화천연가스LNG를 포함한 에너지 생산을 확대하겠다"라고 밝혔다. 미국은 지난 수년간 소형모듈 원자로SMR를 전 세계시장에 진입시키기 위해 노력해 왔으므로 라이트 지명자도 이에 대한 기대를 표명했다.

전 세계 원자력산업을 주도하던 미국은 1979년 스리마일 아일랜드 원전 사고 이후 원자력발전소 건설을 중단했다. 이후 수십 년간의 건설 중단으로 원자력발전소 건설에 대한 경험이 부족하게 되었다. 최근 보글 3, 4호기가 잇달아 가동을 시작하면서 원자력발전에 대한 기대가 높아졌으나, 2016년 전력생산 예정이었던 발전소가 2024년 가동을 시작하는 등, 건설에 대한 예산과 일정 면에서 확신이 부족하다. 2023년에는 유타주에 뉴스케일의 SMR을 건설하겠다는 프로젝트가 수익성 문제로 무산되었다. 체코 원자력발전소 경쟁입찰에서도 상세 공정계획의 부실로 조기 탈락하는 등의 문제가 드러났다.

우리나라는 지난 5년간의 탈원전 기간을 제외하고는 꾸준한 원자력발전소 건설이 진행되면서 설계, 건설 등에 있어 인력과 경험을 유지해 왔다. 2009년 UAE 원전 수주와 건설은 정해진 예산과 공기를 맞추는 우리나라의 '온 타임 온 버짓On time On budget' 경쟁력을 입증하기도 했다. 최근에는 한전과 한수원 이외에도 두산에너빌리티, 현대건설, 삼성물산 등 민간기업들의 해외 건설 참여 및 부분 수주 등으로 꾸준하게 경쟁력을 상승시키며 경험을 축적하고 있다.

원자력산업은 그 특성으로 인해 핵 비확산 정책과 긴밀하게 연계되어 있다. 미국은 핵확산금지조약Non-Proliferation Treaty, NPT 체제를 주도하였고 자국의 힘을 이용하여 핵확산을 방지하고 있다. 미국은 기술력을 바탕으로 원자력발전과 핵확산이 연계되지 않도록 전 세계에 영향력을 행사해 왔다. 최근 세계적으로 전력수요가 증가하면서 원자력발전 건설에 관심을 표명하는 나라가 많아졌다. 반면 중국, 러시아 등이 지속적인 원자력발전소 건설 경험으로 저가의 원전건설이 가능해지면서, 미국의 영향력이 줄어들게 되는 현상을 가져올 수 있게 되었다. 특히, 사우디를 비롯한 중동 지역에서의 원전건설은 이란 핵 문제와 더불어 미국의 영향력이 급속히 약화할 가능성도 있다.

트럼프 대통령이 세계의 경찰 역할보다는 자국 이익에 우선순위를 둔다고 하지만, 원자력에 대한 미국의 영향력 저하로 세계시장을 잃어버리는 것을 바라지는 않을 것이다. 원자력산업의 부흥과 더불어 세계시장이 확장하게 되면 미국으로써도 원자력 건설 및 운영 관련 공급망을 확보해 놓아야 한다는 현실적 문제도 있다. 기술력이 강하고 가격 경쟁력을 갖춘 한국과 원천 기술과 외교적 힘을 갖춘 미국이 세계 원전시장에서 협력하는 것은 미국에 최선의 옵션이 될 것이다.

2025년 1월 발표된 한미간의 MOU에서도 최고 수준의 원자력 안전, 안보, 안전조치와 비확산 기준에 따라 원자력의 평화적 이용을 극대화하기 위한 양국의 상호 헌신을 반영한다고 밝힌 바 있다. 또한 제3국의 민간 원자력발전 확대를 위한 양국 간 협력의 틀을 제공한다고 표명함으로써 양국에 상호 호혜적인 협력이 될 것임을 밝혔다. AI 경쟁으로 원자력산업이 주요 성장산업으로 주목받고 있는 현시점에서 양국 모두에게 중국의 패권 확장에 대비한 원자력산업의 공급망 확보는 중요하다.

에너지는 국가 기간산업이며 국가안보와 직결된 산업이다. 원자력산업은 거대 자본과 인프라가 소요되며 국가의 외교력과 지역적 요인 등 국제관계 변수도 다수 작용하는 산업이므로 조선, 항공, 방위산업 등 타 국가 주력산업과 연계하여 협력을 진행할 필요도 있을 것이다.

박지영 경제사회연구원

Q. 트럼프의 세계관과
동맹전략은?

트럼프 행정부 2기는 1기와 유사하게 미국 우선주의하에 동맹전략을 전개할 것이다. 트럼프가 추구하는 미국 우선주의는 경제·군사 측면에서 미국을 국제사회와 단절하는 고립주의는 아니다. 20세기 역사에서 미국이 고립주의를 선택한 기간은 1차 세계대전 후 1919년부터 2차 세계대전이 발발한 1939년까지 이른바 '전간기'이다. 당시 미국은 군사적으로 비개입주의를 천명하면서 동맹을 체결하지 않고 전쟁에도 참전하지 않았다. 경제적으로는 보호주의를 채택하여 1930년 스무트-홀리 관세법 등을 통해 타국과 경제 상호작용을 최소화하려 했다. 이런 측면에서 트럼프의 대외관과 동맹정책은 여전히 50여 개국과 방위조약을 체결한 '조약동맹'을 유지하고, 미국의 사활적 이해가 걸린 지역은 오히려 개입을 강화하려 노력하는 등 완전한 고립주의와는 거리가 있다. 트럼프가 보호무역을 추진하지만, 경제 관계를 절연하는 것이 아닌 자국 영향력을 활용하여 무역적자를 줄이려는 측면에서 온전한 경제 고립주의도 아니다.

다만, 트럼프 행정부 2기는 1945년 이후 미국이 구축해 온 '자유주의적 국제질서' 혹은 '규범에 기초한 국제질서'를 존중하지 않는 행태가 1기에 이어 연속될 것이다. 동 질서는 법치, 자유무역, 힘을 통한 현상변경 반대, 열린 다자주의, 국제법 존중, 인권 등을 기반으로 한 것이다. 미국이 국제사회에 안보와 경제 공공재를 제공하면서 동 질서를 수호해 온 '선한 패권국'의 역할을 수행하지 않겠다는 의미이다. 대규모 무역수지 적자를 감당하면서도 세계 경제의 원활한 흐름을 위해 노력하고, 각종 전쟁과 분쟁에 직·간접으로 개입하는 세계경찰의 노력을 트럼프 행정부에서 더는 기대하기 어렵다.

동맹전략은 큰 틀에서 축소retrenchment와 제한restraint의 형태가 강화될 것이다. 미국은 이미 오바마 행정부 때부터 동 전략을 펼쳐온 바 있다. 2008년 발생한 미국발 금융위기와 2001년부터 지속된 테러와의 전쟁, 미국 내 정치 양극화와 빈부격차 심화 등으로 미국민과 워싱턴 기득권층의 '사회적 합의'가 무너졌다. 워싱턴의 주류를 형성하던 국제주의자는 미국 대중에 중산층의 삶을 보장해 주는 대신 미국이 세계 문제에 개입하여 경영하는 것을 동의해 주는 암묵적 합의를 1945년 이후 큰 틀에서 유지해 온 바 있다. 그러나, 미국민의 다수를 차지하며 '아메리칸드림'을 꿈꾸던 고졸 이하의 백인 중산층의 삶이 2008년 금융위기를 기점으로 심각하게 무너지고, 이 결과 2016년 대선에서 트럼프의 승리로까지 이어지자, 더는 미국이 세계 문제에 적극적으로 개입할 의지와 능력이 모두 부인되는 상황이 도래했다. 트럼프 대통령은 1기에 이어 세계가 미국을 '착취'한다면서 미국 이해를 우선하는 정책을 통해 지지층에 요구하고 이들의 필요를 충족도록 노력할 것이다.

동맹전략 측면에서 축소와 제한의 의미는 미국의 사활적 이해가 달린 사안과 지역이 아니면 개입을 최소화함을 포함한다. 그러나, 핵심 이익이 걸린 지역은 선택과 집중 측면에서 자원을 더욱 집중적으로 투사한다. 동시에 미국의 역할은 축소하되 동맹국의 책임과 비용은 증대토록 하는 등의 특징이 있다. 거래 비용적 동맹관이 뒤따른다.

구체적 상황에 적용하면 트럼프는 유럽과 중동에서 벗어나 중국 견제를 위해 인도·태평양에 집중하고자 한다. 미국이 가장 사활적 이해로 정계, 학계, 일반 시민 모두가 동의하는 중국 견제를 위해 역량을 모으려는 것이다. 러시아-우크라이나 전쟁 종전을 모색하는 것과 1기 때 시도한 아브라함 협정을 통한 중동 지역 안정 등도 이러한 노력의 일환이다. 러우전쟁이 종전된다면 트럼프는 유럽 방위의 주된 책임을 나토 동맹국에 맡기려 할 것이다. 이미 트럼프는 나토 동맹국을 향해 1기 때 요구했던 국내 총생산 대비 방위비 비율 2% 기준을 5%로 대폭 상향하여 요구하는 것도 미국의 부담을 덜고 방위책임을 전환하려는 의도이다. 전술한 바와 같이 트럼프는 자유주의적 국제질서에 얽매이지 않으므로 나토 동맹국이나 우크라이나가 제국주의 전쟁을 시도한 블라디미르 푸틴의 러시아에 대항하여 국제법적 질서를 수호하는 데 크게 관심이 없다. 트럼프는 전쟁이 인플레이션을 야기하고, 특히 러우전쟁은 미국민의 막대한 세금이 투여되므로 중단돼야 한다는 생각을 핵심으로 여기기 때문에 러시아에 대한 견제를 사활적 이해로 간주하지 않을 가능성이 있다. 나토 동맹국이 방위비만 충분히 사용하면 미국이 크게 관여하지 않더라도 러시아 제어가 가능하다고 판단할 수 있다.

그러나 중국이 위치한 인태지역에 대한 인식은 다르다. 세계 최강대국에 도전하는 중국에 대한 견제 의지는 명확히 확인된다. 다만, 1기 때와 유사하게 미국이 비용과 책임을 모두 감당하는 형태가 아닌 동맹국을 규합하고 이들을 최대한 활용한 대응이 예상된다. 이미 1기 때 영국, 호주, 일본, 인도를 포함한 쿼드를 출범시킨 바 있으므로 2기 때도 기존의 동맹국을 활용하여 양자 또는 소규모 다자체제를 통한 중국 견제에 나설 것이다. 바이든 행정부 때 출범한 오커스, 한미일 안보협력체 등도 여전히 존속시켜 이용할 것이다.

이 모든 과정에서 한국은 두 가지 측면으로 도전 요인이 식별된다. 첫째, 트럼프 행정부가 중국 견제를 위해 인태지역 동맹국의 적극적 역할을 요구하는 상황에서 한국의 선택이다. 국방부 정책 차관인 엘브리지 콜비는 자신의 저서에서 인태지역 내 중국 견제를 위한 미국의 핵심 동반자로 일본, 호주, 인도를 언급했지만, 한국은 빠졌다. 한국이 트럼프 행정부의 대중 견제에 참여 정도에 따라 인태지역내 미국의 동맹국 우선순위가 매겨질 것이다. 동맹을 비용 편익적으로 판단하는 트럼프이므로 기여에 따른 동맹 줄세우기를 노골화할 것이고, 이미 출발선에서 한국은 일본 뒤에 있다. 둘째, 한미동맹이 더는 북한 위협 대응이라는 단일 목적에 국한되지 않는 상황에서 한국의 역할이다. 한국이 주한미군의 역내 확장된 역할에 동의하고 한반도 유사시를 한국이 주도적으로 담당하는 역할분담에 합의하지 않는다면 동맹은 큰 도전에 직면할 수 있다.

바이든 행정부가 추구하던 가치동맹과 트럼프 행정부의 거래 비용적 동맹 모두 중국 견제라는 '목표'와 동맹국의 역할 확대라는 '수단'을 공유한다. 이는 한국이 위치한 인태지역 내에서 미국의 동맹전략이 연속됨을 의미한다. 한국은 이를 충분히 인지한 선택이 필요하다. 다만, 한국은 북한과 같이 자력갱생을 내세우며 자주노선을 선택하여 국제사회와 완전히 괴리된 채 스스로를

'고난의 행군'으로 몰아넣을 수 없음을 명심해야 한다. 그렇다면, 한국의 선택은 보인다.

박원곤 이화여대

2 한중·한일 관계

Q. 중국의 대한반도 정책 딜레마는?

　중국이 추진해 온 한반도 정책의 핵심은 "한반도 평화와 안정 유지, 한반도 비핵화, 대화와 협상을 통한 문제 해결"이었고, 중국 정부와 학자들은 수십 년 동안 고수해 왔던 이 정책에는 여전히 변화가 없다고 강조한다. 또한 중국의 대한반도 전략 목표는 북한에 대한 영향력을 유지하는 동시에 한국에 대한 영향력을 확대하는 것인데, 중국은 이 전략 목표도 역시 변경하지 않고 계속 추구하고 있는 것으로 보인다. 그런데 미중 경쟁이 본격화된 이후 국제 체제와 지역 안보 환경에는 이미 중대한 변화가 발생했다. 북한이 한국과 주변 지역에 대한 실질적 핵 타격 능력을 보유하게 되었다는 사실도 한반도 정세에 근본적 변화를 초래한 요인이다.

그렇다면 국제 체제와 지역 차원에서 중대한 변화가 발생했음에도 중국의 한반도 정책에는 변화가 없는 것이 지속 가능할까?

한국은 1992년 한중 수교 후 미중 관계가 협력적 기조하에 있었던 시대저 배경 속에 안보는 한미동맹을 토대로 미국과 협력하지만, 경제적으로 중국과 협력을 통해 막대한 무역흑자를 누리는 '안미경중安美經中' 전략을 추구할 수 있었다. 사실 이 전략을 통해 한국은 오랜 세월 최대의 이익을 추구할 수 있었다. 하지만 미중 경쟁이 본격화되고 한중 사드 갈등으로 중국이 한국에 대해 비공식적 경제 제재 조치를 취한 후, '안미경중' 전략을 더 이상 유지하기 어려운 상황에 봉착했다. 한국이 미중 사이에서 '안미경중' 전략을 추구했던 것처럼 중국도 북한과 전략적 특수 관계를 유지하면서 한국과는 경제 협력을 발전시키는 '안북경남安北經南' 전략을 남북한 사이에서 추구했다고 볼 수 있다. 하지만 미중 관계의 근본적인 변화는 중국이 한국과 북한에 대해 '안북경남' 전략을 지속할 수 있는 공간도 상당히 축소 시켰다.

중국이 '안북경남' 전략을 추구할 수 있는 공간이 축소되었다는 점은 한중 관계와 북중관계 두 측면 모두에서 드러나고 있다. 윤석열 정부가 출범한 후 한중 관계가 악화된 근본적 원인은 문재인 정부와 윤석열 정부의 북한에 대한 기본 인식과 북핵 문제 해결 방안에 대한 차이였다고 분석할 수 있다.

문재인 정부 때 사드 갈등을 임시방편으로 봉합하고 한중 관계가 안정적으로 유지될 수 있었던 이유는 문재인 정부가 추구했던 북한과의 대화를 통한 북핵 문제 해결 방침과 한반도 평화체제 구축 등 핵심정책이 중국의 한반도 정책 목표나 '안북경남' 전략 추구에 부합했기 때문이다. 즉 중국이 한국과의 관계 개선과 유지를 위해 정책을 조정한 것이 아니라, 한국이 추구하는 대북정책 목표가 중국의 정책 목표와 일치했던 것이다. 반면 윤석열 정부는 한미동맹 강화를 통해 북핵 위협으로부터 한국의 안보를 확보하는 것을 최우선적 정책 목표로 설정했다.

또 대북정책에서도 문재인 정부와 큰 차이를 보였는데 그 방향성은 중국의 한반도 정책 목표나 '안북경남' 전략과는 마찰을 일으키는 것이었다. 현재 중국은 한반도 정책 목표나 '안북경남' 전략을 수정하는 대신에 한국의 대외정책과 대북정책이 다시 바뀌기를 기다리는 것으로 보인다. 향후 관건은 한국이 북핵 위협으로부터 느끼는 안보 위협이 가중되는 상황에서 한국 대외정책과 대북정책이 다시 문재인 정부 시기처럼 회귀할 수 있을까, 하는 점이다.

한편 국제 정세 변화를 반영하지 않은 중국의 한반도 정책과 전략 고수는 북한의 불만을 초래해 북중관계도 악화시키는 요인으로 작용하고 있다. 이미 북한은 미중 경쟁과 러우전쟁이 결정적으로 촉발시킨 미러관계 악화 상황을 이용해 동북아에서 신냉전 구도 형성을 추구하고 있다. 그러므로 중국과 북한 간의 전략 목표 차이에서 기인하는 긴장도 향후 지속될 것으로 예상된다.

현실적으로 한국이 중국의 한반도 정책 변화를 추동할 수 있는 레버리지는 많지 않다. 그렇다고 한중 관계의 회복과 안정을 위해 중국의 한반도 정책과 전략에 부합하는 방향으로 한국의 대외정책과 대북정책을 조정할 수도 없다. 변화된 국제 체제와 지역 정세에 부합하고 호혜적 한중 관계 설정을 위해서는 우선 한국 사회에서 진보와 보수가 공감할 수 있는 북한에 대한 인식과 북핵 문제 해결 방안이 도출되어야 한다. 그리고 향후 정부들이 상황 변화에 따른 조정은 할지라도 기본적 전략과 목표는 꾸준히 견지해야 한다. 물론 한국 국내 정치 상황과 사회적 분위기가 진보와 보수 진영이 공감할 수 있는 합의점을 찾아내기가 점점 더 어려워지는 상황으로 변해가고 있다. 그렇지만 이 문제를 해결하지 못하면 한국은 정권이 바뀔 때마다 대외정책과 대북정책이 전면 재검토되는 상황이 반복될 것이다. 그리고 그로 인한 외교적인 비용과 혼란은 한중 관계에만 국한된 것도 아닐 것이다.

마지막으로 한중 관계가 안정적으로 유지되기 위해서는 새로운 전략적 공동 이익에 합의해야 한다. 한중 수교 후 한중 관계가 안정적으로 유지된 배경에는 무역을 통한 경제적 이익과 함께 북핵 문제 해결에 중국이 건설적 역할을 할 것이라는 한국의 기대가 있었다. 이 두 요인이 과거만큼의 역할을 못 하게 된 상황에서 한국의 안보가 확보된 한반도 평화 유지와 같이 한중 양국이 동의할 수 있고 전략적 신뢰를 구축할 수 있는 새로운 공동 이익을 찾아야 할 것이다.

김동찬 연세대

Q. 트럼프 2기 한국의 대중 경제 전략은?

1992년 한중수교 이후 지난 30여 년간 한중 경제 관계는 미증유의 속도로 발전을 거듭해 왔으며, 그 결과 양국의 경제협력 규모와 범위도 비약적으로 발전하여 2022년 기준 중국은 한국의 최대 교역국이자 2대 투자 대상국으로, 한국은 중국의 3대 교역국으로 부상하였다. 두 나라의 경제 협력이 빠르게 발전한 배경에는 경제적 보완성, 지리적 인접성, 문화적 동질성이라는 양국이 공유하는 특유의 조건이 자리 잡고 있었지만, 보다 거시적으로는 '세계화globalization'의 대조류 속에서 가속화된 중국의 경제개혁 및 시장 개방에 시의적절하게 참여한 한국의 발전 전략이 주효했다고 볼 수 있다.

그러나 최근 세계적인 지정학적 불안정, 공급망 리스크 및 중국의 경제침체 등 복합적 위기 속에서 한중 양국의 경제·산업·시장에 근본적인 구조변화가 일어나고 있으며, 이에 따라 양국의 무역과 투자가 위축되고 정부의 상호 경제협력 거버넌스가 중대한 시험대에 오르는 등 심각한 도전에 직면하고 있다. 특히 트럼프 2기 행정부가 시작되면서 미중 갈등이 첨예화되는 반면, 중국에 대한 한국의 경제적 의존도(수출의존도 19.7%; 수입의존도 22.2%)는 여전히 높은 상황이어서 한국경제의 장기적 발전을 안정적으로 확보하기 위해서는 환경적 변화를 반영한 새로운 대중 경제전략이 필요한 시점이다.

새로운 대중 경제 전략을 구축하는 과정에서 고려되어야 할 두 가지 배경 조건은 다음과 같다. 우선 한미동맹에 우선순위를 둔 바탕 위에서 호혜와 상호존중의 한중관계를 도모해야 한다. 이제 안미경중安美經中에 기반한 미중 간의 등거리적 균형 정책은 현실적으로 추진되기 힘들다. 오히려 외교·안보·경제적으로 미국이 중국에 비해 훨씬 더 중요한 파트너 국가라는 점을 인정하는 전제하에서 한중관계를 발전시켜야 한다. 둘째, 중국경제가 침체 국면에 있고 한중 경제 관계가 예전같이 긴밀하지 않다고 하더라도 한국경제의 급격한 탈중국은 자제해야 한다. 과거에 비해 많이 줄어들기는 했지만, 한국경제의 대중의존도는 아직도 높은 수준을 유지하고 있으며, 특히 핵심 원자재의 대중 수입의존도는 오히려 확대되는 추세에 있다.

따라서 한국의 새로운 대중 경제 전략은 대중국 디리스킹^{De-}risking의 방향으로 추진되어야 한다. 즉 중국과의 경제협력을 유지하면서도 중국 의존도를 점진적으로 줄이고, 공급망 및 무역구조를 다변화하는 방식이다. 이를 추진하기 위해서는 다음과 같은 추진 전략이 고려돼야 한다. 첫째, 우리가 중국에 선제적으로 우리의 전략을 설득하고 이해시켜야 한다. 물론 중국이 미국 우선적인 한국의 전략을 받아들이기 쉽지 않겠지만, 미중 갈등이 장기화하고 트럼프 2기 행정부의 대중 압박이 첨예화되는 상황에서 중국도 한국이라는 우방을 잃고 싶지 않을 뿐만 아니라 심각한 경제침체 국면에 들어선 중국이 한국을 포함한 타국에 경제제재라는 징벌적 수단을 추진할 수 있는 상황도 아니므로 중국도 한국이 제안하는 새로운 관계에 암묵적으로 동의할 가능성이 높다.

둘째, 한국경제의 대중의존도를 효과적으로 줄여가야 한다. 지난 30년 동안 한국의 경제발전 과정에서 상호 보완적 대중의존도 상승은 불가피한 선택이었지만, 중국의 경제적 리스크가 위험수위에 이르고 중국이 한국의 대중 경제의존을 외교적 레버리지로 사용함에 따라 한국 내에서는 중국에 대한 경제적 의존도를 낮춰야 한다는 여론이 비등하고 있다. 특히 최근 대중 수출의존도는 하락 추세에 있지만, 대중 수입의존도가 높아지는 상황에 주목할 필요가 있다. 한국은 반도체, 배터리, 디스플레이, 전기차 산업의 핵심 부품과 원자재를 중국에서 대량 수입하고 있으며, 이러한 상황은 이른 시일 안에 호전될 가망성이 없다. 따라서 우선 리튬, 코발트, 니켈 등 핵심 원자재 공급망의 다변화를 시도하고, 핵심 소재의 국산화율을 늘리는 한편, 특정 품목에 대한 국가 차원의 전략적 비축을 확대해 점진적·전략적인 방식으로 대중 의존도를 낮춰야 한다.

셋째, 중국과의 새로운 협력 모델을 찾아야 한다. 우리가 잘하는 분야에 선택과 집중을 해왔던 지난 30년 동안의 대중 경제 전략에서 벗어나 앞으로는 중국이 필요로 하는 상품과 서비스를 제공하는 전략을 추진해야 한다. 가장 주목해야 할 분야는 도시화 건설과 인구 고령화이다. 중국의 도시화율 (도시 거주인구/총인구) 은 65% 수준이며, 도시 호적 인구를 기준으로 하면 50%에도 못 미친다. 중국 정부는 내수 확대를 위해 더 많은 인구를 도시로 흡수하려고 하며 이 과정에서 도시 인프라 구축 및 공공 서비스 확충이 필요하다. 여기에 한국의 새롭고 다양한 상품 및 서비스를 제공하는 공간이 형성될 수 있다. 중국의 고령 친화 산업도 한중 경제협력의 유망 분야이다. 전 세계에서 고령인구가 가장 많은 나라는 중국이다. 중국은 2021년 14%의 고령화율로 고령화 사회에 진입했고 2035년에는 초고령화 사회로 접어들 전망이다. 스마트 헬스케어·의료기기, 건강식품, 실버전용 IT·전자제품, 실버패션·뷰티 등 다양한 실버시장 발전 경험이 있는 한국기업에는 새로운 기회라고 볼 수 있다.

　마지막으로 다자적 협력을 강화해야 한다. 미중 갈등, 중국경제 둔화, 글로벌 공급망 재편 등의 환경 변화 속에서 한중 경제협력은 양자적 협력에서 다자적 협력(국제적·지역적 협력) 중심으로 전환할 필요가 있다. 즉 무역과 투자 중심의 양자 협력에서 벗어나 아세안, 유럽, 중동 등과의 다자협력을 통하여 한중관계를 조정하는 전략이 필요하다. 결론적으로 이와 같은 대중 경제전략을 추진함으로써 우리의 국익에 기반한 새로운 한중관계 정립을 도모해야 한다.

한석희 국가안보전략연구원

Q. 트럼프 2기 대만해협 충돌 가능성은?

　　트럼프 1기에 본격화된 미중 경쟁은 국제 체제와 동북아 지역 질서 그리고 한국의 안보 환경에 심대한 영향을 주는 핵심 변수다. 국내외 전문가나 언론은 트럼프 1기 대외정책을 대체로 新고립주의로 평가하는 경향이 강하다. 하지만 트럼프 1기의 대외정책을 회고해 보면 '미국 우선주의America First' 노선 추구 방식이 新고립주의라기보다는 선택과 집중을 통해 중국과 경쟁에서 승리하는 데 초점이 맞춰져 있었다고 분석하는 것이 더 타당하다. 트럼프 대통령은 중국에 대한 고율의 관세 부과와 기술 봉쇄를 통해 중국 굴기崛起 원동력인 급속한 경제 성장에 직접적으로 제동을 가하는 정책을 시작했고 전통적으로 미국이 중시했던 유럽과 중동지역에 대한 개입을 줄이는 방향으로 대외전략을 수정하여 인도태평양 지역으로 힘을 집중할 것임을 명확히 했었기 때문이다. 그렇다면 트럼프 2기 대외정책은 어떤 방향으로 추진되고 미중관계는 어떤 양상을 띠게 될 것인가?

결론부터 말하자면 트럼프 2기 대외정책에는 트럼프 대통령 개인의 의지가 1기 때보다 더 명확히 반영되고, 그 결과로 중국 견제에 집중하면서 경제적 이익을 최대한 얻어낸다는 특징도 더 확실히 드러날 것으로 예상된다. 트럼프 1기에는 전통적 공화당 엘리트들이 외교와 안보 주요 직책을 맡았고 이들이 트럼프 대통령의 개인 의견이 미국의 외교정책으로 반영되는 과정에서 상당 부분 완충을 해 주는 역할을 했었다. 하지만 2020년 대선 후 트럼프 대통령이 선거 결과에 불복하는 과정에서 전통적 공화당 엘리트들은 트럼프 대통령의 주변에서 떠나갔다. 트럼프 2기 외교안보 핵심 요직에 대한 인사를 통해서도 트럼프 대통령이 자신에 대한 충성에 방점을 둔 인사를 하고 있음을 확인할 수 있다. 그럼, 중국은 이에 어떻게 대응할 것인가?

중국은 우선 재집권에 성공한 트럼프 대통령과 타협을 통해 미국의 요구를 일부 수용하더라도 미중관계에 긴장이 고조되거나 미중경제가 디커플링되는 것을 막기 위해 노력할 것으로 보인다. 그 이유는 개혁개방 이후 급속한 경제발전 과정에서 노정된 각종 문제를 해결해야 할 시점에 시작된 미중 경쟁과 코로나19 여파로 중국은 경제발전 동력이 약화하고 부채가 증가하며 실업률이 급증하는 등 위기를 겪고 있기 때문이다. 중국 내의 미국 전문가들은 딩쉐샹丁薛祥 부총리가 2025년 1월 21일 다보스 포럼에 참석해서 한 연설을 통해 "중국은 무역흑자를 추구하지 않을 것"이라고 발언했다는 점을 강조하면서 이 발언이 미중무역 불균형 문제를 제기해 온 트럼프 대통령에 대해 중국이 내놓은 유화적인 메시지라는 해석을 주장하기도 한다.

또한 중국은 트럼프의 재집권 가능성을 상정하고 바이든 대통령 임기 말에 미중 간 긴장 해소와 우발적인 군사적 충돌 가능성을 관리하기 위한 조치도 취했다. 2024년 8월 바이든 정부의 국가안보보좌관 제이크 설리번Jake Sullivan이 중국을 방문하자, 시진핑 주석과 중국 중앙군사위 부주석 장여우샤张又侠가 연달아 그와 면담하면서 미중 양군의 전구급 사령관 간 소통 채널 복구에 합의했다. 그에 앞서 2023년 11월에는 샌프란시스코 미중 정상회담을 계기로 중국과 바이든 정부 간에 2024년 1월의 대만 총통 선거에서 라이칭더賴淸德 후보가 당선되더라도 대만해협 긴장이 고조되어 군사적 충돌로까지 비화되는 상황은 최소한 막자는 묵계가 형성되었던 것으로 관찰된다. 그 결과 대만해협 긴장이 해소되지는 않았지만, 라이칭더 정부가 출범한 후에도 위기관리는 되는 상황이 유지되고 있다.

트럼프 대통령은 바이든 정부와는 달리 대만의 이념적 정체성을 별로 높이 평가하지 않고 거래의 관점에서 접근하고 있으며, 미국의 대만에 대한 전략적 모호성 정책도 바이든 정부보다 잘 유지할 것으로 예상된다. 트럼프 2기에도 대만을 중국에 대한 카드로는 활용하겠지만 중국과의 군사적 충돌은 원하지 않고 있음을 알 수 있다. 이는 모두 중국이 선호하는 방향성이다. 또한 현재의 중국 국내 정치와 경제 상황을 고려할 때 중국도 대만에 대한 군사적 모험에 나설 가능성은 작다고 판단된다. 즉 현시점에서 우발적 충돌 가능성을 완전히 배제할 수는 없어도, 미중 양국 모두 대만해협에서 무력충돌은 원하지 않을 것으로 예상된다.

그렇지만 트럼프 2기에도 대만해협 문제는 여전히 미중 간 핵심 현안이 될 이슈이다. 2020년 대선에서 불리해지자, 트럼프 대통령은 중국의 정치체제와 지도부를 비판하면서 대만해협에서의 위기도 고조시켰고, 중국도 이에 강경한 대응을 했었다. 만약에 트럼프 2기에도 미국이 대만 카드를 사용하여 중국에 대한 압박을 시도할 경우 중국은 타협의 여지가 없다고 느낄 수 있다.

김현욱 세종연구소, 김동찬 연세대

Q. 북중관계 악화의 근본 원인은?

　최근 국내외 언론을 통해 북중관계에 다시 균열이 발생했다는 것을 확인할 수 있는 사건들이 다수 보도되고 있다. 중국은 2018년 시진핑 주석과 김정은 국무위원장 간 다롄 정상회담을 기념하기 위해 설치했던 기념물을 철거했다. 중국 공안이 북한 밀수품을 몰수했는데, 북한이 이 물건들이 김정은 위원장이 사용할 물품이라며 돌려달라고 요청했지만, 중국은 이 요청을 무시하고 경매 처리했다는 보도도 있었다. 중국은 자국 내 북한 노동자를 전원 귀국시키라는 요구를 북한에 했다고 하며, 2024년은 "중조 우호의 해"로 선정했지만, 양국 교류는 여전히 매우 제한적이었다. 여기에 북러 간 밀착이 군사협력 강화와 포괄적인 전략적 동반자 관계 조약 체결로 이어지며 북중관계 이상설은 한층 더 힘을 얻게 되었다. 최근 북중관계가 악화된 근본적인 원인은 무엇일까?

우선 북중관계는 시기와 국제 정세 변화에 따라 수많은 굴곡을 겪었다는 점을 지적하고자 한다. 중국뿐 아니라 한국에도 북한과 중국이 혈맹 관계라는 인식이 대중들 사이에는 광범위하게 존재하지만, 한국전쟁 당시부터도 북한과 중국은 전쟁 목표를 둘러싸고 큰 이견을 표출했었다. 1956년 북한에서 발생한 "8월 종파사건"으로 조선노동당 내의 친중 정치세력인 옌안파 인사들이 대거 숙청되자 중국은 소련과 함께 평양에 대표단을 파견하여 개입을 시도했지만, 최종적으로는 목적 달성에 실패했다. 1992년 한중 수교로 인해 북한은 심대한 외교적인 타격을 입었으며, 중국이 북한을 배신했다고 인식했다. 냉전 종식 후 중국에 북한의 전략적 중요성은 낮아졌고 중국 내에서는 북중관계가 보통 국가 간 관계라는 주장까지 제기되었다. 북한의 핵 개발은 이웃 국가가 핵을 보유하는 것을 바라지 않는 중국도 원하지 않는 것이었고, 북한의 지속적 군사 도발은 경제발전과 국가 현대화에 매진하기 위해 주변 지역에서 안정적 대외 환경이 조성되기를 바라던 중국에는 부담을 가하는 요인이었다. 따라서 한중 수교 이후 북중 간에는 전반적으로 긴장 관계가 지속되었다고 평가할 수 있다. 특히 2012년 시진핑 주석 집권 이후 2018년 5월에 정상회담이 열리기 전까지 북중관계는 심각한 냉각 상태에 있었던 것으로 보인다.

하지만 2018년 트럼프 대통령이 김정은 위원장과의 직접 협상을 통한 북핵 문제 해결을 시도하면서 중국은 북한에 대한 정책을 전면 수정하지 않을 수 없게 되었다. 중국의 한반도 정책 기본 목표 중 하나는 북한에 대한 영향력을 유지하는 것이며, 중국은 역사적으로 한반도 북부를 중국의 안보에 결정적인 영향을 줄 수 있는 지정학적 핵심 지역으로 인식하고 있는 것으로 분석된다. 2018년 6월 싱가포르에서 트럼프 대통령과 김정은 위원장 간의 회담 개최가 확정되자, 중국은 미국과 북한 간 핵 협상이 만에 하나라도 타결될 가능성에 주목하게 되었고, 만약 협상을 통해 북핵 문제가 해결될 경우에는 미국과 북한 간의 관계 개선으로 이어질 수 있다고 판단했을 것이다. 미중 경쟁이 시작된 상황에서 미국과 북한의 관계 개선 가능성은 필연적으로 중국의 북한에 대한 영향력에 부정적인 영향을 초래할 뿐 아니라, 나아가 중국에는 전략적으로 커다란 타격을 줄 수 있는 중대한 사안이다. 이에 중국은 전격적으로 김정은 위원장을 초청하여 시진핑 주석이 직접 "3개의 불변三个不会变" 약속을 해 주는 것을 통해서 국제 정세와 지역 정세에 어떤 변화가 발생하더라도 중국의 사회주의 국가 북한에 대한 전략적 지지는 확고하다는 것을 보장해 주었다.

문제는 2018년 북중관계를 급격히 개선하는 것으로 대북정책을 전격 수정했던 중국과 북한 사이에 불과 5년여 만에 관계가 다시 악화되는 현상이 발생했다는 것이다. 국내외 전문가들은 2024년 체결된 북러 조약과 양국 간 군사협력 강화를 중국이 탐탁하지 않게 생각하기 때문이라거나, 중국이 북한이 원하는 만큼 충분한 경제 지원을 해 주지 않기 때문이라는 등 북중관계 악화 원인을 다양하게 제기하고 있다. 물론 이러한 원인도 현재 북중관계 악화의 주요한 원인이라고 할 수 있다. 하지만 최근 북중관계 악화의 근본 원인은 양국이 추구하는 전략 목표에 심각한 불일치가 발생했기 때문이라고 생각된다.

중국은 현시점에서 미중 경쟁이 중국에 불리한 군사적 대결로 악화되거나 중국경제에 파국적인 영향을 주게 될 수 있는 중국이 미국이 주도하는 세계 경제 시스템에서 디커플링되는 상황이 발생하는 것을 회피하기 위해 노력하고 있다. 중국이 미국과 경쟁에서 불리하다고 판단되는 영역에서 경쟁을 회피하는 것은 쉽게 이해할 수 있는 전략이다. 반면 북한은 동북아 지역에서 북중러 대 한미일 신냉전 구도 고착이 북한에 가장 유리한 외부 환경이라고 판단하여 "세계는 신냉전 체제로 진입했다"라고 주장하면서 중국이 회피하려고 노력하는 지역 안보 상황을 추구하고 있다. 그뿐만 아니라 러시아와의 군사협력을 통해 동북아에서의 신냉전 구도 형성을 촉진하기 위해 노력하고 있다.

트럼프 대통령의 재집권으로 중국은 더 거센 도전에 직면할 것으로 보인다. 특히 트럼프 대통령이 북한과 핵 협상을 재개하려 시도하는 것은 중국에도 심각한 딜레마를 제기한다. 만약 미국과 북한 간 핵 협상이 타결된다면 중국은 다시 북한이 미국과 관계 개선에 성공할 가능성과 그 상황이 중국에 초래할 수 있는 전략적 타격을 우려해야 하고, 실패한다면 북한은 계속 신냉전 구도 고착을 위한 방향으로 움직일 것이기 때문이다. 어느 경우에도 중국이 원하는 전략 목표와 북한이 추구할 전략 목표 사이에는 큰 간 극이 존재한다. 그러므로 한국도 기존의 북중관계에 대한 인식을 재고하여 대중 정책과 대북정책에 적용할 필요가 있다.

김동찬 연세대

Q. 서해 수역에서 한중 갈등 해소 방안은?

    서해 수역은 한국과 중국이 접하고 있는 해역으로서, 경제적, 군사적, 외교적으로 중요한 지역이다. 그러나 이 해역에서는 양국 간 갈등이 지속되고 있으며, 주된 원인은 불법 조업 문제, 배타적 경제수역EEZ 경계 설정 문제, 해양 군사 활동, 환경 문제 등이다. 특히 중국 어선의 불법 조업과 이에 따른 충돌 사건은 한중 관계에 긴장을 초래하고 있다.

    먼저 중국 어선의 불법 조업은 서해에서 가장 빈번하게 발생하는 한중 갈등의 대표적 사례이다. 중국 내 해양 자원의 고갈과 어업 규제 강화로 인해 많은 중국 어선이 한국의 수역에서 불법 조업을 하고 있다. 한국 해양경찰청 자료에 따르면, 매년 수백 척의 중국 어선이 나포되거나 강제 퇴거되고 있으며, 일부는 강력한 저항을 하면서 한중 간 해상 충돌로 이어지고 있다. 2016년 10월에는 서해에서 불법 조업 중이던 중국 어선이 한국 해경의 단속을 피해 도주하다가 해경 경비정을 충돌·침몰시키는 사건이 발생했다. 이러한 사건들은 한중 관계를 긴장시키고 한국 내에서 반중 정서를 강화하는 요인이 된다.

다음으로 배타적 경제수역EEZ 경계 설정 문제가 있다. 한국과 중국은 1992년 국교 수립 이후 배타적 경제수역EEZ 경계를 확정하지 못하고 있다. 한국은 양국이 주장할 수 있는 배타적 경제수역이 중첩되므로 해안으로부터 같은 거리의 점을 연결한 중간선을 기준으로 EEZ를 나누어야 한다고 주장하는 반면, 중국은 인구와 해안선 길이를 고려해야 한다며 보다 넓은 수역을 요구하고 있다. 이러한 입장 차이로 인해 EEZ 경계 설정 협상이 지연되고 있으며, 그로 인해 서해에서의 관할권 충돌이 빈번하게 발생하고 있다.

서해는 단순히 어업 활동뿐만 아니라 군사적으로도 중요한 해역이다. 중국은 최근 해군력을 강화하면서 서해에서의 군사 활동을 점차 확대하고 있다. 중국 해군과 해경 함정이 한국의 해상 경계선 인근을 자주 출몰하면서, 한국 해군과 긴장 상태가 조성되고 있다. 2013년 설정된 중국의 작전구역AO의 동측 한계는 동경 124도인 반면 우리 해군이 운용 중인 해양통제구역의 서쪽 한계는 동경 123도여서, 중첩된 수역에서의 군사적 충돌 가능성도 다분하다.

중국 어선들의 불법 조업은 해양 생태계에도 큰 위협이 되고 있다. 이들은 규정을 무시한 불법 어구 사용 및 남획을 통해 서해의 어족 자원을 고갈시키고 있으며, 폐기물을 무단 투기하는 등 환경 오염 문제도 심각하다. 특히, 중국 어선들이 사용하는 '쌍끌이 저인망' 어업 방식은 해저 생태계를 파괴하며 지속 가능한 어업에 큰 타격을 준다.

서해 수역을 둘러싼 한중 간 갈등의 원인으로서 첫 번째로 꼽을 수 있는 것은 중국의 해양 팽창 정책이다. 중국은 21세기 들어 해양 강국으로 부상하기 위해 해양 주권을 적극적으로 주장하고 있다. 이러한 전략은 동중국해, 남중국해뿐만 아니라 서해에서도 적용되며, 중국 정부는 자국 어민들을 적극적으로 지원하고 있다. 이에 따라 중국 어선들은 중국 해경의 보호를 받으며 적극적으로 외국 해역에서 조업을 시도하고 있다.

한중 어업협정의 불법 조업 단속규정이 효과적이지 못하다는 점도 서해 수역에서의 한중 갈등을 심화시키는 요인이다. 한중 어업협정에서는 양국의 EEZ 주장이 겹치는 수역의 일부를 '잠정 조치수역'으로 두고, 이 수역에서는 양국의 어선이 함께 조업하되, 양국 정부가 수산자원을 공동관리하기로 하였다. 그러나 이 수역에서는 이른바 "기국주의旗國主義"가 적용되어, 우리나라 어선은 우리나라가, 중국어선은 중국이 각각 단속하고, 각자 상대방어선에 대해서는 법 집행을 하지 않는 것으로 되어 있다. 따라서 중국어선들의 불법 조업 단속이 어려운 실정이다.

이러한 서해 수역에서의 한중 간 갈등을 지혜롭게 관리하고 해결할 수 있는 우리나라의 대응 방안으로는 다음과 같은 조치를 생각해 볼 수 있다.

첫째, 한중 해양 협력 강화이다. 한국은 중국과의 외교적 협력을 강화하여 해양 질서를 유지하는 것이 필요하다. 이를 위해 한중 간에 가칭 '서해 해양 협력위원회'와 같은 협의체를 활성화하여 불법 조업 문제 해결과 해양 환경 보호를 위한 공동 협력을 추진해야 한다.

둘째, 해양·조업 법률 및 단속 강화이다. 한국은 우리 관할 하의 서해 수역에서 불법 어로 규제 법률의 내용을 강화하고, 해경 및 해군의 단속 역량을 증대시켜 중국의 불법 조업을 더욱 효과적으로 차단해야 한다. 또한, 중국 정부와 협상을 통해 불법 조업 선박에 대한 강력한 처벌 조치를 요구할 필요가 있다.

셋째, 국제 협력 강화이다. 국제해사기구IMO 등에서 서해 문제를 국제적 이슈로 부각하여 국제사회의 지지를 얻는 것이 중요하다. 일본, 대만 등과 협력하여 공동 해양 보호 정책을 수립할 수도 있다.

마지막으로 군사적 대비 태세 강화이다. 중국의 해양 군사 활동이 증가하는 상황에서 한국도 자국의 안보를 강화할 필요가 있다. 이를 위해 해양 방어 능력을 증강하고, 한미동맹을 활용한 협력 방안을 마련해야 한다.

심상민 KAIST

Q. 미국의 관세 부과에 대한 중국의 대응은?

트럼프 1기의 대외정책에 대해서는 다양한 평가가 제기되지만, 고율의 관세 부과가 트럼프 정부를 대표하는 정책 수단 중 하나임은 틀림없다. 2018년 3월 트럼프 대통령이 500억 달러 규모의 중국산 수입품에 25% 관세를 부과하는 행정명령에 서명한 것이 미중 무역전쟁을 촉발시켰고 미중 경쟁으로 이어졌다. 원래 고율의 관세 부과 정책에 반대하는 입장을 취했던 바이든 정부도 트럼프 1기 중국에 부과했던 관세를 철회하지 않은 채 임기를 마쳤다. 또한 트럼프 대통령은 2024년 미국 대선 과정에서 이미 집권하면 모든 외국 수입품에 10~20%의 보편 관세를 부과할 것이고 중국산 제품에는 60%의 관세를 추가로 부과하겠다고 공언했다. 게다가 그는 대통령 임기가 시작되기도 전 미국으로 마약과 불법 이민자의 유입을 방지하기 위한 대응에 미온적이라는 이유로 이 문제가 시정될 때까지 캐나다와 멕시코에 25%의 관세를 부과하고, 미국으로 펜타닐이 유입되는 문제가 해결될 때까지 중국에 10% 관세를 추가로 부과할 것이라고 발표했었고, 2025년 2월 1일 이 조치를 전격 시행했다.

중국을 비롯한 다른 국가에 대한 고율 관세 부과는 상대국의 대응 방식에 따라 무역전쟁을 촉발할 수 있고 미국경제에도 인플레이션 압력을 높일 수 있기 때문에 전문가들은 트럼프 대통령이 정말로 세계 각국을 대상으로 10% 이상의 보편 관세를, 중국에 60%의 추가 관세를 부과할 것인지에 대해서는 의견이 분분하다. 그렇지만 트럼프 2기 정부 출범 직후, 미국이 콜롬비아 출신 불법 이민자를 가둬 군용기로 추방하는 조치에 콜롬비아가 반발하자, 즉각 25% 관세 부과를 실행해 콜롬비아의 양보를 얻어낸 사례에서 볼 수 있는 것 같이 트럼프 대통령은 중국을 압박하고 향후 협상에서 우위를 점하기 위해서 관세 부과 카드를 적극 활용할 것이 확실시된다. 그렇다면 중국은 미국의 대중 관세 추가 부과 가능성을 어떻게 판단하며, 어떤 대응책을 준비하고 있을까?

우선 주목할 부분은 국내외 전문가들이 트럼프가 취임 후에 대중국 추가 관세를 부과할 가능성이 높다고 예상하는 것과 달리, 중국 내 미국 전문가들은 중국산 제품에 대한 추가 관세 부과가 미국의 인플레이션에도 부정적 영향을 줄 것이고 이는 트럼프 정부에게 국내 정치적 부담으로 작용할 것이기 때문에 트럼프 2기에 미국이 중국 수출품에 고율의 추가 관세를 부과하기는 어려울 것으로 전망한다는 점이다. 그렇지만 트럼프 1기 미국의 대중 정책과 최근 트럼프 2기 정부 출범 후 정책 추진 방향을 고려한다면 중국이 미국의 요구를 모두 수용하지 않는 이상 미국이 대중 관세를 추가로 부과하는 방식을 통해 중국을 압박할 가능성이 매우 높다.

중국 학계에서 논의되는 미국의 대중국 추가 관세 부과에 대한 대응책은 아래와 같이 정리해 볼 수 있다. 첫째, 대외 무역 여건 변화의 부정적 영향을 최소화하기 위해서 국내 경기 부양을 통한 내수 진작 정책을 적극 실시한다. 둘째, 유럽, 동남아, 중동, 아프리카, 라틴 아메리카 등 지역으로 수출 다변화 정책을 추진하여 미국에 대한 수출 감소를 상쇄하기 위해서 노력한다. 셋째, 미국이 보편적 관세 부과를 추진할 경우 무역에 의존하는 많은 국가가 같은 피해를 보게 될 것이므로 이 국가들과 연대하여 공동 대응한다. 넷째, 중국이 세계 수요의 대부분을 공급하고 있는 희토류 등 전략 자원에 대한 수출통제 조치를 통해 보복 조치를 취한다. 다섯째, 최후의 수단으로 위안화 평가절하를 통해 미국이 부과하는 추가 관세 효과를 상쇄시키고 수출 경쟁력을 유지한다.

그렇다면 이런 중국의 대응 조치는 한국에 어떤 영향을 줄 것인가? 첫째, 중국경제는 현재 공급과잉과 수요 부족 상황에 직면해 있는 것으로 보이므로 중국 정부가 국내 경기를 부양하고 내수 진작 정책을 실시해 성공한다 해도 한국의 대중국 수출에 의미 있는 긍정적 영향을 주기는 어려울 것이다. 둘째, 중국의 수출 다변화 노력은 이들 지역에서 한중 간 수출 경쟁이 더 치열해질 것임을 의미한다. 셋째, 중국은 한국에 미국의 보편 관세 부과에 공동으로 대응하자고 제안해 올 가능성이 높으니 이에 대한 대응 방안을 마련할 필요가 있다. 넷째, 중국의 희토류와 같은 전략 자원 수출통제를 활용한 대미 보복 조치가 한국에도 부정적 영향을 줄 가능성에 대비할 필요가 있다. 마지막으로 위안화 평가절하는 원화 가치에 영향을 줄 것이고 무역전쟁이 환율 전쟁으로 비화할 가능성도 높인다. 그러므로 중국이 미국의 관세 부과에 대응하기 위해 어떤 조치를 취할 것인지를 미리 예측하고 우리도 대응책을 마련해야 한다.

마지막으로 미중 간에 펜타닐 문제에 대한 인식 차이를 지적하고자 한다. 트럼프 2기 미국이 대중국 추가 관세 10%를 부과한 이유가 펜타닐 문제다. 미국은 펜타닐 문제를 심각하게 인식하고 초당적인 대응에 나섰으며, 트럼프 대통령도 이 문제 해결을 위해 집중할 것으로 보인다. 왜냐하면 펜타닐 남용이 초래한 심각한 사회 문제들로 인해 미국인들의 관심이 집중되어 있고, 트럼프 대통령은 캐나다, 멕시코, 중국 등을 압박해 이 문제를 해결하는 것을 자신의 치적을 쌓을 수 있을 이슈로 설정한 것으로 판단되기 때문이다. 반면 중국은 펜타닐 문제에서 중국이 할 수 있는 조치들은 모두 취했다는 입장이다. 하지만 미국은 중국의 대처가 미온적이라고 느끼면 더욱 강력한 추가 조치를 취할 것으로 예상된다. 따라서 미국의 펜타닐 문제 해결에 도움을 줄 방법을 찾는 것이 중국이 미국의 관세 추가 부과를 막는 더 효과적 방안일 수 있다.

김동찬 연세대

Q. 미래지향적 한일협력은 가능할까?

    한일관계는 1990년대 냉전 종결 이후 그동안 한일관계를 규정하고 제약했던 요인들이 급격한 변화를 겪게 됨에 따라 새로운 환경에 직면하였다. 특히 2000년대 이후 본격화된 미중 전략경쟁에 따른 미국의 동아시아 전략은 근본적인 수정을 요구받게 되었고 이에 따라 한일관계도 질적 변화를 초래하게 되었다.

    한일관계의 질적 변화를 초래한 첫 번째 요인은 국제정세의 변화이다. 냉전 이후 한국은 러시아, 중국과 국교를 맺으면서 과거 한반도를 둘러싼 동서 진영 대립구도는 사라지는 듯이 보였다. 하지만 2022년 러시아-우크라이나 전쟁과 중국의 군사력 증강에 따른 대만침공 우려 및 북한의 핵·미사일 실험을 통한 한반도 주변 안보 위기가 고조되면서 과거와 같은 진영 간 대립구도가 재현될 조짐이 나타나고 있다. 즉 동아시아 국제질서의 변동 가능성은 필연적으로 한일관계의 변화를 촉진하는 요인으로 작용하고 있다.

둘째는 한국의 정치 민주화와 경제성장에 따른 국제적 지위 향상이다. 한국은 1997년 성공적인 민주화를 달성한 이후 민주주의 국가로 탈바꿈하였고 1960년대부터 시작된 급속한 경제성장과 함께 1990년대 후반 동아시아 통화위기와 2000년대 후반 글로벌 금융위기에도 성공적으로 대처하였다. 이러한 한국의 성공적인 정치 민주화와 경제성장은 대일관계에서도 상대적으로 발언권을 강화할 수 있는 중요한 변수로 작용하였다. 즉 민주화와 경제성장으로 대표되는 한국의 변화는 대일관계의 질적 조정을 요구하는 압력으로 작용하였다.

한편 일본의 정치, 경제, 사회 역시 변화의 과정을 겪었다. 1990년대 이후 경제의 장기 침체 등으로 일본 경제의 활력은 급속히 저하되었지만, 세계 2~4위권 경제대국의 지위와 영향력은 여전히 유지되었다. 또한 냉전 종결 이후 보통국가 논의 아래 아베 정부는 '적극적 평화주의' 개념을 도입하면서 일본의 국제적 역할 확대를 추구하였다. 특히 아베 정부는 기존 정부와 달리 보다 명확한 보수우경화 정책, 수정주의 역사 인식의 모습도 보여주었다. 이처럼 일본 스스로의 구조적인 변화 역시 한일관계 변화를 촉진한 요인이었다.

이와 같은 한일관계의 질적 변화 속에 이제는 한일관계를 단순한 양자관계로 해석하는 것은 현시점에서 적합하지 않다. 한반도를 둘러싼 북한의 위협과 중국의 부상에 따른 안보위협에 대응하기 위해 한일은 전략적 대응 모색이 필요하다. 즉, 한일이 트럼프 대통령의 재등장과 함께 변화하는 한반도 및 동북아시아 정세에 능동적이고 전략적으로 대응하기 위한 협력방안을 모색할 필요가 있다. 한일협력은 오히려 양국 관계가 '대등한' 관계가 되었기 때문에 협력이 더 용이해졌다는 새로운 시각이 필요하다. 과거 비대칭적 한일관계를 전제로 한일협력을 모색했다면 이제는 국력과 국제 지위가 대등해진 한일이 동일한 미래를 바라보면서 협력의 원칙과 방향성을 설정할 시기가 도래하였다. 아직 '대등한' 한일관계에 대한 인식 차이가 한일 양국, 그리고 세대 간에도 존재하지만, 앞으로 이 문제를 어떻게 해결해 나갈 것인지에 대한 진지한 고민이 필요하다.

한일관계의 질적 변화와 함께 한일관계를 새로운 관점에서 해석해 나가는 과정에서 향후 '미래지향적' 한일관계를 발전시키기 위한 방향성을 다음과 같이 제시할 수 있다.

첫째, 한일은 중견국을 넘어 선진국으로서 미중 패권경쟁의 부정적 결과를 억제하고 평화와 안보, 번영을 지키기 위해 공동 대응해야 한다. 한일은 지정학적, 글로벌 영역 도전에 함께 협력해서 대응하는 '전략적 파트너'임을 인식해야 한다. 특히 양국이 미국을 공동의 동맹관계로 맺고 있다는 점에서 한미동맹과 미일 동맹을 외교정책의 중심축으로 설정하고, 한미일 3국이 함께 추진하는 '인도-태평양 전략'의 공조를 통해 글로벌 영역까지 포괄하는 협력관계를 구축해야 한다.

둘째, 자유주의적이고 규칙 기반 국제질서를 수호하는 한일협력을 모색해야 한다. 인도-태평양 지역의 새로운 질서를 만드는 데 한미일 네트워크 구축 및 협력 제도화 차원에서 한일 협력방향을 모색한다. 그리고 한국은 한미일 삼각 협력과 한중 협력네트워크가 공존하고 협력적으로 연계될 수 있도록 노력해야 한다.

셋째, 한일 양국뿐만 아니라 글로벌 차원의 미래 공통과제를 함께 해결해 나가는 자세를 가져야 한다. 한일관계 개선을 이룬 윤석열 정부는 일본을 미래지향적 과제를 함께 해결해 나가는 '전략적 협력파트너'라고 규정하였다. 따라서 한일은 저출산 고령화, 지방활성화와 같은 양국의 공통과제를 함께 해결해 나가는 자세를 가져야 하며 환경 문제, 포스트 팬데믹, 경제안보 등 글로벌 차원의 문제 해결을 위한 협력에도 적극적으로 나서야 한다.

넷째, 과거사 문제는 국가정체성 및 민족적 자긍심을 견지하면서도 안보, 경제, 전략적 이익을 확보하는 과제와 병행적으로 이루어져야 한다. 과거사 문제로 인한 갈등이 정치, 경제, 사회 분야까지 한일 교류가 중단되는 일이 다시 반복되지 않도록 한일의 국가이익을 추구하는 방향에서 과거사 문제와 한일협력 분야를 분리해서 대응하는 '투 트랙two track' 전략이 계속해서 유지되어야 한다.

이기태 세종연구소

Q. 한일 과거사 갈등은 해결될 수 있을까?

한국과 일본은 1965년 국교 정상화 이후 60년이 지난 현재 시점에도 위안부 문제, 강제징용 피해자 문제 등 양국 간 과거사를 둘러싸고 갈등을 겪고 있다. 한국 국민은 일본이 과거사 문제에 대해 사과를 하지 않았다고 생각하지만, 일본 정부는 그동안 담화 발표 등의 형식을 통해 여러 차례에 걸쳐 과거사 문제에 대해 공식적인 사과를 표명하였다. 하지만 일본 정치인의 식민지배 정당성을 비롯한 망언이 계속되면서 한국인들에게는 그 진정성이 제대로 느껴지지 않았던 것도 사실이다.

과거 냉전 시기에는 한국과 일본이 '반공'을 공동 이익으로 인식하면서 과거사 문제를 크게 문제 삼지 않았다. 냉전이 끝난 1990년대 이후 위안부 문제를 비롯한 과거사 문제가 수면 위로

드러났고, 일본은 고노 담화, 무라야마 담화를 통해 위안부 문제 및 한반도 지배에 대한 사죄와 반성을 표명하였다. 이후에도 일본 정부는 담화 발표를 계속하였고 그 정점은 2010년 한일강제병합 100주년에 나온 간菅直人 총리의 간 담화였다. 간 담화는 일본이 최초로 병합의 강제성과 식민지배의 폭력성을 인정하였다는 점에서 가장 진일보한 총리 담화였다.

하지만 2015년 아베安倍晋三 총리가 종전 70주년을 맞이하여 발표한 아베 담화는 비록 역대 정부가 표명한 '침략, 식민 지배, 사죄, 반성'이란 핵심 단어를 빼놓지 않고 집어넣었지만 두 가지 측면에서 커다란 문제점을 가지고 있다.

첫째, 아베 담화는 일본이 근대화 이후 러일전쟁 승리 등으로 아시아의 모범이 되었지만, 1930년대에 들어서 일부 군부에 의한 군국주의로 잘못된 길로 들어섰다고 평가한다. 이것은 1910년 한국을 식민 지배한 것은 잘못된 것이 아니었으며 일본은 1930년대부터 잘못된 방향으로 나아간 것에 책임이 있다는 것으로 해석된다.

둘째, 아베 총리는 일본의 전후 세대가 더 이상 역사 문제로 사죄하지 않게 하겠다고 단언하였다. 이는 일본의 과거 부정적 유산은 미래 세대에게 남기지 않겠다는 아베 총리의 의지가 드러난 것인데, 이러한 아베 발언의 부정적 유산은 이후 일본 정부가 공식적인 행사에서 과거사 문제에 대한 명확한 사죄 표현을 하지 않게 만들고 있는 가장 큰 요인이다. 특히 기시다 정부에서 아베 총리가 이끄는 자민당 내 아베파가 가장 큰 세력을 형성하였고, 아베는 총리 퇴임 후에도 '역사전歷史戰'을 강조하면서 더 이상 중국과 한국에 대해 역사 문제로 일본이 물러나서는 안 된다고 주장하였다.

2024년 정치자금 스캔들로 아베파가 쇠퇴하고 과거사 문제에 전향적 입장을 가진 이시바石破茂 총리가 등장한 이후 과거사 갈등이 부각되지 않을 것이라는 전망도 있다. 그리고 트럼프 1기에서 트럼프 대통령은 한일 과거사 문제에 적극적인 개입을 하지 않았다. 2기에서도 트럼프는 과거사를 둘러싼 한일 갈등에 관여하지 않을 것으로 예상되며, 따라서 한일 양국 정부는 미국 정부 입장과 상관없이 과거사 갈등이 증폭되지 않도록 사전에 갈등을 '관리management'하는 대화 채널의 유지가 필요하다.

그런데 한일 간 과거사 문제에는 근본적이고 핵심적인 문제가 존재하는 데 바로 1965년 한일기본조약(이른바 '65년 체제')에서 양국이 애매하게 처리한 1910년 한일강제병합의 불법성 문제이다.

당시 한일 양국 한일기본조약 제2조에서 '이미 원천 무효already null and void'라는 표현을 통해 한국은 일본의 1910년 강제병합은 불법적이기 때문에 이후의 식민지배 역시 불법적이라고 해석하였다.

반면 일본은 1910년 한일병합은 합법적이었고 이에 따른 식민지배 및 징용령도 역시 합법적이었지만 1948년 대한민국 정부 성립을 통해 무효가 되었다는 입장이다.

이러한 1910년 강제병합의 불법성을 둘러싼 한일 양국의 상이한 해석은 최근 강제징용피해 소송에서 1910년의 불법성을 인정한 대법원판결로 다시 한번 '불완전한 65년 체제'의 문제점이 표출되었다.

2015년 1월 와다 하루키和田春樹 도쿄대 명예교수를 중심으로 한 일본 지식인들이 한일기본조약 60주년을 맞아 양국 간 해석을 통일하자고 제언한 점은 매우 의미 있는 행동이다. 즉 일본 총리가 식민지 지배에 대해 반성과 사죄의 뜻을 밝힌 1995년 무라야마 담화와 1998년 김대중-오부치 공동선언 등을 반영해 일본도 제2조의 한국 해석을 따라야 한다고 요구하였다.

앞으로 한국과 일본은 아베 담화 이후 일본 사회 내에 형성된 역사 퇴행적인 인식을 다시 간 담화 수준으로 회복시키기 위한 노력을 함께 해야 한다.

또한 양국 간에 역사 인식 차이가 존재함을 인정하고, 일본 역시 일본의 식민 지배가 정당했다는 식의 주장을 버리고 위안부, 징용공 문제와 같은 강제동원 피해자의 아픔을 이해하려는 노력이 필요하다. 따라서 한일 양국은 과거사 갈등을 해결하기 위해 상호이해와 존중의 마음이 필요하다.

양국이 서로의 역사적 상처를 이해하고 존중하는 태도를 갖고 역사 교육과 문화 교류를 통해 서로의 입장을 이해하려는 노력이 필요하다.

이기태 세종연구소

Q. 일본과 북한의 관계 정상화는 가능할까?

트럼프 행정부의 재등장은 동북아시아 국제정치에 많은 영향을 미칠 것이며, 특히 일본과 북한 간의 대화 재개는 물론 장기적으로는 관계 정상화 논의도 다시 활발해질 가능성이 있다. 현재 일본과 북한은 공식적인 접촉을 중단한 채로 동남아시아 및 몽골 등 제3국에서 간헐적으로 당국자 간 비공식 접촉이 진행되고 있다고 알려져 있다.

일본은 북한의 핵무기 및 탄도미사일 개발에 매우 강력한 반대 입장을 취하고 있고, 북일관계의 최대 현안인 일본인 납치 문제 해결에 가장 큰 노력을 기울이고 있다. 일본은 북한에 대해 '대화'와 '압박'이라는 양면 정책을 실시하면서도 미일동맹과 한미일 안보협력을 바탕으로 국제사회와 함께 대북 제재를 강화하는

'압박'에 중점을 둔 대북정책을 지속하고 있다.

반면에 북한은 일본을 한미동맹에 협력하는 적대국으로 간주하고 한미일 안보협력에 매우 적대적인 입장을 나타내고 있다. 또한 일본과의 대화에 소극적인 태도를 보이면서 일본인 납치 문제에서도 2002년 북일 공동선언을 통해 이미 해결되었다는 입장을 보이고 있다.

일본은 북일관계 개선을 위한 최대 현안으로 세 가지 문제 해결을 들고 있다. 바로 북한 핵문제, 미사일 문제, 일본인 납치자 문제이다. 유일한 피폭 국가로서 핵 자체에 대한 거부감이 강한 일본은 '비핵 3원칙(핵 제조, 보유, 반입 금지)'을 견지하면서 북한의 핵무기 개발이 일본에 매우 큰 안보 위협임을 강조하고 있다. 이에 따라 일본은 북한 비핵화를 지지하고 NPT 체제의 준수를 주장하고 있다.

북한의 계속된 탄도미사일 발사 시험 역시 일본의 안보에 매우 큰 위협으로 다가오고 있다. 일본은 북한의 탄도미사일 능력이 고도화되면서 다층적 미사일 방어 능력을 강화하고 있지만, 이제는 요격 능력의 한계를 인정하면서 2022년 국가안보전략 개정과 함께 '반격능력' 보유를 통해 실질적으로 적 기지를 공격할 수 있는 능동적이고 적극적인 북한 미사일 대응에 나서고 있는 상황이다.

일본인 납치 문제는 일본 정부뿐만 아니라 국민에게도 매우 중요한 사안으로 존재한다. 2002년 고이즈미小泉純一郎 총리와 김정일 국무위원장 간 정상회담에서 김정일 위원장이 북한에 의한 일본인 납치를 인정하고 사과했지만, 일본은 북한 측이 제시한 납치자에 관한 조사 결과를 신뢰하지 않으면서 계속해서 전원 생환을 주장하고 있는 상황이다. 이에 대해 북한은 2002년 김정일 위원장의 사과를 통해 이미 해결된 사안이라는 입장을 고수하면서 일본인 납치자 문제는 북일 간에 여전히 해결되지 않고 있는 가장 중요한 현안으로 남아 있다. 무엇보다 일본인 납치 문제는 일본의 전 국민적 관심을 갖는 현안이 되었기 때문에 북한 정부가 일본 국민을 납득시킬 수 있는 조사 결과를 제시하지 못하는 한 해결되기 요원한 문제로 남고 있다.

한편, 트럼프 행정부의 재등장에 따른 북미 대화 가능성을 비롯한 미국의 대북정책 변화 가능성은 북일관계에도 많은 영향을 미칠 것으로 예상된다. 이미 트럼프 대통령은 1기 재임 동안 북한 김정은 위원장과 대화를 시도했지만, 그 결과는 미비했다고 볼 수 있다. 트럼프의 재등장은 북한과의 대화 재개 가능성을 열어두고 있으며 일본의 대북정책에도 많은 영향을 미칠 것이다.

트럼프 1기 행정부 시기 아베 총리는 북미 정상회담에서 일본인 납치 문제를 거론해 줄 것을 트럼프 대통령에게 요청했고, 트럼프는 김정은 위원장에게 일본 측 요구사항을 언급하였다. 만일 트럼프 2기 행정부에서도 일본과의 관계를 중시한다면 북미 접근 시 일본인 납치 문제 해결을 위한 일본과 북한 간 대화가 촉진될 수 있는 환경이 조성될 수 있다.

하지만 트럼프 대통령이 북한을 핵무장국nuclear power으로 인정하면서 북한 비핵화를 위해 협력했던 한미일 공조체제를 뒤흔든다면 기존에 북한 비핵화 및 NPT 체제 준수를 강하게 주장해왔던 일본과 대북정책에서 엇박자가 발생할 소지도 있다. 그럼에도 일본은 북한 비핵화를 위한 대북제재에 동참하면서도 비공식적인 대북 대화를 시도하는 양면 전략을 추진할 것이다.

트럼프 2기 행정부 등장과 함께 일본과 북한 간의 대화 가능성을 포함해서 한국은 북일 간 대화 시도에 신중한 접근이 필요하다. 무엇보다 한국이 북한과의 관계 개선이 요원한 현재 상황에서 일본과의 관계 강화는 필수적이라고 할 수 있다. 즉 일본과의 안보협력을 강화하여 북한의 위협에 공동 대응하는 한미일 삼각 안보협력을 더욱 공고히 할 필요가 있다.

이러한 한일협력의 강화는 양국 간의 신뢰를 구축하면서 북일 간 관계 정상화에 긍정적인 영향을 줄 수 있다. 즉 한일 신뢰와 한미일 안보협력의 공고화를 바탕으로 한국은 일본과 북한 간의 대화를 촉진하는 중재자 역할을 하거나, 북한이 대화의 자리에 나올 수 있는 공간을 확대할 수 있다.

이기태 세종연구소

문답으로 풀어 본 트럼프와 한반도

3 한-글로벌 파트너 협력

Q. 미중 경쟁시대,
한-아세안 협력 방향은?

인도·태평양은 전 세계 해양의 65%, 대륙의 25%를 차지하는 광활한 공간이다. 세계 인구의 절반 이상이 거주하고 있으며, 세계 국내총생산GDP의 60%를 차지한다. 인도양과 태평양을 결합하는 인도·태평양 지도 한복판에 동남아가 위치한다. 그러한 지리적 이점에도 불구하고 동남아 국가는 미국과 일부 역내 국가의 인도·태평양 전략 추진으로 '아세안 중심성ASEAN Centrality'이 흔들릴 것을 우려하고 있다. 지금까지 역내 다자협력 논의는 아세안을 중심으로 전개되었다. 아세안이 확장된 다자협의체인 아세안+1, 아세안+3, '동아시아 정상회의(EAS)'가 결성되어 있고, '아세안 지역포럼AEASN Regional Forum', '아세안 확대 국방장관회의ADMM+' 등 안보협의체, APEC 등 경제협의체에서도 아세안은 주도적 역할을 해왔다. 아세안은 미국이 인도·태평양 전략의 하나로 다양한 소다자 안보 협력체를 추동하고 이의 확대와 연계를 추구하고 있음에 주목하고, 이러한 미국 주도 소다자 안보 협력체가 아세안을 제치고 역내 다자협력의 주요한 기제로 부상할 가능성을 경계하고 있다.

한편, 안보적 측면에서 미국이 인도·태평양 전략의 일환으로 남중국해에서 펼치고 있는 '항행의 자유 작전^{Freedom of Navigation} ^{Operation, FONOP}'에 관해 아세안 내에서 이견이 표출되고 있다. 아세안 국가 중 중국과 (잠재적) 영토분쟁 중인 국가는 미국이 주도하는 FONOP을 환영한다. 물론, 이들 국가도 미국의 FONOP으로 인해 미국과 중국이 남중국해에서 군사적으로 충돌하는 것을 원하지는 않는다. 반면에 라오스, 캄보디아 등 친중 국가는 미국 주도 FONOP을 반대하고 있다.

인도·태평양 지역에서 투영되고 있는 미국 등 '쿼드^{Quad}' 국가의 또 다른 안보전략은 동남아 국가의 해양능력배양과 해상상황 인지 능력 배양에 기여하는 것이다. 동남아 지역은 중국과의 영토분쟁뿐만 아니라, 해적, 불법 어업, 인신매매, 환경오염, 대형 해난 재해 등 다양한 비전통안보 이슈가 복합적으로 대두되고 있다. 동남아 개별국가와 지역 차원의 노력에도 불구하고 동남아 국가가 해양안보를 주도하는 데는 한계가 있다. 갖추고자 하는 '정보, 감시, 정찰^{Intelligence, Surveillance, and Reconnaissance, ISR}' 장비와 실제로 보유하고 있는 장비 사이에 차이가 큰, 이른바 'ISR 공백' 때문이다. 한정된 예산의 제약 때문에 다수의 동남아 국가가 위성, 무인기 등 고가의 탐지 자산을 구비하기 어렵다. 따라서, 해양안보에 있어 동남아 역외 국가의 기여를 수용하고 있다. 미국 등 쿼드 국가는 베트남, 인도네시아, 필리핀, 말레이시아 등 인·태 지역 주요 국가의 해양능력 배양에 적극적으로 나서고 있다. 중고 선박, 항공기를 공여하는 것을 넘어, 해안경비 시스템, 해안경비 레이다 기지국 설치 등에 도움을 주고 있다.

경제적인 측면에서 아세안은 중국의 일대일로 사업도 수용하면서, 미국, 일본, 호주가 제안하는 인프라 투자 사업도 병행하여 수용하고 있다. 아세안의 입장에서, 인프라 건설 시장은 광대하며, 미중이 반드시 경합해야 하는 것은 아니다. 또한, 미국 등 쿼드 국가가 제공하는 대안적 자본의 존재는 중국이 '부채의 덫'으로 지칭되는 약탈적 투자 관행을 교정하고, 지속가능한 고품격의 인프라 투자로 방향을 선호하게 유인하는 효과도 있다고 판단하고 있다.

이와 같은 지정학 및 지경학적 배경하에 우리는 아세안과의 관계를 어떻게 정립해야 할 것인가? 아세안은 미·일·중·러와 더불어 여행, 교육, 결혼 등에 있어 우리 삶과 외교의 핵심 지역으로 부상하고 있다. 아세안은 세계 5대 경제권을 형성하고 있으며, 우리의 제2위 교역대상국이다. 우리 수출의 17%를 차지하는 3대

수출시장이다. 세계에서 빠르게 성장하는 지역 중 하나이며 핵심 광물과 원자재가 풍부하고 떠오르는 글로벌 생산 거점이자 거대 소비시장이다. 이러한 아세안을 대상으로 전임 문재인 정부는 지역 정책인 신남방정책을 추진하고 2017년 11월에 '한-아세안 미래공동체 구상'을 발표하는 등 동남아 국가와의 경제협력 증진에 힘써왔다. 윤석열 정부는 인도·태평양 정책을 펼치면서 2022년 11월에 '한·아세안 연대구상KASI'을 내놓았다.

우리는 아세안 주요 이슈인 남중국해 분쟁의 평화적 해결, 법의 지배, 항행과 항공의 자유 등에 원론적 지지를 표명하고 있지만, 역내 민감한 안보 이슈에는 거리를 두어 왔다는 비난을 받았다. 이에 우리가 인도·태평양 전략을 추진한 지 3년 차에 접어드는 2025년에는 역내의 다양한 비전통안보 문제 해결을 위한 실질적 기여를 가시화해야 할 것이다. 우리가 지속해 온 역내 국가의 '해양능력배양'에 대한 기여를 지속하면서 역내 '해양 상황인지' 능력 배양에 적극적으로 나서야 한다.

한국이 '자유freedom, 평화peace, 번영prosperity'의 인도·태평양 전략을 펼치고 있는데, 자유와 평화 못지않게 번영에 대한 수사를 강화할 필요가 있다. 짧은 기간에 경제 성장을 이룬 우리의 '번영prosperity' 이미지는 우리의 아세안 외교에 있어 큰 자산이다.

박재적 연세대

Q. 유럽은 왜 핵심
  안보 파트너인가?

　과거, 한국과 유럽은 지리적으로 먼 거리에 위치해 상호를 핵심적인 안보협력 파트너로 인식하지 않았던 것이 사실이다. 한국전쟁 이후 한반도의 안보 논의는 북한의 무력 도발과 핵 위협을 중심으로 전개되었으며, 중국, 러시아, 미국, 일본 등 소위 '주변 4강'의 역학 변화에 초점이 맞추어져 있어, 유럽은 안보 논의에서 변방에 머물렀다. 하지만, '복합 위기'로 규정되는 유례없는 도전과 강대국 간 패권 경쟁의 심화 속에서, 한-유럽연합EU은 서로를 글로벌 무대에서 뜻을 같이하는 파트너로 인식하며 협력의 영역과 수준을 심화 및 발전시키고 있다. 특히 안보 분야의 협력이 두드러진다. 2022년 발발한 러시아-우크라이나 전쟁(러우전쟁)을 치르며 한국은 우크라이나 및 서방에 대한 간접적 지원에서 중요한 역할을 해왔다. 전쟁 발발 이후, 한국은 우크라이나에 대한 인도적 지원과 비전투 물자 지원(의료용품, 보호 장비 및 기타 필수 물자 전달)을 지속해 왔다. 한국은 우크라이나에 대한 인도적 지원으로 약 30억 유로를 약정했으며, 2024년 한 해 동안 1억 달러의 차관을 지원했다. 이는 아시아 국가 중 일본을 제외하고 한국이 상위 20개 지원 국가 중 유일한 국가라는 점에서 의미가 크다. 한국의 대우크라이나 지원은 대체로 인도적 지원에 국한되어 있지만, 간접적으로 우크라이나 전쟁 수행에 중요한 역할을 해왔던 것이 사실이다. 예로, 우크라이나 접경 국가 및 전쟁에 참전하는 국가들에 대한 한국의 155mm 포탄 판매량은 유럽 전 지역에서의 포탄 공급량을 초과하는 수준이었고, 이는 우크라이나 전쟁 수행에 필수적이었다.

이처럼 한-유럽 간 안보협력의 강화는 지정학적으로 공유되는 안보 위협에 근간한다. 지난해 9월 11일 개최된 서울안보대화에 참석한 나토NATO 군사위원장 롭 바우어Rob Bauer 군사위원장은 초연결 시대 유럽과 아시아 안보의 불가분성을 강조한 바 있다. 최근 강화되고 있는 러시아와 북한의 군사협력이 러우전쟁 및 인도·태평양 지역에서의 안보 불안정에 미칠 영향을 우려하며, 규칙 기반 질서 유지를 위한 국제사회의 협력을 촉구한 것이다. 러우전쟁의 장기화와 제재 국면의 지속 속에서, 북러 간 군사협력은 점진적으로 심화되는 양상을 보이고 있다. 북한의 러시아에 대한 군수 물자 지원과 대규모 파병은 유럽 입장에서 직접적이고 중대한 안보 위협으로 작용하고 있다. 북러 간 군사협력 강화는 한국으로서도 북핵 제재의 무력화 및 북한 군사 기술의 첨단화에 기여할 수 있다는 측면에서 잠재적 도전으로 인식된다. 한 지역의 안보 위협이 국지적으로 머물지 않고 글로벌 차원으로 확산하는 현상은 동아시아와 유럽의 안보 역학을 더욱 긴밀하고 복잡하게 연결하고 있으며, 이에 따라 한-유럽 간 안보협력의 필요성과 당위성은 더욱 부각되고 있다.

강화된 한국의 국방 역량과 국제무대에서 기대 역할 증가는 한-유럽 협력의 주요 추동 요인이다. 최근 역·내외 안보 도전 대응에서 한국이 행사하는 영향력은 눈에 띄게 확대되고 있다. 한국은 지난 3년 연속 나토NATO 정상회의에 참석했으며, 2023년에는 사이버 방어, 테러 대응, 신흥 기술을 포함한 11개 분야에서 새로운 협력 프레임워크ITPP를 체결하여 NATO 및 IP4 간 안보협력의 범위와 수준을 한층 확대했다. 동시에, 유엔 안보리 비상임 이사국 활동을 재개하면서 비확산 규범 강화를 도모하고, 역내 다층적 안보 위협에 대응하기 위한 국제 협력을 주도적으로 추진해 왔다. 선진화된 국방 및 기술 역량을 바탕으로 추진된 일련의 대외정책들은 실존적 안보 위협에 직면한 유럽이 한국과 안보협력의 전략적 가치를 재평가하는 계기가 되었다.

또한, 한국과 유럽의 전략적 파트너십은 인도·태평양 지역에 대한 비전과 이익을 공유하면서 발전하고 있다. 한국은 인도·태평양 전략을 수립하고, '자유, 평화, 번영에 기여하는 글로벌 중추국가global pivot state'를 6대 국정 목표 중 하나로 설정하여 이를 추진해 왔다. 평화, 민주주의, 기후변화 대응, 개발 협력, 그리고 경제안보 분야에서 증대된 국력에 상응하는 기여를 통해 국제규범 강화를 주도하고, 글로벌 협력에서 중추적 역할을 수행하기 위한 외교정책을 적극적으로 전개해 왔다. 이러한 한국의 대외정책 방향은 유럽의 인도·태평양 전략과 '규칙 기반 질서'에 대한 공통된 원칙을 바탕으로 상당 부분 정책적 궤를 같이한다. 인도·태평양 지역에서 국제 갈등 조정과 예방을 위한 거버넌스 구축 및 규범 준수에 대한 공동 인식과 협력이 심화하면서, 전통·비전통 안보를 포괄하는 한-유럽 안보 파트너십의 전략적 중요성도 지속적으로 확대되고 있다. 안보협력의 잠재성 또한 광범위하다. 해양 연결성 보호를 위한 불법 행위 모니터링, 합동 군사 훈련, 군사 장비 및 무기 수출입, 대테러 협력, 핵 비확산, 신기술 및 사이버 보안, 우주 분야에 이르기까지 협력의 범위와 수준이 지속적으로 확대되고 있다.[3] 현재 한국과 유럽의 관계는 단순히 글로벌 무대에서 가치를 공유하는 입장 유사국을 넘어, 실제적인 이익을 공유하는 지역 파트너로 발전하고 있다. 한·유럽 파트너십이 상

---

3 이성원. 2023. 가치 기반 연대와 위기관리: 한-유럽 간 협력의 함의와 발전 방향 모색, 세종정책총서 2023-03. pp. 1-70. 세종연구소. 인용

호 안보 이익과 국제적 평화에 실질적으로 기여할 수 있도록, 상호 간 협력의 영역을 확장하고 효과적인 협력 플랫폼을 발굴하려는 지속적인 노력이 요구된다.

이성원 세종연구소

문답으로 풀어 본 트럼프와 한반도

Q. 호주와 안보협력을 증진해야 하는 이유는?

우리에게 호주의 이미지는 캥거루와 오페라 하우스로 상징되는 관광 국가이다. 학부모에게는 영어로 양질의 초·중·고·대학교 교육이 가능한 교육 선진국이고, 젊은이들에게는 '워킹홀리데이' 선호 국가이다. 2023년 기준 호주에게 한국은 3번째 최대 교역국이고, 한국에 호주는 5번째 교역국이다. 그런데 최근 한국은 관광, 교육, 경제를 넘어 군사·안보 영역에서도 호주와의 전략적 파트너십을 한층 강화하고 있다. 그렇다면, 한국은 왜 8천여km 떨어진 호주와 군사·안보 협력을 강화하고 있는 것일까? 그것은 무엇보다 미국이 인도·태평양 지역에서 주도하고 있는 안보네트워크에서 호주의 위상 때문이다.

호주가 미국 주도 안보체제에서 가지는 위상은 독특하다. 호주는 미국이 인도·태평양 지역에서 유지하고 있는 5개 동맹 중 남방 축을 담당하는 국가로 미국과 굳건한 동맹관계를 유지하고 있다. 특히, 호주와 미국은 최고 수준의 군사정보를 상호 공유하고 있는데, 호주 '파인 갭Pine Gap'에 설치되어 양국이 공동으로 운영하는 위성 정보시설이 미국·호주 동맹 존속의 근본적 이유라고 주장하는 분석가들도 다수이다. 그런데, 호주와 미국의 동맹 관계는 남태평양만을 관장하지 않는다. 동남아시아에 있는 미국의 어느 동맹국이나 안보 우호국보다 호주가 우월한 군사력을 유지하고 있는바, 미국은 동남아 안보 의제에 호주를 관여시키고자 한다. 호주 또한 중국, 일본, 한국 및 아세안이 호주의 주요 교역국들이라는 점에서, 동아시아 국제환경을 안정되게 유지하는 것이 호주의 핵심 전략 목표 중 하나이다.

호주는 미국 주도 인도·태평양 지역 안보네트워크와 나토NATO의 주요 회원국을 잇는 연결자로 기능하고 있다. 1971년부터 영국, 뉴질랜드, 말레이시아, 싱가포르와 유지해 온 '5개국 방위 협정FPDA'을 비롯해 2021년 '호주·영국·미국 안보협력 협정AUKUS', 2022년 일본과의 '상호접근협정RAA' 등이 주요한 플랫폼이다. 2023년 8월에 개최된 미국과 호주의 격년제 군사훈련인 '탤리즈만 세이버'에는 한국, 일본, 영국, 캐나다, 독일 등 13개국이 참여하였다.

우리는 이러한 호주와 안보협력 관계를 더욱 증진해야 한다.

호주가 한편으로는 미국이 주도하는 안보네트워크에서 위상을 급속히 강화하였고, 다른 한편으로는 전통적인 중견국으로서의 위상도 견지하고 있기 때문이다.

양국이 전통 안보 이슈뿐만 아니라, 방산, 해양능력배양, 해양 상황인지, 에너지 안보(수소, 천연액화가스), 사이버 안보 등 비전통안보 영역에서 협력을 증진할 공간이 넓으므로 양국 안보 관계를 한층 더 끌어올릴 잠재력은 크다. 한국과 호주는 2021년부터 양자 '아세안 정책 대화'를 개최하고 있고, 2024년에는 한국·호주·일본 '인도·태평양' 대화를 발족시키는 등 협력의 제도적 틀도 갖춰 나가고 있다.

한국과 호주 안보협력의 구체적 실현 방안은 아래와 같다. 첫째, 양국은 양자 차원에서 해돌이-왈라비 군사훈련을 연례화하고, 양국 군대의 '상호방문협정Reciprocal Access Agreement' 체결을 추진해야 한다. 소다자 차원에서는 한국과 호주 모두 미국의 동맹국이고, 미국이 동맹 간의 연계를 추진하고 있는바 한국·미국·호주 3자 안보협력을 활성화해야 한다. 한국, 호주, 미국 3국 모두 삼자 안보협력 증진의 중요성 강조한다. 한국·호주 정상회담 및 장관급 2+2회담이 개최될 때마다 양국은 한국·미국·호주 삼각 안보협력을 강조하고 있다. 미국과 호주의 연례 장관급 2+2회담의 선언문은 거의 매번 호주와 미국이 한반도 평화를 위해 한국과 긴밀히 협조할 것임을 명시하고 있다.

둘째, 양국이 역내 '친화적 안보질서' 구현을 위해 공동보조를 취할 필요가 있다. 이를 위해, 호주는 강대국 정치에 함몰되지 않는 인도·태평양 전략의 구체적 비전을 제시하고, 한국은 인도·태평양 정책을 펼치는 데 있어서 호주를 중점국가로 설정해야 한다.

셋째, 객관적으로 호주와 한국은 중국과 북한에 대한 '위협 인식' 정도에 있어 차이가 있기에 특정한 적에 집중하기보다는, 포괄적 안보 이슈에 안보협력의 초점을 맞추어야 한다. 천연액화 가스LPG, 수소 에너지 분야의 협력을 에너지 안보 차원에서 접근하고, K9과 레드백 장갑차 수출로 대표되는 양국 방산 협력을 강화하고, 사이버 안보 협력을 증진해야 한다. 아울러 양자뿐만 아니라, 동 분야에서 인도네시아와의 '한국·인도네시아·호주' 협력도 추진하고, 나아가 필리핀과 베트남으로 외연 확대를 시도해 볼 수 있다.

한편, 한국과 호주가 안보협력을 증진하는 과정에서 주의해야 할 것은 한국·호주 안보협력 증진을 위해 바람직한 한국, 일본, 호주 안보 관계가 정립되어야 한다는 것이다. 호주와 일본이 이미 안보 관계를 준동맹 수준으로 발전시켰는데, 호주·일본 안보협력과 호주·한국 안보협력의 비대칭성이 호주와 한국의 안보협력 증진에 장애가 되지 않도록 양국이 세심한 주의를 기울일 필요가 있다. 다른 한편으로는, 한국은 남태평양 및 동남아시아 지역의 인프라 투자, 해양안보, 사이버 안보에 있어 호주와 일본이 꾸준히 협력 관계를 증진해 온바, 두 국가 협력의 관행과 주도적 위치를 존중해야 한다.

박재적 연세대

Q. 인도는 우리의 안보협력 파트너가 될 수 있는가?

미국의 주도로 역내 지역 공간이 아시아·태평양에서 인도·태평양으로 확장함에 따라, 인도가 미국 주도 안보 네트워크의 전면에 등장하게 되었다. 인도는 중국의 '진주목걸이 전략string of Pearl Strategy'에 대응해 미국, 호주, 일본 등 쿼드 국가들과의 안보협력을 강화하고 있다. 미국과는 2020년 동맹이 아닌 국가와 체결할 수 있는 최상위 협정 중 하나인 위성 데이터 교류를 위한 '기본 교류 협력 협정'을 체결했다. 인도와 호주의 안보협력도 증진하고 있는데, 양국은 2015년부터 2년마다 정기적으로 양자 군사훈련을 실시하고 있다.

인도와 일본의 양자 안보협력도 점증적으로 증진하고 있다. 특히 쿼드의 틀에서 미국·인도·일본 삼자 안보협력이 제도적인 틀을 잡아가고 있다. 삼국은 2011년에 시작되어 2015년부터 장관급으로 격상된 삼자 협의에서 해상안보를 비롯한 광범위한 지역협력 문제를 논의하고 있다. 미국과 인도가 1992년부터 실시해온 말라바 군사훈련에 일본은 간헐적으로 참여하다, 미국·인도·일본 삼자 협의가 장관급으로 격상된 2015년부터 매년 참여함으로써 말라바 양자 군사훈련이 삼자 군사훈련이 되었다. 2020년부터는 동 훈련에 호주도 참여하고 있다.

전 세계적인 '비동맹'을 선도하는 국가임을 자부해왔던 인도가 미국 등 쿼드 국가와의 안보협력을 증진하고 있는 이유는 무엇보다도 인도에 고조된 중국위협 때문이다. 영토분쟁에 더해, 중국이 일대일로의 기치 아래 인도가 맹주국임을 자처하는 남아시아 및 인도양 지역에서 항만 등 기간산업 건설 투자에 적극적으로 나서고 있고, 인도양 지역에 잠수함을 출몰시키는 등 군사활동을 늘려가고 있다. 또한, 인도는 중국과 파키스탄의 관계 증진을 우려한다. 중국이 파키스탄과 공동 군사훈련을 실시하고 있으며 파키스탄의 해양능력 배양에 기여하고 있다. 중국-파키스탄 경제 회랑의 경우 인도가 자국 영토로 주장하고 있는 카슈미르 일부를 통과한다.

그러한 중국에 대응하여 인도는 쿼드 국가 외 역내 국가와도 안보협력을 증진 중이다. 첫째, 스리랑카, 몰디브, 마우리티우스Mauritius, 세이셸Seychelles을 포함한 인도양 도서 국가들과 접촉의 폭을 넓히고 있다. 인도가 인도양에서 주도적인 역할을 수행하기 위해서는 걸프만, 서인도 지역, 동아프리카 지역에서 힘의 투사 능력을 증강해야 하는데, 이를 위해 마우리티우스와 세이셸에 군사 기간 시설을 건설하려고 한다.

중국이 스리랑카 등 인도양 국가에서 공세적인 항만투자를 통해 수원국을 채무의 덫에 빠뜨리면서 부채 상환을 명분으로 수원국의 항만을 군사적 거점으로 만드는 것을 방지하기 위해 인도양 국가에 대한 인프라 투자에도 신경을 쓰고 있다. 한편, 인도네시아, 베트남, 싱가포르 등 동남아 국가와의 방산 및 위성 협력도 늘려가고 있다.

인도가 한편으로는 중국위협에 대응하고 있지만, 다른 한편으로는 인도·태평양 공간에서 중국을 지나치게 자극하지는 않으려 하고 있다. 일례로 인도는 쿼드를 4국이 인도   태평양 지역 제반 안보 의제를 협의하기 위한 포럼으로 운영하거나, 재난 구호, 전염병 퇴치, 에너지, 기후변화, 사이버 안보 등 비전통안보 의제를 다루는 '기능적' 협력의 틀로 유지하고자 한다. 인도는 쿼드에 속해 있지만, '브라질·러시아·인도·중국·남아프리카 협력 BRICS', '상하이협력기구SCO' 등 중국이 주도하는 (소)다자 협력에도 참여하는 균형감을 유지하고 있다.

인도의 전략적 중요성에도 불구하고 우리의 인도·태평양 전략에서 인도에 대한 맞춤형 안보 전략이 적었다. 2023년 12월에 우리 외교부가 발표한 '인도·태평양 전략 이행 계획'에서 "인도·태평양 지역 내 인적 교류 및 소통의 확대가 역내 평화와 번영의 토대가 된다는 인식하에 인적 연결성 강화를 위한 협력을 지속"하겠다고 표명하고 있다. 그런데 52개 이행계획 중에서 아세안 관련 사업의 비중은 높으나 인도 관련 사업의 비중이 작다. 인도의 전략적 중요성을 고려할 때 인도·태평양 전략 3년 차에 접어든 올해에는 인도와 양자 및 소다자 안보협력을 증진해야 한다.

하지만, 한국과 인도가 전통안보 영역에서 협력의 접점을 찾기는 쉽지 않다. 인도가 '핵 비확산 체제NPT' 밖에서 핵무기를 개발한바, 북한 핵 문제 해결에 있어 인도는 한국의 이상적인 협력 파트너는 아니다. 2024년 9월 미국에서 개최된 '쿼드Quad' 정상회의에서 4국 정상이 북한 핵무기 추구를 규탄했으나, 4국 중 인도가 포함되어 있어서 '쿼드'는 북한 핵 문제를 관장할 수 있는 바람직한 플랫폼은 아니다. 인도의 관점에서 한국은 인도 안보의 최대 현안인 중국과의 국경분쟁에서 인도에 실질적 도움을 줄 수 있는 파트너는 아니다. 따라서, 양국 안보협력은 공급망 다변화 등 경제안보, 인공위성 개발 등 첨단기술 개발, 에너지 안보, 해양안보 등 비전통안보 의제를 중심으로 추동하면서 협력의 관행과 신뢰를 쌓아가야 한다.

한편, 한국이 '글로벌 사우스'를 대상으로 외교를 펼치는 데 있어 '글로벌 사우스'에서 지도력을 갖추고 있는 국가 중 하나인 인도와 협력하는 것이 필요하다. 일본은 이미 인도와 함께 다양한 프로그램을 구동 중이다.

박재적 연세대

Q. 한국의 G7+ 가입 전략은?

글로벌 거버넌스 시스템은 거대한 전환기를 맞이하고 있다. 러우전쟁이 장기화하면서 유엔을 중심으로 한 기존의 국제 안보 체제는 사실상 마비되었다. 미국 우선주의를 앞세운 트럼프 대통령은 취임식 당일 파리기후협약과 세계보건기구WHO에서 탈퇴하는 행정명령에 서명했다. 미국의 이러한 대외정책 기조는 글로벌 거버넌스의 재편을 촉진할 것이며, 유엔 시스템은 약화일로를 걷게 될 가능성이 높다. 국제질서 변화 속 한국이 글로벌 위상과 책임을 제고하기 위해서는 G7+ 가입이 필수적이고 전략적인 과제가 된다.

유엔은 냉전 종식 이후 국제사회의 분쟁 조정 역할을 감당해 왔으나, 러우전쟁 대응 실패는 유엔 안보리의 구조적 한계를 여

실히 드러냈다. 거부권을 가진 상임이사국들이 갈등의 한 축으로 작용하면서, 실질적인 국제 조정 기능이 마비된 것이다. 이에 서방 선진국들은 새로운 거버넌스 체제를 모색하고 있으며, 선진 민주주의 국가들(미국, 영국, 프랑스, 독일, 이탈리아, 캐나다, 일본)의 협의체인 G7이 대안으로 부상하고 있다. G7은 경제협력을 넘어 안보 및 지정학적 문제를 논의하는 핵심 플랫폼으로 발전하고 있으며, 인태전략, 우크라이나 지원, 에너지 안보 등에서 실질적인 결정을 내리고 있다.

한국은 세계 10위권의 경제력을 가진 선진국이며, 반도체, 배터리, 방위산업 등에서 글로벌 밸류 체인의 핵심적인 역할을 담당하고 있다. 또한, 한미동맹과 한일관계 개선 및 유럽과의 안보 협력 강화를 통해 주요 G7 국가들과의 협력 기회를 확대하고 있다. 물론 한국의 G7 가입이 단순히 경제력과 외교력만으로 해결될 문제는 아니다. 한국의 국내 정치적 분열은 외교정책의 장기적 비전 수립의 저해요인으로 작용한다. 그러나, 민주주의의 회복력을 국제사회에 보여주고 있는 한국은 국가적 위상을 재정립할 수 있는 기회를 맞이한 것일 수 있다. 국제질서의 변화 속에서 전략적 선택을 해야 하는 지금이야말로 G7+ 가입을 국가전략 차원의 과제로 삼아야 할 시점이다.

한국이 G7+에 가입하기 위해서는 기존 회원국들의 이해관계를 면밀히 분석하고, 설득할 수 있는 논리를 개발해야 한다. 무엇보다 미국의 지지 확보가 중요하다. 트럼프 대통령은 1기 행정부 당시 G7의 구조적 문제를 지적하며 "시대에 뒤떨어진" 조직이라 평가한 바 있다. 그는 2020년 G7 정상회의에서 한국, 러시아, 호주, 인도 등을 포함하는 G11 또는 G12 체제로의 개편을 제안하며 개혁의 필요성을 강조했다. 그러나 당시 주요 회원국들의 반대와 코로나19 팬데믹으로 인해 논의가 본격화되지 못했다. 이처럼 트럼프는 다자주의를 무조건 배격하는 것이 아니라, 기존의 다자기구를 미국 중심의 새로운 협의체로 재편하는 전략을 추구할 가능성이 높다. 따라서 G7을 개혁하는 과정에서 전략적으로 접근한다면, 한국이 새로운 체제의 일원으로 포함될 가능성이 충분하다.

무엇보다 트럼프의 미국을 설득하기 위해서는 한국이 미국 인태전략의 핵심 파트너이며 미국에 경제적으로 도움이 되는 동맹국임을 보여줄 수 있어야 한다. 첨단기술 공급망(반도체, 배터리, AI 등)에서 미국과 긴밀한 협력 관계를 구축하고, 트럼프 행정부가 추진하는 중국 견제 전략(디커플링, 리쇼어링 정책)에서 한국이 실질적인 기여가 가능하다는 점을 강조해야 할 것이다. 한국이 글로벌 협의체에서도 미국의 핵심 파트너로 기능할 수 있다는 점, 인태전략에서 군사적·외교적 역할을 확대할 의지가 있다는 점을 부각해야 한다.

G7의 중요한 축을 이루고 있는 유럽 국가들의 지지 확보 또

한 필수적이다. 독일, 프랑스, 이탈리아는 유럽연합EU 차원의 외교적 영향력을 유지하는 것을 중요하게 생각한다. 한국이 G7에 가입할 경우 한-EU 경제협력과 한-NATO 안보협력을 증진해 갈 수 있다는 점을 강조해야 한다. 특히, 한국과의 녹색 에너지 협력, 대중국 디리스킹 전략 등에서 유럽 국가들에 실질적인 이익을 가져올 수 있음을 설득하는 것이 중요하다.

일본은 G7 내에서 중요한 의사결정권을 가진 국가 중 하나로, 한국의 가입을 반대할 가능성이 존재한다. 따라서 한일관계 개선을 지속하고, 양국이 공동의 경제·안보 이익을 추구할 수 있음을 보여주어야 한다. 무엇보다 미국이 한국의 G7 가입을 지지할 경우 일본이 강력한 반대를 표명할 가능성은 작다. 한미일 3국 협력을 강화하여 전략적 레버리지로 활용하는 지혜도 필요하다.

한편, G7+ 가입을 위해 한국은 유사한 글로벌 위상을 가진 호주와 동반 가입 추진을 고려할 수 있다. G7 국가들은 기존 협의체의 효율성을 유지하면서도 국제사회의 대표성을 확대할 필요성을 인식하고 있다. 한국과 호주는 경제력, 민주주의, 국제안보 기여 측면에서 G7과 유사한 역할을 수행할 수 있으므로, 두 국가가 더해진 G9 체제로 개편하는 것은 현실적인 대안이 될 수 있다. 한국과 호주는 인태지역에서 상호 협력을 강화하고 있으며, 쿼드·오커스 등 소다자 안보기구를 통한 협력의 여지가 크다. 두 나라가 G7+ 가입을 공동으로 추진할 경우, 미국과 영국의 지지

문답으로 풀어 본 트럼프와 한반도

를 끌어낼 가능성이 커진다.

우리가 G7+에 가입하는 것은 단순한 외교적 성과가 아니라, 새로운 글로벌 질서 속에서 국가 위상을 높이는 전략적 선택이다. 트럼프 2기 행정부의 출범, 유엔 안보기능 약화, 글로벌 거버넌스 재편 등은 한국이 합류해야 하는 타당성을 더욱 강화하고 있다. G7+ 가입을 위해 한국은 다각적인 외교 전략을 활용하고 국제사회의 책임 있는 일원으로서 역할을 도모해야 할 것이다.

하경석 국가안보전략연구원

Q. 한국은 유엔 외교로
무엇을 얻을 수 있을까?

트럼프 2기 출범과 함께 강대국 간 경쟁이 격화되면서 유엔 중심의 다자외교가 흔들릴 것이라는 우려가 커지고 있다. 우크라이나 전쟁의 장기화로 인해 미국 주도의 범(汎)서방 진영과 중국·러시아 중심의 반(反)서방 진영 간 대립이 더욱 첨예해졌다. 러시아는 우크라이나 전쟁 이후 서방과의 관계가 악화하면서 중국과 더욱 밀착하고 있으며, 북한 역시 핵 개발과 우크라이나 전쟁 지원 등으로 미국 및 한국과의 관계가 악화하여 중국과 러시아에 더욱 의존하는 양상을 보인다. 이에 따라 한반도에서는 과거 냉전 시기와 유사한 북·중·러 삼각 협력이 강화되고 있으며, 이에 대응해 한국은 한·미·일 협력을 중심으로 역내 국가들과의 협력을 확대하고 있다.

인도·태평양 지역은 탈냉전 이후 경제성장과 평화를 주도했던 곳이었으나, 최근 신냉전의 본격화로 인해 군사적 충돌의 위험이 커지고 있다. 미국과 중국의 영향력 경쟁이 심화하면서 경제·안보 협력이 정치화되고 있으며, 글로벌 공급망, 에너지, 감염병 대응과 같은 국제 현안들이 강대국 간 갈등으로 인해 효과적으로 해결되지 못하는 상황이 계속되는 중이다.

이처럼 강대국 경쟁이 심화하면서 유엔의 역할도 위축되고 있다. 미·중 갈등과 우크라이나 전쟁으로 인해 유엔 안전보장이사회는 사실상 기능이 마비된 상태이며, 시리아, 이란, 우크라이나, 이스라엘-팔레스타인 문제, 북한 비핵화 등 국제사회의 주요 현안들이 유엔 바깥에서 논의되는 경우가 많아지고 있다. 이러한 가운데, 유엔이 점차 강대국 간 외교적 대립과 비난이 오가는 '성토의 장'으로 변하고 있다는 지적이 나온다.

그러나 기후변화, 감염병 대응, 공급망 안정화, 사이버 안보, 난민 문제 등 국제사회가 직면한 도전과제들은 개별 국가가 혼자서 해결할 수 없는 국경을 넘어선 성격을 띠고 있다. 이를 효과적으로 해결하기 위해서는 국제기구, 기업, 시민사회, 전문가 그룹 등 다양한 행위자가 협력하는 '글로벌 거버넌스' 체제가 필수적이다. 이러한 점에서 유엔은 여전히 국제협력의 핵심 플랫폼으로 기능하고 있다. 유엔은 193개 회원국을 대표하는 사실상 유일한 보편적 국제기구로, 정부뿐만 아니라 시민사회와 협력해 글로벌 문제를 다룰 수 있는 강점이 있다. 물론 유엔이 강대국 간 대립으로 인해 주요 안보 문제 해결에서 한계를 보이지만, 기후변화 대응, 지속가능개발 목표SDGs, 보건 협력 등 국제사회에 필수적인 공공재를 제공하는 역할은 여전히 중요하다.

또한, 강대국 중심의 패권 경쟁이 심화하는 가운데, 중견국들이 주도하는 다자외교의 필요성도 더욱 커지고 있다. 미·중 갈등 속에서 자유무역 체제와 국제규범을 유지하고, 자국 우선주의로 인해 약화된 국제 공조를 복원하려면 유엔을 중심으로 한 다자협력이 필수적이다. 기후변화 대응, 핵 비확산, 지속가능개발 등 전 세계적 협력이 필요한 문제들은 오히려 강대국 간 갈등을 완화하는 계기가 될 수도 있다.

만약 유엔과 같은 다자기구가 없다면, 국제사회는 공동의 문제를 해결하기 더욱 어려워질 것이다. 예를 들어, 기후변화 대응이나 공중보건 위기와 같은 상황에서 국가 간 협력이 없다면 효과적인 해결이 어렵다. 이러한 문제들은 유엔이 다자협력의 장을 제공함으로써 더욱 효과적으로 해결될 수 있다.

이러한 점에서 한국이 강대국 경쟁 시대에 유엔 중심 다자외교를 통해 얻을 수 있는 전략적 이익은 다음과 같다. 첫째, 다자외교는 한국이 외교적 자율성을 확보하는 데 중요한 역할을 한다. 미국과 중국의 경쟁이 심화하면서 한국을 포함한 중견국들은 특정 강대국에 대한 의존을 줄이고 외교적 균형을 유지해야 하는 상황에 놓여 있다. 유엔과 같은 다자 협력체를 적극적으로 활용하면 특정 강대국의 압력에서 벗어나 보다 독립적인 외교적 입지를 구축할 수 있다. 특히, 멕시코, 인도네시아, 튀르키예, 호주 등 믹타MIKTA 회원국을 비롯한 중견국과의 연대를 강화하면 한국이 외교적 공간을 넓히고 전략적 자율성을 확보하는 데 도움이 된다.

둘째, 글로벌 문제 해결에 적극적으로 참여함으로써 한국의 국제적 위상을 높이고 외교적 영향력을 확대할 수 있다. 유엔은 기후변화, 보건, 지속가능개발, 난민 문제 등 초국경적 문제를 다루는 주요 기구이며, 이러한 분야에서 한국이 주도적인 역할을 하면 국제사회에서 신뢰받는 파트너로 자리 잡을 수 있다. 예를 들어, 대한민국은 디지털 기술을 활용한 공적개발원조ODA를 확대하며, 개발도상국의 디지털 전환을 지원하는 노력을 통해 국제사회에서 긍정적인 평가를 받고 있다. 이는 단순한 인도적 지원을 넘어 한국의 소프트파워soft power를 강화하는 효과도 가져온다.

셋째, 유엔을 통한 다자외교는 한국이 글로벌 규범과 질서를 형성하는 과정에서 더욱 적극적인 역할을 할 수 있게 한다. 미·중 패권 경쟁이 심화하면서 자유무역과 법치주의 같은 국제규범이 위협받고 있으며, 새로운 질서를 형성하는 과정에서 중견국들의 역할이 더욱 중요해지고 있다. 한국이 유엔을 중심으로 한 다자외교를 강화하면, 공정하고 자유로운 국제규범을 형성하는 데 이바지하면서 동시에 자국의 경제·외교적 이익도 보호할 수 있다.

결국, 강대국 경쟁의 시대에도 유엔과 다자외교는 국제사회의 협력을 이끄는 필수적인 도구이다. 한국과 같은 중견국은 강대국 간 패권 경쟁에 휘둘리기보다, 유엔을 적극적으로 활용해 국제사회에서 책임 있는 역할을 수행하고 다자협력을 통해 글로벌 거버넌스를 강화하는 전략을 마련해야 한다.

최현진 **경희대**

문답으로 풀어 본 트럼프와 한반도

Q. 유엔 평화유지활동^{PKO} 참여는 왜 필요한가?

유엔 평화유지활동^{Peacekeeping Operations, PKO}은 국제 평화와 안보를 유지하는 핵심 수단이다. 2025년 현재 유엔은 11개의 PKO 임무단을 운영하고 있으며, 약 10만 여명의 병력과 민간인이 참여하고 있다. PKO의 역할은 시대와 함께 변해왔으며, 현재 PKO는 단순한 군사적 개입을 넘어 의료, 기술, 외교, 경제적 지원까지 포괄하는 방향으로 진화하고 있다. 특히 미중 전략경쟁, 트럼프 행정부의 대유엔 지원 축소 기조, 디지털 기술의 부상 등은 PKO의 성격을 바꿔놓았고, 이에 한국의 역할은 더욱 중요해졌다.

세계 주요 분쟁 지역인 코소보^{UNMIK}, 콩고 민주공화국^{MONUSCO}, 남수단^{UNMISS} 등에서는 유엔 평화유지군이 치안 유지, 재건 지원, 민간인 보호 등의 활동을 펼치고 있다. 한국도 재정과 병력 공여국으로 PKO에 적극적으로 이바지해 왔다. 1993년 소말리아 평화유지군 파병을 시작으로, 현재 부대단위로는 레바논UNIFIL에 동명부대, 남수단UNMISS에 한빛부대를 파견하고 있다. 동명부대는 전투파병부대로 군사작전을 수행하며, 한빛부대는 의료지원과 공병 활동을 통해 현지 주민들에게 인도주의적 지원을 제공하고 있다.

유엔 PKO의 역할은 점차 다차원적으로 확장되고 있다. 이제 PKO는 병력을 활용한 정전감시를 넘어, 디지털 기술을 활용한 정찰, 인공지능AI을 통한 작전 분석, 드론을 활용한 감시와 지원 등 새로운 형태로 진화하고 있다. 이는 단순한 군사력보다 기술력과 창의성이 더욱 중요한 요소로 작용하고 있음을 의미한다. 한편, 이러한 변화의 근저에는 PKO의 실질적인 역량을 좌우하는 미국과 중국, 두 강대국의 경쟁이 내재되어 있다.

중국은 2023년 기준, 유엔 PKO 예산의 15.2%를 부담하여 미국(26.9%)에 이어 2위의 재정 공여국이다. 병력 제공에서도 상임이사국 중 가장 적극적인 국가로 자리 잡았다. 분명 중국의 참여는 PKO의 지속가능성을 높이는 긍정적인 측면이 있다, 그러나 중국이 PKO에 적극적인 데에는 아프리카에서의 경제적 영향력 확대 시도와 밀접한 관련이 있다고 보인다. 중국은 PKO 임무 지역에서 일대일로BRI 사업을 진행하며 자국의 영향력 확장을 꾀하고 있다. 이에 따라 유엔 임무의 공정성이 훼손될 수 있다는 비판을 피하기 어렵다.

반면 미국은 트럼프 1기 취임 직후부터 유엔 PKO의 낮은 "비용 대비 효과성cost-effectiveness"을 비판하며, 효율적이지 않은 미션을 축소하거나 철수할 것을 주장했다. 2017년 트럼프 행정부는 PKO 예산의 미국 기여도를 기존 28%에서 25%로 삭감할 것을 요구했으며, 실제 PKO 예산은 2016년 79억 달러에서 2018년 67억 달러로 감소하였다. 이에 따라 다르푸르UNAMID, 아이티MINUSTAH 등 일부 임무가 철수되거나 축소되었다.

트럼프 행정부의 이러한 기조는 일부 낭비적인 임무를 줄이고 PKO의 효율성을 높이는 노력을 강화하는 계기가 되었다. 그러나 예산 삭감은 필연적으로 분쟁 지역에서 안보공백을 초래하여 유엔의 장기 개입 필요성이 오히려 커지는 부정적인 영향을 끼치기도 하였다. 특히, 미국의 PKO 지원 축소는 중국이 PKO 및 아프리카에서 영향력을 확장하는 계기가 되었음을 부정할 수 없다.

유엔 PKO가 미중 경쟁의 장으로 전락할 우려에 처한 것이 현실이나, 한국은 이 시기에 국제평화에 기여하며 PKO의 공정성을 담보하는 국가로 자리매김할 수 있다. 우리의 PKO 참여는 단순한 국제적 의무 이행을 넘어서는 가치를 가진다. 첫째, 한국은 한국전쟁 이후 유엔군의 지원을 받아 국가를 재건한 역사를 가지고 있다. 이러한 경험을 바탕으로 분쟁지역에서의 안정화에 기여하고 자유민주주의 제도화 및 국가 재건의 청사진을 제시할 수 있다.

둘째, PKO는 한국(군)의 국제적 위상을 높이는 수단이 된다. 한국은 선진 중견국으로서 분쟁 해결과 평화구축에 기여하며 국제적 영향력을 확대할 수 있다. 유엔 안보리 비상임이사국으로서 PKO 관련 논의를 주도할 수 있는 위치에 있는 한국이 더욱 적극적인 기여를 해야 하는 이유이다. 이에 더해 PKO는 한국군의 실전 경험을 강화하는 중요한 기회가 되어준다. 다국적군과의 작전 경험은 한국군의 역량을 향상시키며, 동맹국들과의 협력도 강화할 수 있다.

셋째, 첨단기술과 의료 분야에서의 기여이다. 이제 PKO는 단순한 군사 개입이 아니라, 기술과 의료를 활용한 평화구축 미션으로 진화하고 있다. 한국은 세계 최고 수준의 의료·디지털 기술을 보유하고 있으며, 이를 PKO에 적극적으로 활용할 수 있다. 드론과 위성 감시 시스템, AI 기반 작전 분석, 스마트 병원 구축 등은 독창적으로 기여할 수 있는 분야이다. 이미 한국은 2021년 PKO 장관회의를 통해 '서울 이니셔티브'를 발표하고 디지털 기술 활용, 의료 역량 강화 등의 분야에서 적극적인 지원을 약속하며 유엔 PKO의 현대화를 선도하는 국가로 자리매김하고 있다.

PKO 참여는 단순한 국제적 의무가 아니라, 한국의 외교 전략과 국가 브랜드를 강화할 수 있는 기회이다. 디지털 기술과 의료를 활용한 평화유지 활동은 한국이 가진 강점을 국제사회에 보여줄 수 있는 계기가 되어준다. 한국은 PKO를 통해 글로벌 평화 구축에 기여하고 외교적 영향력을 확대하며 군사적 역량을 강화할 수 있다. 기술과 의료 분야에서의 기여를 확대하고, 유엔 안보리 비상임이사국으로서 주도적 역할을 수행해 간다면, 대한민국은 국제사회에서 더욱 신뢰받는 국가로 자리매김할 것이다.

하경석 국가안보전략연구원

Q. 글로벌 사우스Global South와의 협력, 왜 중요한가?

대한민국은 전쟁의 폐허 속에서 경제발전과 민주주의를 동시에 이루어낸 국가다. 1964년 UNCTAD(유엔무역개발회의) 설립 이후 개발도상국에서 유일하게 선진국으로 진입했으며, 이는 전 세계 개발도상국의 주요 성공 모델이 되고 있다. 이는 민주주의, 시장경제, 자유무역, 인권과 법치라는 시스템이 70여 년간 안정적으로 작동한 결과이며, 대한민국이 국제사회에서 주도적 역할을 할 수 있는 역량을 갖추었음을 보여준다.

이제 대한민국은 과거 원조를 받던 국가에서 원조를 제공하는 국가로 변모하며, 국제사회의 책임 있는 일원으로서 기여를 확대하고 있다. 특히 글로벌 사우스의 개발도상국과 취약국 지원을 위해 2025년 공적개발원조ODA 예산을 6조 7천억 원으로 편성해 전년 대비 8.5% 증가시켰다. 최근 3년간 ODA 규모는 70% 이상 증가했고, 무상원조 비중도 확대되고 있다. UN 정규예산 및 평화유지활동ᴾᴷᴼ 예산 분담률도 2019~2021년 2.267%에서 2022~2024년 2.574%로 증가해 세계 9위 수준에 도달했다.

대한민국은 디지털, 보건의료, 기후·환경 등 다양한 분야에서 ODA를 확대하고 있으며, 특히 정보통신 기술ᴵᶜᵀ을 활용한 '디지털 원조'가 대표적 지원 방식이다. 디지털 기술은 정부와 시민사회 간 소통을 증진하고 정보 접근성을 높여 민주주의 발전을 촉진하며, 온라인 거래와 디지털 정부 구축 등으로 시장경제 활성화에도 기여한다. 이를 위해 개발도상국의 디지털 전환과 인프라 개선을 지원하고, 디지털 소외계층을 돕고 있다. 또한 보건·교육·재난 안전 등 핵심 공공서비스의 디지털화를 통해 지속 가능한 발전을 지원한다.

디지털 기술의 확산은 경제발전을 넘어 인류의 보편적 가치 수호에도 이바지한다. 프리덤하우스Freedom House의 2024년 보고서에 따르면, 세계 곳곳에서 민주주의가 후퇴하고 있으며, 아프가니스탄·미얀마·북한 등에서는 공권력과 군사력에 의한 심각한 인권 침해가 일어나고 있다. 이러한 상황에서, 디지털 선도국 대한민국은 개도국의 민주주의와 인권 보호를 위한 실질적 역할을 수행할 수 있다. 선진 ICT 인프라와 스마트 시민smart citizen의 적극적인 정치·사회 참여를 바탕으로 국제사회에서 모범적 민주주의 국가로 평가받는 대한민국은 디지털 원조를 통해 인도·태평양 지역과 글로벌 사우스 국가들의 민주주의와 인권 신장을 지원하고 있다.

그러나 ODA 예산 확대에 대해 일부 우려의 목소리도 있다. 세계 경제의 불확실성이 커지고 고물가·고금리·저출생 등 사회 문제가 심화하는 상황에서, 청년 주거·노인 빈곤·지역 균형 발전 등 국내 복지가 더 시급하다는 지적이다. 또한 국가채무가 1,200조 원에 육박하는 상황에서 ODA 예산 증가의 적절성과, 이것이 실질적 삶의 질 개선보다 외교적 이미지 제고에 치중한 것이 아니냐는 비판도 제기된다. 이에 따라, ODA 확대가 대한민국의 국익과 실질적인 국제적 영향력 강화에 기여하는 방향으로 추진되어야 한다는 목소리가 나오고 있다.

그렇다면 대한민국이 개발도상국을 지원하는 것이 단순한 인도적 차원을 넘어 국익과 직결되는 중요한 전략적 선택이 되는 이유는 무엇일까? 첫째, 글로벌 사우스와의 협력 강화는 한국의 경제적 기회를 확대하는 핵심 요소다. 2024년 현재 글로벌 사우스는 세계 인구의 약 60억 명을 차지하며, 세계 총 GDP[PPP]의 53.9%를 담당하고 있다.[4] 대한민국이 ODA를 활용하여 글로벌 사우스 국가들과 협력을 강화하면, 향후 성장 가능성이 높은 시

---

4   강선주, 송지선, 김동석. 2024. 「글로벌 사우스(Global South)에 대한 외교 전략」. 국립외교원 외교안보연구소. 페이지 1.

장에서 한국 기업의 진출 기회를 넓힐 수 있다. 특히, 청정 재생 에너지·반도체 기술에 필수적인 핵심 광물 자원을 보유한 글로벌 사우스는 한국의 경제 안보와도 직결되는 중요한 파트너다.

둘째, 글로벌 사우스와의 협력은 국제사회에서 한국의 외교적 입지를 강화하는 수단이 된다. 글로벌 사우스는 국제사회에서 130~150개국이라는 수적 우위를 가지고 있으며, 국제기구 내 의사결정과정에서 중요한 역할을 한다. 미·중 전략경쟁이 심화하는 상황에서, 글로벌 사우스 국가들은 어느 한쪽을 일방적으로 지지하지 않고 헤징hedging 전략을 활용하는 경향이 있다.[5] 이에 따라, 대한민국이 ODA와 개발협력을 통해 글로벌 사우스 국가들과 긴밀한 관계를 구축하면, 국제 외교 무대에서 더욱 유리한 협력 구조를 형성할 수 있으며, 국제기구 내 의사결정과정에서 한국의 외교적 영향력 확대에도 도움이 된다.

셋째, ODA는 국가 이미지 제고와 소프트파워soft power 강화에도 중요한 역할을 한다. 특히, 한국이 강점을 가진 디지털 원조는 단순한 지원을 넘어, 혁신적인 정보통신기술ICT 역량을 개발도상국과 공유함으로써 대한민국을 '신뢰할 수 있는 파트너'로 인식하게 한다. 디지털 정부 구축, 스마트 인프라, 온라인 교육, 원격 의료 지원 등은 개발도상국의 발전을 돕는 동시에 한국의 국가 브

---

5 강선주, 송지선, 김동석. 2024. 『글로벌 사우스(Global South)에 대한 외교 전략』. 국립외교원 외교안보연구소. 페이지 2.

랜드를 높이고, 향후 해외 진출 기회를 확대하는 실질적인 이점으로도 이어진다.

결국, 개발도상국에 대한 지원은 대한민국이 단순한 공여국을 넘어 글로벌 리더로 자리 잡기 위한 전략적 도구이다. ODA와 개발협력을 적극적으로 활용하면 경제·외교적 이익을 극대화할 수 있으며, 대한민국이 국제사회에서 더욱 강력한 글로벌 영향력을 행사할 수 있는 기반을 마련할 수 있다.

최현진 경희대

4 경제안보

Q. 트럼프 2기 보호 무역주의의 특징은?

　트럼프 2기 행정부의 강력한 보호주의protectionist 무역정책이 한국은 물론 국제 무역 질서에 중대한 영향을 미칠 것으로 예상되고 있다. 1947년 관세 및 무역에 관한 일반협정General Agreement on Tariffs and Trade, 이하 GATT 설립 과정에서 미국이 주도적 역할을 수행하면서 70년 동안 지속되어 왔던 '무역 자유화Free Trade' 정책을 포기하고 '보호주의' 무역정책 기조로 회귀했던 트럼프 대통령은 "미국 우선주의America First"를 내세우며 더 강력한 수준의 보호무역정책을 추진할 것을 예고했다.

　트럼프 2기 행정부 무역정책의 핵심은 관세 인상을 통한 보호무역 강화이다. 관세 인상으로 미국 내 수입량을 줄여서 미국의 무역적자 문제를 해소하는 한편, 다른 나라 기업들이 높은 관세를 부담하지 않고 미국 시장에 접근할 수 있는 유일한 길인 대미 투자를 유인하고 미국의 다국적기업들이 돌아와서 미국 내 생산을 늘리게 함으로써 미국 제조업 부흥과 일자리 창출을 꾀한다는 포석이다. 트럼프 대통령은 선거 유세 때부터 스스로를 "관세 맨Tariff Man"이라 칭하며, 모든 수입품에 대해 10~20%의 일괄 관세를 부과하고, 중국산 제품에 대해서는 최대 60%의 높은 관세를 적용하겠다는 방침을 밝힌 바 있다.

또한 트럼프의 관세정책에 있어, 특히 주목할 점은 관세 인상을 여러 가지 경제 문제는 물론 안보 문제까지 해결할 수 있는 '만병통치약'으로 여기고 있다는 점이다. 달리 말하자면, '관세의 외교/안보 무기화'를 추진하고 있다. 특히 중국, 멕시코, 캐나다로부터 미국에 마약과 불법 이민자들이 유입된다고 주장하며, 멕시코와 캐나다산 제품에는 25%, 중국산 제품에는 10%의 추가 관세를 부과했다.

뿐만 아니라 브릭스(BRICS; 브라질Brazil, 러시아Russia, 인도India, 중국China, 남아프리카 공화국South Africa) 국가들에 대해 달러 패권에 도전하는 행위를 할 경우 100% 관세를 부과하겠다고 경고했으며, 추방된 이민자 수용을 거부한 콜롬비아에 총 50% 관세 부과를 위협했다가, 보복 대응을 다짐하는 콜롬비아와 타협한 뒤 관세 부과를 유예한 사례도 있다.

일각에서는 트럼프의 관세 인상이 협상에서 유리한 고지를 차지하기 위한 협박용 카드에 불과하며, 실제 관세 인상까지는 이어지지 않을 것이라 주장한다. 하지만 트럼프의 무역 정책의 핵심 인물인 스콧 베센트 재무장관 및 백악관 내 보좌진들이 관세가 대통령의 대외정책 목표를 실현하는 데 효과적인 도구라고 평가하며, 위협에 그치는 것이 아니라 실제 관세를 부과하면 미국이 협상에서 더 많은 것을 얻을 수 있을 것이라 밝힌 만큼 관세 인상이 실현될 가능성이 높은 실정이다.

미국의 관세 인상 정책이 실현될 경우, 한국은 어떠한 영향을 받을까? 미국은 한국의 제2 수출시장으로, 반도체, 철강, 자동차, 전자제품 등 한국의 주요 산업군 모두에서 미국에 대한 의존도가 높은 실정이라 관세 인상은 한국경제에 큰 타격을 입힐 것으로 보인다. 대외경제정책연구원KIEP에 따르면 최악의 경우, 한국의 연간 수출이 6~7% 감소하여 약 448억 달러가 줄어들 수 있다고 한다.

한국과 같은 동맹국의 경우, 미중 경쟁이 격화되는 시점에서 안보 및 경제 분야 협력 강화의 필요성에 따라 미국이 상대적으로 약한 수준의 무역 장벽만을 도입할 것이라는 다소 낙관적인 평가도 있다. 그러나 트럼프 대통령은 관세정책의 효과를 언급하며, 자신의 첫 번째 임기 동안 한국산 픽업트럭과 가전제품에 대한 관세 인상으로 미국의 관련 제조업이 큰 이득을 보았다는 점을 여러 차례 강조했다. 더욱이 트럼프 대통령의 산업·무역 정책을 총괄할 하워드 러트닉 상무부 장관 지명자는 상원 인사청문회에서 미국의 동맹국들이 통상 문제에 있어 미국의 선의를 악용해 왔다며, 한국의 가전제품을 그 대표적인 사례로 지목했다. 또한 한국의 주요 대미 수출품목인 반도체를 관세 인상이 필요한 대표 품목으로 언급한 점 등을 고려할 때, 트럼프 2기 행정부의 관세 인상 정책에서 한국은 예외가 되지 않을 것이며, 그 피해가 상당할 것으로 예상된다. 뿐만 아니라 트럼프 대통령이 주한미군 방위비분담금과 관련하여 한국을 이른바 '안보 무임승차국'이라고 비판해 온 상황이기에, 관세 인상 카드로 한국 정부를 압박할 가능성이 크다.

다만 관세 인상은 물가 상승을 야기하며, EU, 중국 등 주요 무역국들의 보복 조치가 예상되는 만큼 미국의 경제상황을 악화시킬 가능성이 크다. 따라서 관세 인상을 단기적으로 과감하게 실행하되, 2026년 중간선거를 앞둔 시점에서 관세 완화 또는 예외조항 확대 등을 추진할 가능성이 있다.

다른 국가들의 양보 또는 미국 제조업의 성장세를 이유로 중간선거 전에 전격적으로 완화함으로써, 정책 성과를 과시하고 부정적 경제 효과로 인한 트럼프 비판론을 완화하는 데 활용할 수 있다. 실제로 트럼프 집권 1기 행정부도 미중 무역전쟁이 악화일로를 걷는 상황에서, 2020년 1월 15일 Phase One Deal을 통해 무역전쟁 수위를 낮추고, 이를 자신의 공격적 통상정책이 중국의 양보를 끌어낸 결과라고 포장하여 2020년 대선용 카드로 활용한 이력이 있다.

양준석 연세대

Q. 한미 FTA 재협상 추진 시 대응방안은?

관세정책과 더불어, 자유무역협정Free Trade Agreement, 이하 FTA 재협상 역시 트럼프 2기 행정부의 무역 정책에서 중요한 한 축을 차지한다. 트럼프 1기 행정부는 무역 불균형을 바로잡기 위하여 기존 무역협정들을 재검토하거나 수정하는 데 집중한 이력이 있으며, 한미 FTA 역시 트럼프 행정부 1기 동안 재협상 되었으며 결국 개정된 바 있다. 트럼프 2기 행정부에서도 유사한 움직임이 있을 가능성이 농후하다. 실제로 임기 첫날 트럼프 대통령은 '미국 우선주의 무역 정책' 각서에 서명하면서, 미국이 체결한 기존 FTA를 재검토하고 파트너 국가들과 '상호적이며 공통으로 유리한 양보'를 얻거나 유지하는 데 필요하거나 적절한 개정을 권고하여야 한다고 밝혔다. 한가지 또 주목할 점은 FTA는 입법 사안이기에 트럼프가 독자적으로 개정할 수는 없지만, FTA '재협상'은 대통령이 의회의 견제 없이 추진할 수 있다는 점이다.

미국이 체결한 여러 무역협정 중 가장 먼저 USMCA(미국-멕시코-캐나다 무역협정) 재협상이 거론될 것으로 많은 전문가들이 내다보고 있다. 트럼프 1기 행정부 시절 체결된 USMCA는 6년마다 협정 이행에 대한 검토가 이루어져야 하며, 첫 번째 검토가 2026년에 진행될 예정이다. 미국은 이를 계기로 멕시코의 자동차를 포함한 전략적 제조 제품의 원산지 규정 강화와 노동 조항의 적절성 여부를 포함한 전면적인 재협상을 추진할 것으로 전망된다.

한미 FTA 또한 재협상 대상으로 거론될 수 있다. 한국은 미국의 8번째로 큰 무역적자 상대국으로서, 2018년 한미 FTA 개정 당시 약 132억 달러였던 대미 무역수지 흑자 규모는 2020년 166억 달러, 2021년 227억 달러, 2022년 280억 달러, 2023년 444억 달러, 2024년 557억 달러로 매년 가파르게 증가하고 있다. 이러한 상황에서 트럼프 행정부가 무역 불균형 해소를 강력히 요구할 것으로 보이며, 한미 FTA의 기본 틀 자체를 재검토할 수 있다는 우려도 제기되고 있다. 실제로 트럼프 1기 정부에서 국가경제위원회NEC 부위원장을 지낸 켈리 앤 쇼도 미국의 통상정책의 주요 타겟은 중국, 캐나다, 멕시코이지만 한국도 안전지대는 아니며, 한미 FTA 재협상 요구도 가능하다고 밝힌 바 있다. 특히 한국의 자동차 산업이 강점이 있는 전기차EV 부문이 핵심 쟁점이 될 것으로 보이는 한편, 미국산 농축산물 수입 확대 및 수입선 변경을 요구할 가능성이 높다.

그렇다면 한국은 어떻게 대응해야 할 것인가? 먼저 트럼프 2기 행정부의 보호주의 정책에 수동적으로 대응하기보다는 사전에 적극적으로 협상할 필요가 있다. 물론 재협상 자체를 방지하는 외교적 노력도 필요하겠지만, 재협상이 불가피할 경우를 대비한 차선책도 준비해야 한다. 특히 다가올 2026년 중간선거를 고려하여, 트럼프의 국내 정치적 선전용으로 활용될 수 있는 부분은 양보하되 우리나라 수출 부문의 피해를 최소화할 수 있는 실익을 확보해야 할 것이다.

또한 미국 내 핵심 이익집단(예: 다국적기업, 노동조합)과 더욱 밀접히 연대하는 동시에 주요 경합주 지역 정치인 및 의회 내 친한파 의원들에게 적극적인 로비 활동을 펼쳐 우리나라와의 통상관계 보전 및 확대 필요성에 대해 공조할 수 있는 환경을 조성해야 할 것이다. 미국의 통상정책 수립에 있어 대통령이 막대한 권한을 가지고 있지만, 미국의 국내 정치적 맥락에 따라 통상정책이 변경될 수 있다는 측면에서 미국 내 이익집단과 의회의 중요성이 크다.

미국의 통상정책에 효과적으로 대응하기 위해서는 의회와 이익집단은 물론, 상무부 및 무역대표부와의 비공식 협의 채널을 강화해야 한다. 미국의 통상정책 변화 방향과 시점에 대한 정보를 선제적으로 파악하는 한편, 한미 FTA 발효 이후 미국이 얻은 구체적 이익(예: 미국의 자동차 수출 증가)을 적극적으로 홍보함으로써 FTA의 호혜성을 입증할 필요가 있다. 특히 한미 간 긴밀한 경제 협력이 투자 유치를 통한 상생 모델로 발전하고 있으며, 반도체와 배터리 분야에서 미국의 중국 견제 정책에 부합하는 투자를 확대하고 있음을 강조하며, 한국과의 전략적 파트너십의 중요성을 주지시켜야 한다.

아울러 한국 정부는 국내 산업계와의 소통 체계도 강화해야 한다. 주요 수출 기업들과 정기적인 간담회를 통해 현장의 목소리를 청취하고, 업종별 맞춤형 지원 방안을 수립함으로써 재협상 과정에서 발생할 수 있는 산업계의 피해를 최소화해야 한다. 나아가 이러한 과정을 양국 간 교역 관계를 한 단계 발전시키는 기회로 활용해야 할 것이다.

동시에, 한미 FTA 재협상을 넘어서 미국발 보호주의에 의한 글로벌 무역 불확실성을 완화하기 위해 FTA 확대 등을 통한 무역 포트폴리오 다각화 노력을 강화해야 할 것이다. 트럼프로 인한 보호주의 무역 기조는 다른 주요 무역국까지도 전이되고 있다. 보호주의 물결로 인한 피해를 최소화하기 위해서는 무역 다각화와 주요 무역국 간 통상 협력의 제도화가 필수적이다. 이러한 관점에서 현재 추진 중인 ASEAN, 영국 등과의 기존 FTA 확대는 물론 몽골, 태국 등과의 경제동반자협정 협상에 적극적으로 임해야 할 것이다. 특히 포괄적·점진적 환태평양경제동반자협정CPTPP 등 기존에 논의되어 온 경제협력체 가입을 가속하여, 한국 자체적인 대응 수준이 아닌 '국가들 블록' 단위로 대응할 수 있는 협력체계를 마련하는 것도 고민해야 할 시점이다.

양준석 연세대

Q. 트럼프가 IRA를 폐지한다면?

트럼프 대통령은 인플레이션감축법Inflation Reduction Act, 이하 IRA에 대해 지속적으로 부정적인 입장을 견지해 왔으며, 대선 공약을 실행하기 위한 재원 마련을 위해 IRA 폐지를 검토할 것이라는 분석이 있다.

IRA는 2022년 8월 16일 당시 바이든 대통령이 서명하여 발효된 법으로, 미국 내 물가 상승 억제뿐 아니라 미국 중심의 공급망 재편과 친환경 산업 육성을 주요 목표로 제정되었다. 특히 IRA는 전기차, 배터리, 태양광 등 주요 품목에 대한 보조금 지급 조건으로 미국 내 생산 및 부품 조달 비율을 명시하고 있으며, 이는 한국기업의 대미수출에 큰 장벽으로 작용하고 있다. 이에 한국기업들은 IRA 시행 이후 다양한 방식으로 대응해 왔으

문답으로 풀어 본 트럼프와 한반도

며, 특히 투자 측면에서 한국의 자동차, 배터리, 반도체 기업들이 적극적인 행보를 보여왔다.

Environmental Entrepreneurs(E2)의 IRA 시행 2년 평가 보고서에 따르면, 한국기업들은 IRA 시행 이후 총 198억 4,320만 달러에 달하는 37개의 투자 프로젝트를 발표하는 등 IRA에 가장 적극적으로 반응했다. 한국기업의 투자액은 IRA 관련 전체 투자 금액의 32%에 달한다는 분석도 있다. 공급망 측면에서도 중요한 변화가 일어났는데, 한국기업들은 IRA의 요구사항을 충족하기 위해 배터리 부품과 핵심 광물 소재의 공급망을 재편하고 있다. 특히 주목할 만한 점은 중국기업과의 합작 투자 구조를 조정하여 중국 투자 지분을 줄이는 방향으로 변화하고 있다는 것이다.

하지만 트럼프는 선거유세 동안 IRA를 '신종 녹색 사기Green New Scam'라고 칭하며, 당선될 경우 이를 폐기하고 아직 집행하지 않은 IRA 예산을 전액 환수하겠다고 공언해 왔다. 이는 한국의 자동차, 배터리, 반도체 산업 전반에 걸쳐 상당한 파장을 일으켰다.

그렇다면 트럼프 2기 행정부 하에서 IRA가 완전히 폐지될 수 있을까? 현실적으로 쉽지 않으리라고 전망된다. IRA 폐지를 위해서는 상·하원의 동의가 필요한데, 공화당이 상·하원 다수당이긴 하지만 IRA 혜택을 받기 위해 외국 기업들이 공장을 설립한 지역의 공화당 의원들이 현지 고용 악화를 우려해 폐기에 반대할 가능성이 높다. CNN의 분석에 따르면, 2024년 상반기 기준 IRA 관련 총 3,460억 달러에 달하는 투자 중 78%가 공화당이 집권하고 있는 선거구로 향했다. 실제로 2024년 8월 뉴욕, 네바다, 조지아, 오하이오 등 공화당이 주도하는 주의 공화당 하원의원들이 마이클 존슨 하원의장에게 서한을 보내 IRA로 인한 세액공제 유지 필요성을 피력한 바 있다. 뿐만 아니라, 현재 공화당이 미국 상원 내 100석 중 53석을 차지하며 다수당 지위를 갖고 있지만, IRA 법안의 폐지를 위해서는 필리버스터를 막기 위해 60표 이상이 필요하다.

이러한 상황에서 트럼프 2기 행정부는 IRA를 즉각적으로 폐기하기보다는 행정명령을 통해 단계적으로 축소하는 전략을 취할 것으로 예상된다. 실제로 트럼프는 취임 첫날 '전기차 의무화' 정책 폐기 행정명령을 발동했으며, 백악관은 IRA 예산 집행 중 '그린 뉴딜' 관련 지출을 중단시켰다. 특히 해외우려기업Foreign Entity of Concern, 이하 FEOC 규제 강화 등을 통해 보조금을 축소하고 현지 투자에 대한 세액공제 등 혜택이 줄어들 가능성이 높다.

이러한 정책 변화는 한국기업들에 상당한 영향을 미칠 것으로 예상된다. 현지 투자의 가장 중요한 유인책이었던 세액공제 혜택이 줄어든다면, 이미 적극적인 미국 내 투자를 감행한 기업들의 전략 수정이 불가피하다. 또한 미국 현지에 이미 투자를 계획한 기업들의 경우 보조금을 장담할 수 없게 됐으며, 리스용 전기

문답으로 풀어 본 트럼프와 한반도

차 보조금 혜택을 받았던 자동차 업계도 큰 타격이 예상된다. 특히 배터리 업계의 경우, IRA 법안 내에서 미국 내에서 생산한 배터리 1킬로와트시kWh당 최대 45달러의 세액공제를 해 주는 내용의 첨단제조생산세액공제AMPC가 실질적으로 폐기된다면 한국 배터리 기업이 막대한 적자를 짊어지게 될 것으로 평가된다. 또한 트럼프가 IRA뿐 아니라 반도체 지원법CHIPS and Science Act에 따른 해외 기업 보조금 지급 역시 매우 나쁜 거래라고 지칭하는 등 부정적인 태도를 견지해 오고 있어 삼성전자와 SK하이닉스 등의 반도체 기업들도 비상이다.

이러한 상황에서 한국기업들은 다양한 대응 전략을 마련해야 할 것이다. 미국 현지 생산과 투자를 확대하는 전략을 고려하는 것뿐만 아니라 미국 기업들과의 협력을 강화하는 한편, 한국기업의 투자로 일자리 창출 및 임금 상승을 경험하고 있는 지역의 정치인들과 우호적인 관계를 형성하는 노력을 기울여야 할 것이다. IRA 혜택을 지속적으로 유지하고 향후 트럼프 2기 행정부의 세제 혜택 및 보조금 조정에 대해 선제적으로 대응하기 위해서는, 한국기업들의 이해관계를 대변해 줄 수 있는 미국 내 정치적 지지기반 구축이 매우 중요한 시점이다.

뿐만 아니라, 정부 차원에서도 다각적인 대응이 필요하다. 우선 한미 통상협력 채널을 강화하여 IRA 관련 정책 변화를 면밀히 모니터링하고, 산업별 맞춤형 지원책을 마련해야 한다. 특히 대미 수출기업들의 피해를 최소화하기 위한 지원방안을 신속히 수립할 필요가 있다.

양준석 연세대

Q. 트럼프 2기 한국의 대중국 투자전략은?

트럼프 1기 행정부에서 시작된 미중 무역 갈등은 단순한 경제적 차원을 넘어 기술 패권 경쟁으로 확대되었고, COVID-19 시대를 거치며 바이든 행정부 하에서 탈중국화로 대표되는 글로벌 공급망 재편이 가속화되었다. 트럼프 2기 행정부는 이러한 추세를 더욱 강화하여 더 강경한 대중국 경제정책을 펼칠 것으로 전망된다. "중국으로부터의 전략적 독립strategic independence"을 표방하며 무역, 기술, 금융 등 전방위적 디커플링을 가속할 것으로 예상되는데, 이는 중국과 긴밀한 경제협력 관계를 유지해 온 한국기업들의 대중국 투자전략에 중대한 도전이자 변화를 요구하는 계기가 될 것이다.

트럼프 2기 행정부의 대중국 디커플링 정책은 크게 세 가지 방향으로 전개될 것으로 예상된다. 첫째, 중국산 제품에 최소 60% 수준의 고율 관세를 부과하고 최혜국대우^{Most Favored Nation} 지위 박탈로 중국산 제품에 대해 다른 세계무역기구^{World Trade Organization} 회원국들보다 더 높은 관세를 부과할 수 있는 제도적 준비를 하는 등 대중국 고강도 관세정책을 펼칠 것으로 전망된다. 높은 수준의 관세로 중국의 대미수출이 큰 타격을 받게 될 것이며, 중국에 진출한 기업이 중국에서 생산한 재화도 관세의 영향을 받게 됨에 따라 미국 시장 수출에 큰 제약이 발생할 것이다. 둘째, 반도체, AI, 양자컴퓨팅 등 핵심 기술 분야에서 중국과의 기술 교류와 투자를 제한하고, 동맹국들의 대중국 기술 수출 통제 참여를 요구하는 등 첨단기술 분야에서의 디커플링을 심화할 것이다. 셋째, 인플레이션 감축법^{IRA} 세부 요건과 해외우려기업^{Foreign Entity of Concern} 규제 강화를 통해 중국에 투자한 기업이 미국 내 산업정책의 혜택을 받지 못하게 하며, '탈중국' 흐름을 심화할 것으로 보인다.

미국의 대중국 디커플링 정책은 이미 한국기업들의 투자 행태에 상당한 영향을 미쳐왔다. 2013년 한국의 대중국 투자가 52.3억 달러였던 것에 비해 2023년에는 18.9억 달러로 크게 감소했으며, 2024년도 투자액도 전년 대비 감소가 예상된다. 반면 같은 기간 대미 투자는 58.7억 달러에서 280억 달러로 5배가량 증가했다. 이러한 투자 패턴의 변화는 중국 정부의 산업정책 변화와 규제 강화, 중국의 자체 기술력 향상과 로컬기업과의 경쟁 심화 등 복합적 요인들이 있지만 특히 미중 전략경쟁 심화에 따른 불확실성 증가와 미국의 디커플링 압력이 작용한 결과로 평가된다.

이러한 환경 변화에 대응하여 한국기업들은 대중국 투자전략을 근본적으로 재검토하고 조정할 필요가 있다. 우선 선별적 투자전략이 요구된다. 중국의 내수시장 진출 목적의 투자와 글로벌 공급망 관련 투자를 명확히 구분하여 차별화된 접근이 필요하다. 특히 중국의 첨단기술, 특히 빅데이터 기반의 AI 기술 발전에 주목하고 해당 분야에서의 협력체계 구축을 고려해야 한다. 빅데이터 구축의 가장 큰 장애물은 개인정보보호^{privacy}와 안전성 문제이나, 중국은 권위주의 체제 특성상 이러한 제약이 상대적으로 적어 빅데이터 구축에서 큰 제도적 이점을 보유하고 있다. 실제로 최근 중국의 오픈소스 기반 생성형 AI인 딥시크^{DeepSeek}가 보여준 높은 성능과 효율성이 이를 입증한다. 따라서 한국기업들은 AI 등 첨단산업 분야에서 중국기업과의 전략적 제휴를 통한 리스크 분산을 고려해야 할 것이다.

동시에 투자 포트폴리오의 다변화도 추진해야 한다. 미국의 대중국 견제 강화로 인한 투자 리스크 증가에 대응하여 동남아, 인도 등 대체 투자처를 적극 발굴하고 육성해야 한다. 또한 미국, EU 등 선진국 시장에 대한 투자를 확대하여 균형 잡힌 투자 포트폴리오를 구축할 필요가 있다.

정부 차원의 지원도 필수적이다. 미국의 디커플링 압력이 강화됨에 따라 한국기업들의 '미중 눈치 보기'가 더욱 심화할 것이며, 한국 정부는 미국과의 동맹을 강화하면서도 중국과의 경제적 협력을 유지하는 균형 외교를 모색해야 한다. 또한 대중국 투자 리스크에 대한 모니터링과 정보 제공을 강화하고, 대체 투자처 발굴 및 진출을 지원하며, 기술보호와 규제대응을 위한 자문을 제공하는 등 기업 지원 체계를 구축해야 한다. 산업 경쟁력 제고를 위해 핵심 기술의 자립도를 높이기 위한 R&D 지원을 확대하고, 공급망 다변화를 위한 인센티브를 제공하며, 국내 산업생태계의 고도화를 지원하는 등 종합적인 접근이 필요하다. 특히 첨단기술, 친환경, 디지털 전환 등 미래산업 분야에서 한국의 강점을 활용한 선제적 포지셔닝을 통해 미중 전략경쟁 구도 속에서도 독자적인 경쟁력을 확보해야 할 것이다. 이는 단순히 대중국 투자전략의 조정을 넘어, 한국기업들의 글로벌 경쟁력 강화를 위한 근본적인 과제가 될 것이다.

양준석 연세대

Q. EU의 탄소국경조정제도에 어떻게 대응할까?

　기후변화 대응이 글로벌 정책의 핵심 과제로 부각되면서, 유럽연합EU은 2023년 10월부터 탄소국경조정제도Carbon Border Adjustment Mechanism, CBAM를 시범 운영하고 있다. CBAM은 2026년 본격 시행될 예정이며, 탄소 배출량이 높은 제품의 수입에 대해 EU의 배출권거래제도EU ETS와 연계된 탄소 비용을 부과하는 제도이다. 이는 EU 내 기업과 수입 기업 간의 탄소 배출 비용의 형평성을 유지하고, 탄소 누출carbon leakage을 방지하려는 목적을 가지고 있다.

　CBAM은 초기 단계에서 탄소 배출량이 높은 특정 산업을 대상으로 시행되며, 점진적으로 확대될 예정이다. 먼저 2023년부터 2025년까지는 "전환기간"으로서 CBAM의 시범 운영기간이며, 수입업자들이 철강, 알루미늄, 시멘트, 비료, 전력, 수소를 EU 역내로 수입하고자 할 때 이들 제품을 생산하는 기업으로부터 자료를 제출받아 해당 제품의 탄소 배출량을 보고해야 한다. 그러나 이 기간에는 실제 탄소 비용은 부과되지 않는다.

2026년 이후에는 CBAM 적용대상인 6개 제품의 수입업자들은 이들 제품의 수입 시 탄소 배출량에 따라 "CBAM 인증서"를 구매해야 한다. 인증서 가격은 EU 배출권거래제도^{ETS}의 탄소 가격과 연계되며, EU 내 생산 기업이 부담하는 비용과 유사한 수준이 될 것으로 예상된다. 만약 수출국에서 탄소 배출에 대해 이미 일정한 수준의 세금이나 비용을 부과하고 있다면, 해당 비용만큼 CBAM 부담액이 조정될 가능성이 있다.

CBAM이 본격적으로 시행되면, 적용 대상 품목을 EU에 수출하는 한국 기업들은 상당한 영향을 받을 것으로 예상되며, 특히 철강이 가장 큰 영향을 받을 것이다. 한국무역협회에 따르면 2021년 CBAM 대상 업종별로 한국에서 EU로 수출한 금액은 철강 미화 43억 불, 알루미늄 5억 불, 비료 500만 불, 시멘트 100만 불로, 철강이 압도적이다.

2026년부터는 EU로 철강을 수출하는 기업들은 탄소 배출량에 따라 추가 비용을 부담하게 되어 탄소 배출을 줄이지 않을 경우 경쟁력이 저하될 가능성이 크다. 현재 EU ETS의 탄소 가격은 톤당 약 80~100유로 수준이며, CBAM이 본격 시행될 경우 상당

문답으로 풀어 본 트럼프와 한반도

한 경제적 부담이 될 것이다.

이러한 CBAM의 시행은 EU 차원에서 탄소 누출을 방지하기 위함이지만, 기후변화 대응에 적극적이지 않은 국가에서 생산되는 고탄소 제품에 비용을 부과함으로써 이들의 대 EU 수출경쟁력을 상당히 제약할 수 있다.

따라서 기업들은 이 제도의 본격 시행에 앞서 제조공정에서 온실가스 배출량을 감축하기 위한 노력을 강화해야 하며, 정부는 이러한 기업들의 부담을 줄여 주기 위한 다양한 시책을 시행할 필요가 있다.

먼저 기업 차원에서는 무엇보다도 탄소 배출 감축 및 친환경 생산으로의 전환을 목표로 기업전략을 재구성하여야 할 것이다. 기업들은 탄소 배출량을 감축하기 위해 친환경 생산 공정을 도입해야 하며, 철강업계는 철광석 제련 과정에서 코크스 대신 수소를 사용하여 철 성분을 분리해 내는, 이른바 "수소환원제철" 등 저탄소 기술을 적극적으로 개발하고 도입할 필요가 있다. 또한 신재생에너지를 활용한 생산 방식을 늘려 탄소 배출을 줄이는 것도 중요한 대응 방안이다. 또한 기업들은 CBAM 시범 운영 기간에 서둘러 제품 생산 시 발생하는 탄소 배출량 보고 체계를 구축하고, EU의 요구사항에 맞춘 데이터 관리 시스템을 도입해야 할 것이다.

정부 차원의 대응 전략을 검토해 보면, 먼저 배출권거래제를 강화하는 한편으로 추가적인 감축을 유인하기 위해 탄소세 도입도 고려할 필요가 있다. 현재 우리나라에서도 배출권거래제가 시행되고 있지만 배출권의 무상할당 비율이 높고 배출권 가격이 낮게 형성되어 기업들이 온실가스 감축에 대한 비용 부담을 체감하기 어려운 상황이다. 이에 배출권거래제를 보다 엄격히 시행하여, 배출권의 유상할당 비율을 현 5%에서 대폭 상향하며 시장에서 거래되는 배출권의 유효기간 도입 등을 통해 배출권의 가격상승을 유도하여 기업들의 온실가스 감축 유인을 제고할 필요가 있다. 기업에 이중으로 부담을 지운다는 문제는 있으나, 소비세 성격의 탄소세도 도입하여 소비자 선택에 따른 기업들의 저탄소 제품 생산 장려가 이루어지도록 해야 할 것이다. 이러한 국내적 탄소비용 증가는 궁극적으로 CBAM 인증서 구매 시 고려되어 기업의 부담을 완화할 수 있는 한 방안이 될 것이므로, 도입에 적극적인 자세가 필요할 것이다.

국제 협력 강화도 필요하다. 한국 정부는 EU와 협의하여 CBAM의 적용에 관한 세부 조항을 협상하고, 한국의 탄소 감축 노력을 인정받기 위한 외교적 노력을 강화해야 한다. 또한, 일본, 중국 등 주요 교역국들과 공조하여 CBAM 대응 방안을 마련할 필요가 있다.

마지막으로 정부는 친환경 기술 개발 및 탄소 중립 산업 전환을 위한 지원 정책을 확대해야 한다. 수소 경제, 재생에너지 투자 지원을 통해 탄소 배출을 줄이고 국제 시장에서의 경쟁력을 강화할 필요가 있다.

심상민 KAIST

Q. 글로벌 공급망 위기에 어떻게 대응할까?

현대 경제는 국가 간 상호 의존성이 높은 글로벌 밸류 체인 Global Value Chain, GVC 속에서 운영되고 있다. GVC는 특정 국가에서 원자재를 조달하고, 또 다른 국가에서 부품을 생산하며, 최종 조립 및 소비가 이루어지는 방식으로 구성된다. 이러한 공급망 시스템은 효율성 극대화가 목적이지만, 특정 국가나 지역에서의 충격이 전 세계적으로 빠르게 확산되는 취약성을 내포한다.

최근 미중 경쟁, 러시아-우크라이나 전쟁, 코로나19 팬데믹 등 다양한 글로벌 위기 상황 속에서 공급망 불안정이 국가 경제와 산업에 미치는 영향이 부각되었다.

이에 따라 각국은 자국 경제의 지속가능성을 확보하고 경제 안보를 강화하기 위해 공급망 안정성 확보를 최우선 과제로 설정하고 있다.

공급망 안정성 확보가 중요한 이유는 이것이 단순한 무역 이슈가 아니라 국가 안보와 직결된 문제이기 때문이다. 흔히 경제 안보Economic Security라고도 불리는 이 문제의 핵심은 핵심 원자재나 부품의 공급이 차단되거나 불안정해지면 산업 생산에 차질이 발생하고, 이는 경제 전반의 불확실성을 초래한다는 점이다. 특히, 반도체, 배터리, 희토류 등 전략 물자의 안정적 확보는 글로벌 기술 경쟁에서 국가 경쟁력을 유지하는 핵심 요소가 된다.

또한 기업들은 부품과 원자재를 안정적으로 조달할 수 있어야 생산성을 유지하고 경쟁력을 확보할 수 있다. 공급망이 불안정하면 기업들은 생산 비용 증가, 납기 지연, 시장 점유율 감소 등의 문제에 직면하게 된다. 따라서 안정적인 공급망을 구축하는 것은 기업의 지속가능성Sustainability 확보를 위해 필수적이고도 핵심적인 요소가 된다.

그리고 최근 미중 기술 패권경쟁, 러시아-우크라이나 전쟁, 대만 문제 등 지정학적 리스크가 공급망에 큰 영향을 미치고 있다. 중국은 희토류와 배터리 원자재를 전략적 무기로 활용하고 있으며, 미국과 유럽은 중국 의존도를 낮추기 위한 "탈脫중국" 공급망 전략을 추진 중이다. 한국 역시 이러한 글로벌 공급망 재편 과정에서 경제 안보를 고려한 전략적 대응이 필요하다.

우리나라의 경우 반도체, 배터리, 자동차 등 첨단 제조업 중심의 경제 구조로 되어 있어 글로벌 공급망의 변화에 민감하게 반응할 수밖에 없다. 공급망 안정성 확보는 한국경제의 생존과 지속 가능한 발전에 직결되므로 이를 위한 외교적 대응은 필수적인데, 그 구체적 내용은 다음과 같다.

첫째, 공급망 다변화 및 글로벌 협력 강화이다. 특정 국가, 특히 중국에 대한 원자재 및 부품 의존도를 줄여야 한다. 이를 위해 인도, 베트남, 멕시코 등 새로운 생산 기지 및 원자재 공급 국가와의 협력을 강화해야 한다.

즉 "China+1 전략"을 활용해 대체 공급처를 확보함으로써 리스크를 분산할 필요가 있다. 또한 한국은 IPEF(인도-태평양 경제 프레임워크), CPTPP(포괄적·점진적 환태평양 경제동반자협정) 등 다자간 경제협력체에 적극 참여하여 글로벌 공급망 안정성을 높여야 한다. 특히 IPEF에서는 공급망 복원력Supply Chain Resilience 관련 논의가 활발하게 이루어지고 있으며, 여기에서 한국이 주도적인 역할을 할 수 있다.

둘째, 한미 공급망 동맹 강화이다. 미국은 반도체, 배터리, 희토류 등 핵심 산업의 공급망 재편을 추진해 왔으며, 트럼프 2기 행정부도 대중국 의존도 감소 및 미국 내 핵심 제품의 생산시설 증대를 위한 각종 정책을 지속할 것이다. 특히 반도체의 경우 한국, 미국, 일본, 대만 간의 반도체 협력체계를 구축하여 반도체 공급망을 안정화할 필요가 있다.

배터리와 전기차 산업의 경우는 다소 문제가 복잡하다. 트럼프 2기 행정부는 IRA(인플레이션 감축법) 등 바이든 행정부가 적극적으로 취해 왔던 전기차 지원정책을 대폭 축소 내지 폐지할 예정이기 때문이다. 다만 한국의 전기차 및 배터리 제조시설이 미국에 자리 잡아 미국의 고용 증대 및 핵심 물자의 공급망 안정성을 제고함을 적극적으로 홍보하여 우리 산업이 불이익을 받지 않도록 외교적 노력을 기울여야 한다.

셋째, 희소자원 확보를 위한 외교적 노력의 증대이다. 한국의 첨단산업에 사용되는 희토류, 그리고 한국이 강점이 있는 배터리 산업의 발전에 필수적인 리튬, 니켈, 코발트 등의 안정적 확보가 중요하다. 아세안 국가들은 전기차 배터리 원자재인 니켈, 코발트의 주요 생산국이며, 중남미는 리튬 삼각지대(칠레, 아르헨티나, 볼리비아)를 보유하고 있어 협력 가능성이 크다. 정부는 호주, 캐나다, 인도네시아, 칠레 등 광물 부국과의 자원 협력을 확대하고, 장기 공급계약 및 공동 개발 프로젝트를 추진해야 한다.

넷째, EU 및 일본과의 협력도 확대해야 한다. EU의 경우 미국과 마찬가지로 핵심원자재법CRMA 및 배터리 규정과 같은 조치를 통해 역내 핵심 물자 생산능력을 제고하고 공급망의 대중국 의존도를 낮추고자 하고 있는데, 배터리를 포함하여 기술적 우위를 지닌 핵심 물자 산업을 보유하고 있는 한국은 EU의 좋은 협력 파트너가 될 수 있다. 일본의 경우 반도체 소재, 부품, 장비 등에

서 강점을 보이고 있는데, 관련 물자의 공급망을 안정화하기 위
해 일본과의 경제협력을 복원하고, 기술 협력을 강화해야 한다.

심상민 KAIST

Q. 미국의 대중 기술통제가 한국에 미치는 영향은?

미중 기술패권 경쟁이 심화되고 있는 상황에서 2025년 1월 취임한 트럼프 2기 행정부의 기술안보 및 기술통제 정책이 어떻게 추진될지가 주목된다. 기본적으로 트럼프 2기 행정부에서도 심화되는 미중 기술패권 경쟁 속에서 첨단기술 보호 및 글로벌 패권을 유지하기 위한 노력을 지속할 것이다. 즉, 트럼프 1기에서 추진한 자국 중심의 정책 기조를 유지·강화하고 AI, 우주, 사이버 등 중국과의 경쟁 분야에 대한 투자 확대와 함께 대중국 기술통제 정책을 강화할 것이다. 다만, 트럼프 2기 행정부의 경우 1기 때와는 다른 국내외 정치상황에 따라 1기 정책의 조정이 이루어질 수 있으며 특히, 기술통제 정책은 경제안보와는 달리 다자화 시도도 병행하여 추진할 것으로 보인다. 미중 간 기술패권 경쟁과 맞물려 트럼프 2기 기술안보 정책 강화는 우리에게 미치는 파급력이 지대할 것이다. 이러한 도전을 극복하기 위해서는 트럼프 2기의 기술안보 정책 변화가 글로벌 기술안보 전반에 미칠 수 있는 영향을 분석하고 주요 기술 선진국들의 대응 전략을 평가하여 우리의 종합적인 대응 방안을 마련해야 할 것이다.

트럼프 대통령은 2020년 10월 미래산업과 국방 부문의 R&D를 강화하고 범부처 차원의 첨단기술 보호 및 육성을 위한 2020 핵심신흥기술 국가전략National Strategy for Critical and Emerging Technologies에 서명하고 AI, 반도체, 우주 등 첨단기술 분야에서의 미국의 리더십 강화를 위한 전략을 수립하였다. 또한, 2018년에 수출통제개혁법ECRA를 제정하여 첨단기술에 대한 보호 및 대중국 견제 정책을 강화하였다.

상기 첨단기술에 대한 국가전략의 기조는 초당적 지지하에 바이든 행정부에서도 연계되었듯이 트럼프 2기 행정부에서도 기본적 내용은 유지될 것으로 전망된다.

다만, 트럼프 2기 행정부에서는 행정부는 전임 바이든 행정부 정책의 상당 부분을 수정 또는 폐기할 예정이며 새로운 행정명령과 신규 법안을 제안할 것이다. 예를 들어 바이든 행정부의 AI 행정명령을 폐기하고 2025년 1월 23일 트럼프는 AI 혁신을 위한 새로운 행정명령 Fact Sheets: President Donald J. Trump Takes Action to Enhance America's AI Leadership, (Jan 23, 2025)에 서명하였다. 동 행정명령의 특징은 AI 혁신에 장애가 되는 불필요한 규제를 없애면서도 데이터 센터에 대한 연방 지원 정책은 유지하는 등 선별적 차별화 정책을 수립하고 있다.

중국, E.U, 일본 등은 트럼프 2기 행정부의 기술안보 정책의 불확실성에 대해 우려하면서도 적극적인 대항조치, 피해 지원 및 보조금 지급, 정책 조정 기능 강화 등 이행 가능한 다양한 정책적 대응 방안을 마련하고 있다. 실제, 중국은 미국과 유사한 기술안보 및 기술통제 정책 및 법제를 수립하고 있다. EU 역시 미국의 공세적인 정책의 피해를 최소화하면서 첨단 기술분야의 기술경쟁력 확보를 위해 EU 차원의 공동 정책을 강화하고 있다. 반면, 일본은 미국의 양자협력을 강화하는 것을 전제로 미국과의 정책 조정과 공조를 강화하고 있다.

주요 기술선진국들이 기술안보 전략정책을 강화하고 있는 상황과 맞물려 트럼프 2기 기술안보 정책은 공세적일 수 있는바, 한국이 적절히 대응하기 위해 가장 중요한 과제는 총체적인 국내적 역량강화이다. 이와 함께 국내적으로 신기술 혁신역량을 강화하는 것을 전제로 국제안보적 맥락에서 몇 가지 기본적 정책 기조가 요구된다.

첫째, 국가적 차원의 포괄적 신기술안보 전략 수립이 시급하다. 한국은 기존 신기술 전략정책은 기술개발 중심으로 수립됐고 핵심기술 개발과 혁신 전략은 당연히 국가의 핵심적 과제이다. 그러나 최근 글로벌 트랜드나 주요 기술 선진국 간 기술경쟁이 심화되는 가운데 기술혁신 역시 국가안보적 차원에서 수립되어야 한다는 추세를 반영해야 한다. 또한 포괄적 신기술 국가전략을 바탕으로 정부와 민간의 정책조율을 강화하고 범부처적인 중장기 로드맵 마련이 필요하다.

둘째, 한미 간 기술동맹의 내실화이다. 우리 외교의 실질적 근간이 한미동맹을 기반으로 하고 있으며 한미동맹이 전통적 군사안보 분야를 넘어 다양한 분야로 확대되고 있다. 특히, 첨단기술 분야에서 한미 간 협력이 절실한 상황에서 한미 기술동맹의 내실화가 시급하다. 실제, 미국, EU, 일본, 인도 간에는 무역기술위원회TTC와 같은 기술협력 네크워크를 상설화하여서 트랙1과 트랙2 협력을 유기적으로 연계하고 있다. 따라서, 우리도 한미 간 2023년 합의한 '차세대 핵심 신기술 대화'를 정상적으로 가동시켜 한미 간 기술안보 협력을 내실화하여야 한다.

셋째, 빠르게 전개되고 있는 기술안보 분야의 규범 경쟁에 적극적으로 참여하는 것이다. 최근, AI, 사이버, 우주안보와 관련한 규범 형성 논의가 본격적으로 진행되고 있으며 구체적인 국제규범이 가시화되고 있다. 실제, AI에 관한 국제협약Framework Convention of AI의 경우 불과 1년에 만에 채택된 바와 같이 향후 신기술 분야의 규범 논의는 구체적인 성과물이 나올 가능성이 높다. 이러한 상황에서 기술 강국들은 유리한 규범 체계를 설정하려는데 매우

적극적이다. 따라서, 한국 역시 이러한 규범 경쟁에 적극적으로
참여하여 우리의 이익을 반영해야 할 것이다.

유준구 **세종연구소**

1 국방정책

Q. 북한의 재래식 전력 얼마나 위험한가?

북한은 100만 명이 넘는 대규모 군대를 보유하며 대한민국을 위협하고 있다. (2022 국방백서는 118만 명) 육·해·공군은 물론이고 특수작전군, 그리고 대규모의 예비전력을 보유하고 있으며, 한반도 정세 변화에 따라 언제라도 군사적 위협을 가할 수 있는 대비 태세를 유지하고 있다. 특히 북한은 유사시 비대칭 전력을 중심으로 기습공격을 시도하여 유리한 여건을 조성한 후 조기에 전쟁을 종결하려 들 가능성이 크며, 이를 위해 기습공격, 배합전, 속전속결을 중심으로 한 재래식 전략과 핵무기를 포함한 대량살상무기 전략을 다양하게 배합하고 있을 것으로 추정된다. 확고한 대북 억제력 구축과 철저한 대비 태세 유지가 시급한 이유다.

북한 재래식 전력의 핵심을 담당하는 육군의 경우 10개의 정규 군단과 수도방어군단 등으로 구성되어 있고, 전력의 약 70%를 평양-원산선 이남 지역에 배치함으로써 기습공격 태세를 유지하고 있다. 6,900여 대의 전차와 장갑차를 보유하고 있으며, 과거 170㎜와 240㎜ 방사포에 더해 신형 300㎜와 600㎜ 방사포를 추가하여 강력한 화력을 보강하고 있다. 또한 기습남침을 위한 특수전 부대는 '특수작전군'으로 별도 조직하여 각 군 소속 저격여단을 보유하고 있다. 전체 20만 명에 달하는 것으로 평가되는 특수전 부대는 전방사단의 경보병연대 등 각 제대 별로 다양하게 배치하고 있다. 이들은 전시에 잠수함, 공기부양정, 고속상륙정, AN-2기, 헬기 등 다양한 침투 수단을 활용하여 주요 군부대 및 시설을 공격하고 후방 교란작전을 수행할 것으로 분석된다.

해군의 경우 동해와 서해에 2개 함대사령부를 두고 있으며 13개 전대, 2개의 해상저격여단을 편성하고 있다. 해군 역시 전체 전력의 대부분을 평양-원산선 이남으로 전진 배치하고 있어, 기습공격 능력을 보유하고 있다고 볼 수 있다. 그러나 대다수가 소형 고속함정으로 구성되어 원거리 작전 능력은 떨어지며, 지상 작전과 연계한 연안 방어 임무가 주를 이룬다고 볼 수 있다. 다만 일부 함정은 신형 대함미사일을 장착하여 원거리 공격능력도 보유하고 있으며, 70여 척에 달하는 로미오급 잠수함과 소형 잠수함정으로 구성된 수중 전력은 무시할 수 없는 수준이다.

공군은 5개 비행사단, 1개 전술수송여단, 2개 공군저격여단

등을 두고 있으며 총 1,500여 대의 항공기를 보유하고 있다. 다만 그 기종이 노후화되어 있고 레이더, 기동, 무장 능력에 있어 한국군에 비해 많이 뒤져 있다고 평가할 수 있다. 이에 북한은 무인기 개발 등에 박차를 가하며 공군력 현대화를 위해 노력하고 있는데, 그 추이에 대한 면밀한 관찰이 요구된다. 방공체계와 관련해서는 지대공미사일과 레이더 부대 등이 담당하고 있는데, 평양지역에 지대공 미사일과 고사포를 집중적으로 배치하고 있다. 한편, 북한 공군은 특수전 부대의 침투를 지원하기 위해 AN-2기와 헬기를 다수 보유하고 있다.

북한은 전세계적으로도 최대 규모의 예비전력을 보유하고 있다. 교도대, 노농적위군, 붉은청년근위대 등으로 구성되어 있는 예비전력은 14세부터 60세까지 동원 대상이며, 약 760만 명으로 추산된다. 예비전력의 특성은 중대한 위협으로 보기는 어렵지만 유사시 지속적인 병력 제공의 원천이 된다는 점에서 그 중요성을 간과할 수는 없다.

이처럼 북한은 핵전력 외에도 대규모 재래식 전력을 보유함으로써 대한민국에 대해 직접적이고 중대한 위협을 가하고 있다. 특히 최근에는 장사정포의 현대화와 무인기 개발, 그리고 사이버 역량 강화를 통해 첨단 무기체계 경쟁에 뒤처진 것을 만회하려 들고 있다. 이러한 비대칭 전력에 제대로 대응하지 못한다면, 아무리 첨단 전력에서 우위를 점하고 있다 해도 북한에 치명적 약점을 노출할 수 있다. 따라서 기존의 대북 재래식 억제력 강화 노력을 지속하면서 다음과 같은 분야에 특별한 관심을 기울여야 할 것이다.

첫째, 장사정포 대응 역량을 강화해야 한다. 지금까지 한국군은 북한의 핵미사일 대응을 중심으로 다층 방어망을 구축하는 데 중점을 두어 왔다. 하지만 이제 북한의 장사정포를 포함한 다양한 포격에 대응할 수 있는 한국형 아이언 돔 구축에도 더 많은 관심이 필요하다. 동시다발적인 포사격이 이루어질 때 핵미사일과 장사정포를 구분해서 핵미사일만을 막는 것은 한계가 있기에, 이를 모두 방어해 낼 수 있는 복합적인 시스템이 구축되어야 한다.

둘째, 무인기 대응 능력을 강화해야 한다. 우크라이나 전쟁에서 검증된 바와 같이 무인기는 새로운 전쟁의 판도를 좌우하는 핵심 전력이 되고 있다. 우리 군도 드론작전 사령부를 설립하고 무인기 역량을 키워나가고 있지만, 북한의 무인기 역량도 빠른 속도로 발전하고 있다. 더욱이 북한군은 우크라이나에서 드론 작전과 관련한 실전 경험을 쌓고 있다. 따라서 자체적인 공격용 무인기 개발 외에도, 대드론 시스템 구축에 힘을 기울여야 한다.

셋째, 사이버 역량을 지속 강화해야 한다. 북한은 6,800여 명에 달하는 사이버전 인력을 운영하는 것으로 전해지고 있는데, 이를 통한 각종 해킹 시도 등이 이미 잘 알려져 있다. 사이버전은 미래 전장을 좌우할 핵심 영역이고 그 어느 분야보다 우수한 인력의 중요성이 크기에, 이미 가동되고 있는 사이버사령부의 역할을 더욱 강화하면서 핵심 인력 양성을 위한 인사 조처가 뒷받침되어야 한다. 기존의 軍 인사체계만으로는 우수한 인력 확보가 제한됨을 인식하고 획기적인 인사제도의 개선이 이루어져야 한다.

신범철 세종연구소

Q. 가짜뉴스는 한국을
어떻게 위협하나?

　20세기 말 미국과의 냉전에서 완패한 러시아는 미국에 대응할 수 있는 새로운 안보전략을 모색하였다. 자국을 비롯한 구동구권 전체의 갑작스러운 몰락에 대해 고찰한 러시아의 군사안보 엘리트들은 소련은 군사적 대결에서 진 것이 아니라 서방의 정치 공세와 정보전에 패배했다는 결론에 도달한다. 같은 시기 중국 또한 미국이 소련을 무너뜨리고 일극 체제를 구축하면서 미국의 '소프트파워' 위협에 어떻게 대응할 것인지 고민한다. 이러한 논의의 산물 중 하나가 1999년 두 인민해방군 장교가 공동 집필한 '초한전'이다. 이 책은 중국이 미국을 이기는 방법으로 군사영역을 초월한 全 영역에서의 '전쟁'을 제안한다.

　중국은 예전부터 미국의 압도적 군사적 우위를 피해 비군사적 전쟁 영역에서 여론전, 법률전, 심리전에서 승리를 노리는 삼전三戰 교리를 강조하였다. 미국이 하이브리드전이라고 부르는 중국과 러시아의 新전쟁 교리는 단순히 비군사적과 군사적 수단의 병행 사용을 넘어 비군사적·군사직 영역을 망라한 全 영역에서의 상시 전쟁이다. 특히 비군사적 영역에 중점을 두는 중국의 삼전 교리는 상대방의 정보환경을 지배하기 위한 대표적인 인지전 전략이다.

중국과 러시아가 미국과의 전쟁에서 승리할 수 있는 전략을 수립한 지 30여 년이 흐른 현재 미국과 미국이 중심이 되는 자유주의 질서는 심각한 도전을 받고 있다. 미국의 동맹인 한국도 예외가 아니다. 중국과 러시아는 한국에 대한 삼전 뿐만 아니라 외교전과 경제 강압을 구사하여 한국의 외교안보 정책에 영향을 주려 한다.

중국과 러시아는 한국이 열린 사회라는 특성을 활용하여 여론과 미디어에 영향을 주는 인지전을 통해 공략 중이다. 북한 또한 국내 친북세력과 연계하여 정보전을 수행하는 대표적인 위협이지만 인터넷 등 새로운 미디어 지형에 대해서는 이해도가 떨어지는 모습을 보인다. 최근 김정은 정권이 통일 노선을 공개적으로 포기하고 대남 공작기관이었던 통일전선부를 해체하면서 자신들의 대표적 인터넷 선전 매체였던 '우리민족끼리'와 '조선의 오늘'도 함께 폐쇄한 것이 이를 방증한다. 북한은 정보 공세보다는 '오물풍선'으로 대표되는 비군사적 물리 수단을 통해 긴장과 군사 충돌 위협을 높이는 군 주도의 전형적인 회색지대grey zone 전략을 구사하고 있다.

북한과는 달리 중국은 사이버공간 상의 가짜뉴스 확산을 통한 한국에 대한 영향력 공작을 강화하고 있다. 국정원은 2023년 11월 중국 인터넷 마케팅 기업 하이마이Haimai와 하이쉰Haixun을 통해 한국 언론사로 위장해 개설한 216개의 가짜뉴스 웹사이트를 파악하였고. 이후 국정원은 추가로 178개의 가짜 뉴스 사이트를 적발하였다.

적발된 가짜뉴스 웹사이트는 공통적으로 '서울프레스', '충청타임즈', '부산온라인' 등 한국 이름을 사용하고 자체 컨텐츠를 생산하지 않는 대신 기존 한국 언론 보도를 도용하여 한국 언론사로 위장하는 수법을 택했다. 이 위장 웹사이트들의 주목적은 기존 언론 보도 중 미국과 일본에 비판적인 보도만을 취사선택하는 방식으로 한국 사회 내 반미·반일 감정을 고취하는 게 주목적인 것으로 사료된다.

중국에 대한 불 호감도가 높은 한국에서 중국을 홍보하는 방식은 분명한 한계가 있다. 도리어 한국 사회에서 정치적 논란이 되는 한미·한일 관계 문제를 공략하는 전략은 한미동맹에 대한 이간질 효과가 있고 일본에 대한 역사 감정을 부채질할 수 있다는 점에서 효율적 접근이라고 할 수 있다. 중국의 인지전 전략은 한국 사회 내 주요 단층선을 식별, 공략하여 내부와 동맹과의 갈등을 야기한다는 점에서 매우 위협적이다.

중국의 가짜뉴스 웹사이트는 정보 공작의 한 측면일 뿐이다. 중국의 영향력 공작은 마케팅 업계의 '바이럴' 광고 캠페인과 같은 정보의 자연스러운 확산 패턴을 보여주기 위해 동시다발적으로 가짜뉴스를 생성한다. 그러나 동시에 메시지의 통일성과 시효성을 위해 체계적으로 통제된다. 가짜뉴스의 시발점은 '환구시보' 같은 중국의 공식 매체이며, 이들이 한국 정부 정책을 비판적 논조로 보도하면 가짜뉴스 웹사이트들이 보조하는 기사를 생성해내는 방식으로 가짜뉴스가 확산한다.

여기서 가짜뉴스의 확산을 가속하는 중요한 매개체는 SNS이다. '4·3 제주 항쟁' 관련 미군 책임론을 주장한 가짜뉴스는 한 아프리카 국가의 기자 출신 인플루언서가 X(구 트위터)에서 '리트윗'하여 상당 규모로 확산시킨 사례가 있다. 즉 중국의 인지전 공세는 1. 중국 공식 매체 → 2. 가짜뉴스 사이트 → 3. SNS 순서로 확산하는 구조를 띠며, 이는 러시아가 2016년 미 대선 개입했을 당시 사용했던 수법과 유사하다.

러시아도 2022년 우크라이나 침공 이후 인지전 공세를 강화하고 있다. 2024년 러시아는 대표적 선전 매체인 프라브다 네트워크Pravda Network에서 한국어 홈페이지를 가동하기 시작하였다. 한국의 우크라이나 지원과 개입을 저지하기 위한 메시지가 주를 이루었던 초기와는 다르게 러시아발 가짜뉴스는 점차 중국과 유사하게 반미·반일 메시지로 변화하고 있다. 이는 중국과 러시아가 인지전 공세에 있어서 협력하고 있다는 정황적 증거가 될 수 있다. 게다가 점차 밀착하는 북러 관계의 진화를 감안하면 북·중·러가 연합하는 인지전 공세는 시간문제일 뿐이다.

고명현 국가안보전략연구원

Q. 트럼프 시대의 한미동맹은 괜찮을까?

한미동맹은 6·25전쟁에 대한 반면교사와 처방 차원에서 시작되었다. 그래서 한미동맹의 태생은 군사동맹이다. 현재는 '글로벌 포괄적 전략동맹'으로 진화했지만, 여전히 군사동맹이 한미관계의 근간이다. 1950년 1월 12일 딘 애치슨 미 국무장관은 애치슨 선언을 통해 한반도를 극동 방위선에서 제외시켰다. 이에 북한은 미국이 한반도에 관여하지 않을 것이란 오판으로 같은 해 6월 25일에 중국과 러시아를 등에 업고 한국에 대한 무력침략에 나섰다. 국제사회는 북한의 불법침략을 규탄하며 유엔 안전보장이사회 결의 82/83/84호를 통해 강력한 대응에 나서게 된다. 미국을 중심으로 한 유엔군사령부가 만들어지고 1950년 7월 8일 맥아더 장군이 최초의 유엔군 사령관으로 임명되었다. 유엔사의 지원을 받은 한국군은 북한의 전쟁 목표를 좌절시킬 수 있었고 1953년 7월 27일 정전협정 서명으로 한반도는 정전 체제에 전환된다.

한편 정전 협상이 진행 중인 가운데 가장 중요한 문제는 향후 제2의 6·25전쟁 발발 가능성을 어떻게 차단하는가였다. 당시 이승만 대통령은 이에 대한 처방으로 한미군사동맹 카드를 생각했다. 미국은 정전 협상을 원하고, 한국은 한미군사동맹을 원하는 상황에서 한미정부는 정전 협상과 한미군사동맹을 모두 추진하는 것으로 합의하게 된다. 따라서 정전협정 서명 후 10여 일이 지난 1953년 8월 8일 서울에서 변영태 한국 외무장관과 덜레스 미국 국무장관이 서울에서 만나 '한미상호방위조약'에 가조인하고, 같은 해 10월 1일에는 워싱턴에서 정식으로 조인된 후, 1954년 11월 18일 발효되게 된다. 이후 한미군사동맹은 1978년 한미연합군사령부 창설, 한국군의 베트남 전쟁 참전, 이라크 자이툰 부대 파병 등을 통해 제도화되고 실천적 동맹으로 자리를 잡게 된다. 따라서 한미동맹의 근간은 군사동맹이다.

한미군사동맹은 이러한 역사적·제도적·실천적 과정을 거치며 '철통Ironclad' 동맹으로서 위상을 정립하게 되었다. 그런데 '거래 공식'을 꺼내든 트럼프 2기 행정부 출범으로 '전통적인 동맹공식'에 변화가 생기면서 그 위상과 강도가 유지될지에 대한 우려가 부상하고 있다. 이러한 도전은 2023년 한미동맹 70주년을 기념해 워싱턴에서 한미정상회담을 통해 '워싱턴선언'이 나오고 한국형 확장악제인 핵협의그룹NCG까지 마련되면서 역대 최강동맹으로 주목된 상황과는 커다란 차이가 있다는 점에서 우려가 부상하고 있다. 첫 번째 쟁점은 방위비분담금과 주한미군 유지를 들 수 있다. 한미동맹이 조약동맹이고 실제로도 정부, 군, 민간영역까지 촘촘하게 제도화된 점을 고려하면 트럼프 2기 행정부에서도 나름대로 유지될 것이다. 하지만 트럼프 행정부가 거래적 접근법을 강하게 밀어붙이면 한미동맹의 결속력이 약화되는 도전에 직면할 가능성도 배제할 수 없다. 한미는 2024년 방위비분담금특별협정SMA에 합의했지만, 트럼프 행정부는 재협상을 통해 한국에 과도한 방위비 분담을 요구할 수 있다. 트럼프는 대선 과정에서 타결 액수보다 9배나 높은 수준을 언급하기도 했다. 한국은 바이든 행정부와 타결한 금액을 기준점으로 삼아야 하는 상황에서 트럼프 행정부가 협상력을 높이기 위해서 주한미군 감축, 전략자산 전개 비용 청구, 연합훈련 비용 청구 등의 카드를 제시할 수도 있다.

둘째, 전략적 유연성도 쟁점으로 부상할 수 있다. 미국이 대중국 견제를 높이는 과정에서 주한미군을 미국의 세계전략 차원에서 활용할 가능성이 존재한다. 이 경우 북한은 주한미군의 방위 공약이 낮아진 것으로 오판할 가능성도 있다는 점에서 우려의 대상이다. 셋째, 미래연합군사령부(이하 미래사) 지휘구조와 전시작전권도 중요한 의제다. 1994년 한국이 평시작전통제권을 환수했고 현재는 미래사로의 전시작전통제권 전환도 추진 중이다. 이 것이 완료되면 한국군 장성이 전시 임무도 지휘한다는 점에서 한국이 본격적으로 미국과 대등한 위치에서 서는 단초가 될 수 있다. 그런데 트럼프 2기 행정부가 이에 얼마나 적극적으로 추진 할지가 관건이다. 넷째, 재래식 억제와 핵 억제가 한미동맹의 동 일한 강도로 목표화되는 것도 쟁점이 될 수 있다.

이러한 도전 요소에 치밀하게 대응하려면 첫째, 한미동맹 관 리정책이 범정부적으로 추진되어야 할 것이다. 트럼프 행정부의 거래적 접근은 경제와 안보를 분리하지 않는다는 점을 주지해야 한다. 예를 들어 트럼프는 안보 차원에서는 방위비분담금 재협상 을 요구하면서 동시에 경제 차원에서는 한미 FTA 재협상을 요구 할 수 있다. 이 두 가지를 동시에 요구하면서 협상력 제고에 나서 는 효과를 노릴 수 있다. 범정부적 협력을 통한 통합대처가 필요 한 이유다.

둘째, 대미 레버리지를 높일 수 있는 어젠다 발굴이 필요하다. 트럼프 행정부가 한국의 전략적 가치를 인식할 수 있도록 한국의 위상과 역할을 높일 필요가 있다. 이를 위해서 한국이 보유한 차 별화된 자산을 제대로 알리는 방식으로 대미 레버리지를 높여야 한다. 한국의 세계적 수준의 조선능력은 해양안보 도전에 직면한 미국에 적시적 처방약으로도 기능할 수 있다는 점에서 주목할 만하다. 이런 어젠다를 발굴하여 시나리오로 아이템 화하는 것이 필요하다.

셋째, 한미동맹의 미래가 '대칭동맹'이라는 방향성을 명확히 하고 이를 실천적으로 추진해야 한다. 동등한 동맹이 되면 동등한 거래도 가능하고 안보차원에서도 시니지를 발휘할 수 있을 것이다. 전시작전권 전환, 전략적 유연성 문제도 대칭동맹이라는 원칙으로서 다루어져야 할 것이다.

반길주 국립외교원

Q. 미국이 주한미군 방위비분담금을 증액하려 한다면?

한·미는 2024년 10월, 2026년부터 2030년까지 5년간 적용할 제12차 주한미군 방위비분담금SMA 협상을 마무리했다. 트럼프 2기 행정부 출범 가능성에 대비해 바이든 행정부 종료 前에 미리 합의한 것이다. 새로운 협정에 따라 한국이 2026년 지급할 비용은 1조 5,192억 원(약 10.4억 불)으로 2023년 대비 8.3% 증액되었다. 그러나 이 같은 합의에도 불구하고 과거부터 방위비분담금 대폭 증액을 요구해 왔고, 지난 대선 과정에서는 자신이 재직하고 있었다면 한국이 100억 불을 지급했을 것이라고 언급했던 트럼프 대통령이 주한미군 감축 또는 철수를 협상수단으로 삼아 분담금 대폭 증액을 위한 재협상을 요구할 것이라는 우려가 대두되고 있다. 만일 방위비분담금 재협상이 불가피해 질 경우, 우리는 현재 미국이 동맹국에 요구하고 있는 방위분담^{burden sharing} 증액 요구의 전체적인 맥락에 대한 이해를 바탕으로 트럼프 2.0 시대에 예상되는 한미동맹 현안들을 종합한 협상전략을 수립하여 대응해야 할 것이다.

트럼프가 동맹국들에 요구하고 있는 방위분담은 크게 3가지 유형이다. 첫째, NATO 회원국들에 요구하고 있는 국방예산^{defense budget}의 증액이다. GDP 대비 2% 이상이었던 1기 때의 요구는 최근 5% 이상으로 대폭 상향되었다. 즉, 미국에 대한 의존을 줄이고 자국 방위역량을 강화하라는 것이다. 둘째, 한국, 일본과 같이 대규모 미군이 주둔하는 동맹국들에 요구하고 있는 주둔 미군에 대한 지원, 즉 비용분담^{cost sharing}의 증액이다. 셋째는 동맹국 모두에게 해당하는 것으로 미국의 대외정책 현안들에 대한 동맹의 참여, 즉, 역할분담^{role sharing}의 확대이다. 특히 인태지역 동맹에 대한 요구의 핵심은 미중 전략경쟁에 대한 동맹의 참여 확대다. 헤리티지재단이 트럼프 2.0 시대 정책방향을 담아 발표한 〈Project 2025〉도 국방개혁 과제로 △ 재래식 위협에 대한 동맹의 자국 방어 확대, △ 중국 대응에 대한 동맹의 기여 확대, 그리고 △ 한국을 특정하여 "북한에 대한 재래식 방어에 있어 주도적인 역할 수행"을 제안했다. 따라서 트럼프의 미국이 제시할 방위분담 요구는 현재 우리가 우려하고 있는 방위비분담금만이 아니라, 향후 국방예산과 역할분담 확대가 함께 다가올 것이므로 우리는 이를 대비한 협상전략을 마련해야 한다.

먼저 국방예산 증액이다. 〈Project 2025〉에서 언급된 바와 같이 트럼프는 북한에 대한 재래식 방어는 한국이 주도하라고 요구할 가능성이 높다. 미국이 '한국방위의 한국화'를 요구한 전례는 과거 주한미군 감축의 역사와 함께 반복됐었고, 우리는 그때마다 국방력 강화를 위해 노력했다. 따라서 정부는 북한의 재래식 위협 대응을 위한 향후 국방전략의 방향성과 국방력 강화 중점분야를 설정하여 선제적으로 대응해야 한다. 국방예산 증액 대상은 북한 핵·미사일 위협 대응을 위한 '한국형 3축체계', ISR 자산과 무인체계 등의 확충과 병력자원 부족을 대체할 수 있는 국방혁신 분야 등이 바람직할 것이다.

둘째, 방위비분담금 증액이다. 재협상의 결과는 미국을 설득 가능하면서도 우리 국민이 납득할 수 있는 수준이어야 한다. 기존 분담금은 주한미군만을 지원대상으로 하고, 지원항목도 한국인 근로자 인건비, 군사시설비, 군수지원비라는 3가지 항목에 한정되어 있어 기존 틀 내에서는 상당 수준의 증액이 어렵다. 따라서 지원대상과 항목을 재설정한 'SMA 2.0'을 만들어야 한다. 대상부대는 주한미군 외에 한반도 외부에 있더라도 우리 안보에 직접적으로 도움이 되는 전력들을 선별하여 추가할 수 있을 것이다. 지원항목도 최근 관심이 높아지고 있는 美함정 정비·수리와 같이 미군을 지원하면서도 우리 경제에 도움이 되는 분야를 추가할 수 있을 것이다. 그러나 美 전략자산 운용의 경우는 단순히 한국 지원만이 아닌 미국의 중·러 견제와 기타 동맹 지원 소요도 고려하여 운용되기에 비용분담에 신중해야 한다.

셋째, 역할분담이다. 트럼프는 4년이라는 기간 내에 과시적 업적을 달성하여 존경받는 대통령이 되고자 할 것이다. 그리고 그 핵심목표는 중국과의 전략적 경쟁에서 승리하는 것이며, 이를 위해 경제, 외교, 군사적 수단을 사용할 것이다. 따라서 우리는 미국과의 반도체 공급망 재편 사례와 같이 외교·군사 분야도 미국과의 Friend-shoring, 나아가 Ally-shoring을 강화하는 방안을 마련해야 한다. 트럼프가 희망한 한국과의 함정분야 협력은 인태지역에서 중국에 유리하게 변화된 미·중 간 해군력의 균형 회복을 위한 것인바, K-방산을 활용한 Ally-shoring을 만들고, CHIPS Act와 같은 SHIPS Act를 받아내야 한다.

넷째, 트럼프 2.0 시대 방위분담의 맥락을 이해하고 종합적 협상전략을 마련하여 대응하되, 그 전략에는 미국에 기여하는 만큼 우리가 필요로 하는 것을 획득하는 지혜를 담아야 한다. 우리가 필요로 하는 현안들은 국가안보라는 총체적 차원에서 우선순위를 설정하고 미국의 對한반도 정책 전개양상을 고려하면서 유연하게 대응해야 한다. 그 대상은 △ 미국의 확고한 對韓 방위공약과 실행방안, △ 북한 문제에 대한 한미 간 긴밀한 공조, △ 미국시장에 대한 호혜적 대우 등이 고려될 수 있다. 특히 對韓

방위공약 분야는 △ 주한미군 現 수준 유지 및 연합연습 지속, △ 한·미 일체형 확장억제체계 구축 가속화, △ 아시아판 핵 공유체계 구축, △ 美 전술핵무기 재배치, △ 한·미 원자력 협정 개정, △ 자체 핵 능력 보유 등을 고려하면서 對美협상을 관리해야 하겠다.

허태근 前 국방정책실장

Q. 미국은 주한미군을 철수할 것인가?

트럼프 대통령은 정치인이 되기 오래 前부터 미군의 해외 주둔에 회의적인 시각을 밝혀 왔으며, 최근에는 NATO 회원국들이 국방예산을 대폭 증액하지 않으면 미군을 철수시킬 수도 있다고 위협했다. 동맹국들이 미국의 안보지원에 무임승차하거나 정당한 대가를 지불하지 않아 미국이 국익을 훼손당하고 있다는 것이 트럼프의 근본적인 시각이다. 또한 그는 한국에 대해서도 미국의 안보지원에 대해 정당한 비용을 지불하지 않고 있다고 비판하면서 주한미군 철수 가능성을 시사해 왔다. 2024년 4월 Time과의 인터뷰에서는 주한미군 철수에 관한 질문에 긍정도 부정도 하지 않으면서, 부유한 나라를 왜 방어해야 하는지 말하며, 방위비분담금이 증액되지 않을 경우 주한미군을 철수시킬 수도 있음을 시사했다. 따라서 예측이 어려운 트럼프가 방위비분담금 재협상이나 다른 사유로 주한미군 감축 내지 철수를 제안할 가능성을 배제할 수 없는 만큼 대책을 강구해야 한다. 그리고 그 대책은 단순히 방위비분담금 문제와만 연계해서는 안 되며, 과거 주한미군 감축사례, 인태지역 안보상황과 미국의 대응전략 등에 대한 종합적 이해를 바탕으로 마련되어야 한다.

6·25 전쟁 직후 32.5만여 명에 달했던 미군은 한미동맹 70여 년의 역사를 거치며 여러 차례 감축되어 지금은 28,500명이 주둔하고 있다. 주한미군은 정전협정 체결과 한국군 전력증강, 1960년대 베트남전쟁, 1970년대 닉슨독트린과 카터행정부의 주한미지상군 철수계획, 1990년대 탈냉전과 동아시아전략구상을 거치며 감축되어 왔고, 가장 최근에는 2001년 9·11테러사태 이후 추진된 테러와의 전쟁과 해외주둔미군 재배치계획에 따라 감축되었다. 2004년 10월 한미 간 합의에 따라 25,000명 수준으로 감축 예정이었던 주한미군은 2008년 한미정상회담에서 28,500명 유지에 합의한 후 지금까지 유지되고 있다.

과거 주한미군 감축 사례들은 미국의 안보전략 변화, 대규모 해외분쟁 발생 등이 원인이었으나 지금처럼 주둔비용 분담 문제와 연계된 사례는 없었다는 점에서 트럼프의 접근법은 아주 예외적인 상황이다. 아직은 주한미군 문제가 방위비분담금 증액을 위한 협상수단으로 이용되고 있는 것 같지만 미국의 향후 대외

문답으로 풀어 본 트럼프와 한반도

정책 수행과정에서 대만·남중국해 분쟁과 같은 다른 원인이 발생할 수도 있기에 이러한 상황도 고려해야 한다. 또한 우리가 주한미군의 변화를 방위비분담금 협상에 한정하여 접근할 경우 협상에서 불리한 위치에 처힐 수밖에 없기에 우리는 주한미군 문제를 트럼프 2.0 시대 한미동맹의 방위분담burden sharing이라는 종합적 대응전략 속에 포함해서 접근해야 한다.

북한의 핵·미사일 위협 증가, 북러 군사협력의 심화, 북중러 공조 확대 가능성, 중국의 군사력 현대화와 한반도 주변지역 군사활동 증가 등의 안보상황을 고려 시 한미동맹과 한미연합방위태세의 유지·강화는 필수적이다. 특히 주한미군은 한미동맹의 상징이자 연합방위태세의 한 축이므로 주한미군의 감축이나 철수는 발생해서는 안 된다. 그리고 이를 방지하기 위한 우리의 대응전략은 트럼프 2.0 시대 미국의 인태지역 안보전략 속에서 찾아야 한다.

미국 인태전략의 핵심목표는 모두가 예상하듯 미중 전략경쟁에서의 승리다. 본격적인 미중 전략경쟁은 트럼프 1기 행정부에서 시작했다. 당시의 방법론이 경제와 기술 중심이었다면, 2기는 외교와 군사적 접근이 추가될 것이다. 트럼프가 해군력 강화를 위해 동맹국과의 방산협력 확대를 모색하는 것이 바로 미국의 새로운 對중국 경쟁법을 시사한다. 미국이 테러와의 전쟁에 몰입해 있던 20여 년 동안 서태평양 일대에서의 미중 간 군사력 균형은 중국에 유리하게 변화했고, 이제 트럼프는 이 같은 군사력 불균형을 회복하고 우위를 점하려고 한다. 그리고 그 시도는 미국의 비용을 절감하고 동맹·우방의 비용을 확대하는 총체적인 방위분담을 통해 추진될 것이며, 주한미군은 우리와의 협상에서 미국에 유리한 방위분담을 얻어내기 위한 수단으로 사용될 수 있는 것이다.

트럼프 2.0 시대 미국이 요구하는 한미동맹의 방위분담은 △ 한국방위에 대한 한국군의 주도적인 역할 수행, △ 한국방위를 지원하는 미군 전력에 대한 비용 분담의 확대, △ 그리고 미·중 전략경쟁 속에서 한국의 역할분담 확대가 될 것이다. 우리는 이 같은 미국의 전략적 방향성을 이해하고 한미동맹 강화를 위한 협상전략에 활용해야 한다. 트럼프가 방위비분담금 대폭 증액을 위한 협상수단의 하나로 주한미군을 활용하고자 한다면, 우리는 주한미군을 트럼프 2.0 시대 한미동맹 관리를 위한 종합적 접근전략과 방위분담 협상전략에 포함해 대응해야 한다. 우리가 유의해야 할 것은 주한미군의 문제를 트럼프가 희망하는 것처럼 방위비분담금 협상의 수단, 즉 분담금 협상의 종속변수로 한정하여 접근할 경우, 그 협상의 결과는 필패일 수밖에 없다는 점이다.

일각에서는 주한미군이 철수 또는 감축되지 않더라도 대만해협과 남중국해 등 타지역 분쟁에 차출될 수도 있으므로 감축이나 철수를 선택하고, 방위비분담금 대폭 증액을 막거나, 자체 핵

능력 보유 등 다른 대가를 요구해야 한다고도 주장한다. 그러나 주한미군 철수는 곧 한미연합방위체제의 해체를 초래하므로 결코 발생해서는 안 된다. 그리고 전략적 유연성이 확대된 주한미군도 한국에 주둔하는 한 평상시 억제와 함께 유사시 한반도 방위 역할을 즉각 수행할 수 있다. 그리고 남중국해 등 서태평양 일대 분쟁에 필요한 미군 전력은 해군전력인 반면, 주한미군의 주력은 육군이고, 공군도 항모작전이 불가능하여 전력의 효용성은 낮다. 지금의 한반도 안보상황은 강력한 한미연합방위체제가 긴요한 시점으로 한미 연합군의 한 축인 주한미군이 타 현안의 협상 수단으로 이용되어선 안 된다.

허태근 前 국방정책실장

Q. 전시작전통제권 전환, 언제 해야 하나?

우리 사회에는 '전시작전통제권 전환(이하, 전작권 전환)'의 시기와 방법에 대한 서로 다른 주장들이 있어 왔고, 새로운 정부 출범 시마다 전환에 대한 입장이 변경되곤 했다. 통상적으로 보수정부 의 경우에는 한미연합방위체제에 미치는 영향, 북한 위협에 대한 억제력 발휘, 전시 군사작전의 효율성 등을 중시하면서 조기 추 진에 부정적이었던 반면, 진보정부의 경우에는 한미동맹에서의 자율성 제고, 한국군의 자주국방 능력 향상, 남북관계 개선 노력 등에 중점을 두면서 적극 추진하고자 했다. 한편, 한미동맹이라 는 양자관계에 있어 이 문제는 단순히 우리 정부의 입장만이 아 니라 미국의 대외정책 변화와 그에 따른 동북아 및 한반도 정책 의 변화에도 상당한 영향을 받아왔다. 따라서 現 탄핵국면과 이후 전개될 국내정치 상황, 그리고 트럼프 2기 행정부의 대외전략의 방향성에 따라 전작권 전환 문제도 새로운 쟁점으로 대두될 수 있다.

작전통제권은 부대에 대한 전반적이고 포괄적인 작전지휘 권한이 아니라 지휘의 단일화를 보장해서 특정 군사작전 목표를 달성할 수 있도록 지휘관에게 부여하는 제한적이고 일시적인 권한을 의미한다. 미군의 한국군에 대한 작전통제권 행사는 6·25전쟁 당시 유엔사 차원의 통합된 군사작전이 실시될 수 있도록 이승만 대통령이 유엔군사령관에게 한국군의 작전지휘권을 이양하면서 시작되었다. 이후 〈정전협정〉 체결로 전쟁은 끝났으나 억제력 유지를 위해 유엔사가 한국군에 대한 작전통제권을 지속 행사하는 것으로 변경되었고, 1978년 한미연합군사령부가 창설되면서 그 권한이 연합사에게로 전환되었다. 그리고 연합사가 행사하던 작전통제권 중 평시작전통제권이 1994년 10월 한국 합참으로 전환됨으로써 이후 지금까지 한미간의 논의는 전시작전통제권(전작권)을 언제 전환할 것이냐 하는 문제가 쟁점이었다.

노무현 정부는 2005년부터 對美협상을 시작하여 2007년 2월 국방장관회담에서 2012년 4월 17일 전환에 합의했다. 당시 합의는 적절한 준비기간을 가지고 안정적으로 하자는 우리 정부와 가급적 조속히 시행하자는 미국 입장을 절충한 결과였다. 2008년 출범한 이명박 정부는 북한의 2차 핵실험 등을 거치며 전작권 전환 연기를 제안했고, 2015년 12월 1일로 전환 시기를 조정하기로 결정했다. 북한의 장거리 로켓 발사와 제3차 핵실험 등을 경험하며 출범한 박근혜 정부는 2014년 10월 제46차 한미안보협의회의SCM에서 '조건에 기초한 전작권 전환'이라는 새로운 계획에 합의했다. 이전 계획들이 특정 시기에 도달하면 전환하는 '시기에 기초한 계획'이었던 반면, 새로운 계획은 한미가 합의한 전환 조건들이 구비될 경우 전환하는 '조건에 기초한 계획'이었다.

새로운 전환계획은 3가지 조건을 전제하고 있는데 ① 미래지휘구조에 기반한 새로운 연합방위체제를 구축하고, 한국군이 연합방위를 주도할 수 있는 능력을 구비, ② 북한의 핵·미사일 위협에 대응할 수 있는 한국군의 초기 필수 대응능력을 구비, ③ 안정적인 전작권 전환에 부합하는 한반도 및 역내 안보환경 관리가 그것이다. 한미는 매년 SCM에서 전환 조건 평가 결과를 검토하고 있다.

문재인 정부 시기에는 '조건에 기초한 전환계획'의 틀은 유지되었으나 한 가지 큰 변화가 있었다. 과거의 계획들은 전작권 전환과 함께 연합사가 해체되는 것이었으나, 연합사를 유지한 채 사령관을 한국군 4성 장군으로, 부사령관을 미군 4성 장군으로 임명하여 한국군 4성 장군이 한미 연합군에 대한 작전통제권을 행사하도록 변경했다. 이는 연합사 해체에 대한 국민의 우려를 고려하는 한편, 연합사의 유지가 새로운 미래지휘구조를 만드는 것보다 전환 조건의 조기 충족에 유리할 것이라는 판단도 고려한 결과였다. 그런데 이 변화는 미국 측의 전작권 전환에 대한 인식에 상당한 변화를 불러왔다. 이제 전작권이 전환되면 한국군 사령관이 연합사 통제하에 미군을 작전통제하게 되는 것으로 자연히 전환 조건 충족여부를 더욱 신중하게 평가해야 하는 상황이 된 것이다. 윤석열 정부는 문재인 정부의 전환계획을 그대로 유지한 상태에서 한미가 기존에 합의한 방법과 절차에 기초하여 조건 충족여부를 평가하면서 전환을 준비해 왔다.

전작권은 전시 한미연합사 예하 연합군의 지휘를 단일화하여 군사작전의 효율성을 제고하기 위한 것으로 한미연합지휘체계의 핵심이다. 그리고 이러한 전작권의 전환은 북한 위협이 고도화하고 있는 현재의 안보상황을 고려 시 한미 연합방위태세가 유지 또는 강화되는 방향으로 추진되어야 한다. 따라서 트럼프 2.0 시대에도 전작권 전환은 전환 조건 충족여부를 신중히 평가하는 가운데 체계적이고 안정적으로 추진되는 것이 바람직하다.

다만 한가지 간과하지 말아야 할 것은 불확실성이 높은 트럼프 2.0 시대를 맞이하여 전작권 전환도 우리가 예상치 못한 상황으로 전개될 수 있다는 점이다. 미국 조야에는 한국군이 한반도에서의 재래식 방어를 주도해야 한다는 주장들이 다분한 만큼 이러한 주장들이 전작권 전환 가속화의 촉매제가 될 수도 있다. 그리고 전작권 문제는 기본적으로 주한미군의 하위 현안, 즉 종속변수이다. 이는 주한미군 자체에 어떤 변화가 발생하면 전작권 전환도 영향을 받을 수밖에 없다는 것을 의미한다. 따라서 우리는 現 '조건에 기초한 전환계획'을 체계적이고 안정적으로 추진해 나가는 한편, 전작권 전환의 가속화와 같은 우발 상황에 대한 대비도 함께 고민해야 할 것이다.

허태근 前 국방정책실장

Q. 왜 유엔사는 필요한가?

유엔군사령부United Nations Command, UNC 이하 유엔사는 한국전쟁 발발 직후, 한국 측 전선에 참전한 유엔의 회원국 군대를 지휘하기 위해 안전보장이사회 결의에 따라 설치된 연합사령부이다.[6] 유엔사는 1953년 정전협정 체결까지 전쟁 관련 작전 임무를 지휘하였고, 1957년 주한미군사령부USFK가 창설되자 도쿄에서 서울로 이전하였으며, 일본에는 후방 기지UNC-Rear만을 남기게 되었다. 이후 전시작전통제권은 1978년 한미연합군사령부CFC로, 평시작전

---

6 유엔 안전보장이사회는 한국전쟁 발발 직후 결의안 82호(1950.6.25.)를 통해 북한군의 무력 침공을 규탄하였다. 이후 북한군 격퇴를 위해 유엔 회원국들의 지원을 권고하는 결의안 83호(1950.6.27.)와 유엔 회원국들이 제공하는 군사력 및 기타 지원을 통합사령부 하에 두도록 하고, 이를 지휘하는 국가로 미국을 지명한 결의안 84호(1950.7.7.)를 채택하게 된다. 이러한 결의안들은 유엔 회원국의 한국전쟁 참전과 현재의 유엔사 형태의 법적 근거를 마련했다.

통제권은 1994년 한국군에게 이양됨으로써 유엔사의 기능은 축소되었고, 현재까지 정전협정의 이행에 중점을 두어 왔다. 한편 미국은 2000년대 초반부터 유엔사 회원국 확대와 회원국 간 협력 증진을 도모해 왔다. 특히 2014년부터 2018년까지 재활성화 revitalization 프로그램, 2019년부터 적정규모화rightsizing 사업을 추진하며 변화하는 안보환경을 반영, 구조와 인력에 대한 효과적인 메커니즘을 만들고자 했다. 현재 유엔사에는 한국전쟁에 전투 및 의료지원 인력을 파견한 22개국 중 18개의 국가가 회원국으로 활동하고 있다.[7]

이러한 유엔사에 대해 북한은 줄곧 비판하며 해체를 주장해 왔다. 북한은 유엔군사령관이 주한미군과 한미연합군사령관을 함께 맡고 있어, 유엔사를 '유엔 모자를 쓴 미군'으로 비판하고, 유엔사 확대에 대해서도 '아시아판 나토NATO' 가능성을 제기하며 비난하고 있다. 국내에서도 유엔사의 존재가 북한의 안보 우려를 자극한다거나, 전시작전통제권 전환 이후 한국군의 자율성을 저해할 것이라는 의견이 제기되곤 했다. 특히 법적으로 유엔사의 임무가 정전협정과 관련되어 있으므로, 당사국 간 평화협정에 합의하고 평화체제로 진입할 경우, 유엔사는 자동으로 해체되

---

7 2025년 1월 현재 유엔사 회원국은 한국전쟁에 전투병을 파병한 16개국 중 14개국(미국, 영국, 캐나다, 튀르키예, 호주, 필리핀, 태국, 네덜란드, 콜롬비아, 그리스, 뉴질랜드, 벨기에, 프랑스, 남아프리카공화국)과 의료지원단을 보낸 6개국 중 4개국(노르웨이, 덴마크, 이탈리아, 독일)으로 구성된다.

어야 한다는 주장이 존재해 왔다.

그러나 현재의 정전체제에서 유엔사의 핵심 임무는 진행형이고, 한반도 및 지역 안보환경의 변화, 그리고 트럼프 2기를 맞이하여 우리도 유엔사 회원국 간 발전적 협력을 도모하는 데 적극적으로 임할 필요가 있다. 여기에는 크게 세 가지 이유를 생각해 볼 수 있다. 첫째, 유엔사는 정전체제를 잘 관리해 오고 있으면서, 동시에 존재 자체로 억제 기능을 효과적으로 수행하고 있다. 한반도 상황은 북한의 핵·미사일 고도화와 지속적인 북한의 대남 군사적·비군사적 도발 등 불안정한 요소들을 내재하고 있다. 현재 북한과의 신뢰 구축이 어렵고 대화가 부재한 상황에서, 북한의 섣부른 판단과 행동을 감시하고 제어하는 데에는 한미동맹뿐 아니라 유엔사 존재도 작동하는 것이다. 이와 더불어 유엔사는 중국·러시아가 한국전쟁 시기처럼 한반도 유사시 북한에 대한 지원을 적극적으로 고려하는 데도 주저할 수 있는 억제 기제로도 작용할 수 있다. 한편 당사국 간 평화협정을 체결한다고 하여, 70년 이상 지속되어 온 정전체제를 일순간에 전환하기는 어렵다. 급변하는 정세의 영향은 물론 원점으로 회귀할 가능성도 있기 때문이다. 유엔사는 한반도 평화체제 구축 과정부터 공고해지는 시기의 관리까지 그 역할을 도모하는 것이 바람직할 것이다.

둘째, 유엔사는 한반도 유사시 국제사회의 연대를 즉각적으로 도모하고 전력을 제공하는 데 중요한 법적 근거이자 명분을 제공한다. 1953년 7월 27일, 정전협정이 체결되는 날 전투병을 파견한 16개국은 무력 공격이 재발할 경우, 다시 연대하여 대응한다는 내용을 골자로 워싱턴 선언을 발표하였다. 즉 유엔사는 한반도에 전쟁이 재발할 경우, 별도의 안보리 결의 없이 유엔사 회원국의 다국적 전력을 유엔의 깃발 아래 즉각적·자동적으로 제공하는 역할을 한다. 이와 함께 유엔사를 통해 일본의 후방 기지를 유지할 수 있고, 유사시 활용할 수도 있다. 한반도 유사 상황, 특히 한반도 전쟁 재발 시 새로운 안보리 결의안 채택이 중국과 러시아의 거부권 행사로 이뤄지지 않을 경우, 우리에게는 유엔사를 대체할 수 있는 대안이 없다는 점도 염두에 두어야 한다.

셋째, 트럼프 2기의 등장 및 유엔사의 역할과 관련하여 우리 역시 전략적 고려가 필요하다. 미국은 오랜 기간 유엔사 확대를 주도적으로 진행해 왔고, 트럼프 행정부 1기에서도 마찬가지였다. 2019년에는 무산되었다 2024년에나 가입할 수 있었던 독일의 회원국 추진과 재활성화 프로그램 하에서 유엔사 부사령관을 미군 대신 캐나다, 호주, 영국 장성을 임명한 것, 유엔사 근무 인원수의 증가 역시 트럼프 행정부 시기의 일이다. 이러한 과정에서 회원국들의 적극적 참여가 이루어져 왔는데, 한국 역시 유엔사의 변화와 발전 과정에서 배제되지 않고, 능동적인 접근을 기반으로 그 역할과 영향을 확대해 나가는 것이 중요하다. 이를 통해 우리의 군과 한미동맹 그리고 유엔사 간 유기적이고 상호 보완적인 협력

체계 구축을 확보할 수 있고, 우리의 안보와 한반도 안정을 도모
할 수 있을 것이다. 이와 함께, 트럼프 2기에서 주한미군 철수 등
동맹에 영향을 미치는 요인이 발생할 경우, 유엔사는 현재의 한
반도 상황관리를 위한 안전장치로 기능할 수 있고, 나아가 회원
국과의 발전적 협력과 미래지향적 연대를 도모하는 플랫폼으로
써 활용할 수 있다는 점도 고려하는 것이 바람직할 것이다.

김민성 **통일연구원**

Q. 한미일 안보협력은 지속 가능한가?

우리 사회에는 한미일 안보협력에 대해 긍정적인 시각과 부정적인 시각이 존재한다. 고도화하는 북한 위협 대응, 자유민주주의 국가 간 결속, 한미동맹의 보완 등을 고려하여 협력을 확대해야 한다는 시각이 있는 반면, 한일 관계에 대한 부정적 시각, 한미일 3각 협력에 대한 중국의 반발, 북중러 협력 심화 초래 등 우리 안보에 부정적일 수 있어 신중해야 한다는 시각도 있다. 한편, 윤석열 정부에서 강화된 한미일 안보협력이 트럼프 2.0 시대에는 진전되지 않거나 약화될 수도 있을 것이라는 전망도 있다. 이에 한미일 안보협력의 現 상황과 향후 추진방향에 대해 살펴본다.

미국은 동북아에서 한미동맹과 미일동맹이라는 두 개의 군사동맹을 운용하여 냉전기 공산주의 팽창을 저지했고, 탈냉전 이후에는 북한과 중국이 제기하는 위협에 대응해 왔다. 미국 입장에서는 동맹인 한국과 일본의 양자관계가 원활할 경우 대외정책의 효율성을 높일 수 있었으나 냉각된 한일관계가 장애로 작용했다. 이러한 상황 속에서 미국은 한일관계 개선과 한미일 안보협력 증진을 위한 노력을 지속해 왔고, 그 과정에서 한미일 안보협력은 미국이 주도하고 일본이 호응하며 한국이 주저하는 양상 속에서 진전과 후퇴를 반복했다.

현재 우리가 당면한 새로운 국제질서의 가장 중요한 특징은 미중 간의 전략적 경쟁이다. 미중 간 경쟁을 본격화한 것은 트럼프 1기였고, 바이든 대통령이 경쟁을 한 단계 상향시켰으며, 이제 트럼프 2기의 새로운 미중 경쟁을 앞두고 있다. 트럼프 2기는 1기에 비해 더욱 고도화된 북한 위협, 보다 강경한 중국, 북러 군사협력 등과 같은 새로운 난제 들에 봉착해 있다. 이러한 상황에서 자국의 역할과 비용을 줄이며 대외정책 현안들에 대응하고자 할 트럼프에게 한미일 안보협력이라는 소다자 협력은 충분한 유용성이 있다. 다만 우리는 그 유용성의 초점이 북한보다 중국으로 향할 가능성에 유의해야 할 것이다.

그렇다면 우리에게 한미일 안보협력이 왜 필요할까? 북한의 핵·미사일 위협이 고도화되고 있고, 북한의 적대적 대남정책과 한반도 통일정책 포기 등은 한반도의 불안정성을 증가시킨다. 북한과 러시아의 군사협력이 우리의 안보에 미칠 영향이 우려되고,

북한과 중국과의 협력도 큰 위협이다. 우리는 공고한 한미동맹을 통해 이 같은 위협을 억제하고 있으나 억제력은 강하면 강할수록 좋은 것이다. 즉, 한미일 안보협력이 진전되면 될수록 북한 위협과 잠재적 위협에 대한 우리의 억제력은 향상되는 것이다.

혹자는 한미일 안보협력이 중국을 자극하고, 북중러 3각 협력을 심화시켜 우리 안보에 부정적 영향을 초래한다고 주장한다. 그러나 현대화된 중국군은 한미일 안보협력과 무관하게 한반도 인근에서의 군사활동을 증가시켜 왔고, 이는 이미 우리 안보에 대한 실존하는 위협이다. 또한 중러는 '한계가 없는 협력'을 약속했고, 북한은 중러 협력의 틀 속에서 필요에 따라 활용될 가능성이 크다. 따라서 우리는 현재의 위협과 함께 미래의 잠재적 위협에 눈감지 말고 대비해야 한다.

한미일 안보협력의 현 상황은 2023년 8월 정상들이 합의한 〈캠프 데이비드 선언〉과 2024년 7월에 장관들이 체결한 〈한미일 국방협력 프레임워크 합의각서〉가 핵심이다. 국방분야 협력의 방향성은 '합의각서'에 반영되었다. 협력의 큰 축은 고위급 정책협의, 정보공유, 3자 간 훈련, 기타 국방교류협력의 확대다. 주요 국방현안으로는 △ 북한이 발사한 탄도미사일의 경보정보를 실시간으로 공유하는 것으로 2023년 12월부터 가동되고 있다. △ 3자 간 다년간의 훈련을 계획하여 예측 가능하고 효율적인 훈련을 실시하는 것은 2023년 말부터 시행 중이고, 2024년부터는

Freedom Edge 훈련을 시작하여 해상, 수중, 공중, 사이버 등 다 영역에서 연 2회 진행되고 있다.

한미일 안보협력을 확대해 나가되, 몇 가지 유의해야 할 사항들이 있다. 첫째, 독도문제, 일본해 표기 문제와 같은 한일 간 갈등을 유발할 수 있는 현안들을 신중하게 관리해야 한다. 둘째, 일본 자위대의 활동은 민감한 문제로 한반도와 직접 연계될 수도 있는 활동은 신중하게 판단해야 한다. 셋째, 美 확장억제 관련 논의는 한미 양자 간 논의와 3자 간 논의를 분명히 구분해야 한다. 한미가 논의할 수 있지만 한미일 3자가 논의할 수 없는 부분이 있다. 넷째, 한반도와 직접 관련되지 않은 협력은 특정 국가를 지향하기보다는 국제적 규범과 규칙에 기초한 협력을 우선하여 확대해 나가는 것이 좋겠다. 이것이 우리 대외정책의 유연성 확보와 현재 우리의 군사적 역량에도 부합한다.

지금의 한반도 안보상황과 변화하는 대외 안보환경을 고려시 한미일 안보협력은 우리의 국익 차원에서 확대하는 것이 바람직하고, 이는 미국의 조야에서도 적극 지지하고 있다. 다만 확대 과정에서 각국의 안보이익과 협력 희망 분야와 수준이 일치하는 부분도 있고, 일부 상이한 부분도 있을 수 있다. 미·일의 경우 중국을 지향하는 비중이 증가할 여지도 충분히 있다. 따라서 우리는 국익을 최대화하고 비용을 최소화할 수 있도록 새로운 현안 식별에 신중해야 하겠다. 많이 한다고 다 좋은 것은 아닐 것이다.

실질적 효과를 달성할 수 있는 현안을 발굴하고, 국민의 이해를 높이는 노력도 경주해야 한다. 따라서 향후 우리가 지향해야 할 한미일 안보협력은 △ 북한 위협 대응, △ 미일 양국의 협조와 호응, △ 한미동맹의 역량 보완 및 동맹 강화, △ 국제적 규범과 규칙에 기반, △ 우리 미래 안보에 대한 전략적 여건 조성 등에 기여하는 종합적이고 체계적인 협력이 되어야 하겠다.

허태근 前 국방정책실장

Q. 잠재적 핵능력은
확보 가능한가?

트럼프 대통령이 북한을 'Nuclear Power'라 언급하면서 북한이 과연 핵국가로 인정을 받을지에 대한 논란과 더불어 우리나라의 대응에 대한 논란도 뜨겁다. 북한이 핵국가로 인정받는다면 한국도 대응책이 있어야 한다는 것인데 즉각적인 핵무장은 불가능하더라도 잠재적 능력은 유지하고 있어야 한다는 주장이다. 트럼프 대통령의 거래주의적 성향을 고려할 때 거래의 일환으로 잠재적 핵능력을 확보하자는 주장도 있다. 그러나 국제사회에서 한국의 위상과 우리나라가 세계 원자력산업의 핵심국가라는 점을 고려해 본다면 핵무기 개발을 위해 잠재적 핵능력을 확보하겠다는 주장은 우리나라의 안보 및 산업 두 가지 측면 모두에서 도움이 되지 않는다.

잠재적 핵능력이란 실질적으로 핵무기를 보유하거나 개발하고 있지 않지만, 필요시 신속하게 핵무기를 개발할 수 있는 능력을 의미한다. 핵능력은 핵무기를 만들고 운용할 수 있는 능력이므로 핵무기의 3대 요소인 핵물질, 기폭장치, 운반수단을 모두 갖추어야 한다. 핵물질은 핵폭발을 일으키는 물질로 U-235와 Pu-239를 지칭하는데 두 물질은 다른 경로를 통해 얻어진다. U-235는 자연에서 매우 낮은 비율로 존재하므로 폭발을 일으키기 위해서는 95% 이상으로 농축이 필요하며, 이를 얻을 수 있는 농축기술이 중요하다. Pu-239는 사용후핵연료를 재처리해서 추출할 수 있다. 따라서 핵무기에 필요한 물질을 얻기 위해서는 우라늄 농축, 혹은 플루토늄 재처리 기술이 필요하다.

기폭장치는 핵무기를 실제 터트리기 위한 기술로써, 핵폭탄의 이론은 이미 공개되어 있으므로 공학적 설계에 의한 폭탄제조는 국내 기술로 가능할 것으로 판단하고 있다.

핵무기 운반은 폭격기 등을 이용한 직접 운반과 미사일을 통한 운반으로 나누어진다. 핵무기는 규모와 목적에 따라 전술핵과 전략핵으로 나누어지는데, 수 kt의 폭발력을 갖는 전술핵무기는 단거리 미사일과 전투기를 통한 투발방식이 있으므로 운반이 상대적으로 수월하다. 전략핵무기는 일반적으로 100kt 이상의 폭발력을 갖는 핵무기를 말하며 대륙간탄도미사일[ICBM], 잠수함발사 탄도미사일[SLBM]을 운반수단으로 삼는다. 전술핵을 기준으로

문답으로 풀어 본 트럼프와 한반도

할 때, 우리나라의 핵무기 운반능력은 확보 가능하다.

따라서 우리나라에 잠재적 핵능력이란 핵물질을 얼마나 빠르게 확보할 수 있느냐의 문제이며, 현시점에서는 핵물질 확보 자체가 불가능하다. 우리나라는 26기의 원자력발전소를 보유하고 있으므로 U-235를 포함한 연료와 P-239를 포함한 사용-후핵연료를 보유하고 있다. 우리나라는 핵연료로 공급하기 위해 상당량의 우라늄을 보유하고 있으나 3~5%의 저농축 우라늄이며 농축 시설 및 기술을 확보하고 있지 않다. 플루토늄 역시 상당량을 사용후핵연료 형태로 보유하고 있으나 재처리가 필요하다. 재처리의 경우 화학공정을 거쳐 Pu-239를 추출해 내는 방식인데, 상당한 오염이 발생하므로 차폐시설을 비롯한 관련 시설 건설이 필요하다. 기술적으로는 재처리를 통한 플루토늄 추출이 우라늄 농축보다 수월한 것으로 평가된다. 그러나 실제 핵물질을 얻기 위한 노력을 전개하는 것은 쉽지 않다.

우리나라의 원자력 기술은 평화적 이용에 기반하고 있다. 1970년대 한미원자력협력협정에 의거해 상용 원자력 기술을 도입하면서 우라늄 농축과 플루토늄 재처리와 관련해서는 미국의 동의를 받는 것으로 합의하였다. 우리나라가 현재 원자력발전 5대 강국이며 고도의 원자력 관련 기술을 확보하고 있지만 잠재적 핵능력을 보유하고 있지 않은 이유이다.

우리나라가 핵무기 개발용 핵물질을 보유하려면 미국과의 협정 파기, 핵비확산조약 탈퇴 등 여러 국제 문제에 직면하게 된다. 미국과의 협정파기는 우리나라 원자력산업의 고립을 초래할 것이며 핵비확산조약 탈퇴로 인한 안전보장이사회 제소 가능성, 국제사회로부터의 금융, 무역제재 등은 수출의존형 우리나라 경제를 고려할 때 감당할 수 있는 수준은 아닐 것이다.

잠재적 핵능력을 논의할 때 비교대상이 되는 국가는 일본이다. 일본은 비핵국가 중 유일하게 사용후핵연료를 재처리하는 국가이며, 미국과의 원자력협력협정을 통해 우라늄농축에 대한 동의도 갖고 있다. 우리나라도 일본의 경우와 같이 핵물질 확보를 위한 능력을 갖추겠다는 것이 한국의 잠재적 핵능력 확보의 핵심이지만 이를 관철하기 위한 과정과 주장은 상이하다. 일본은 재처리 및 핵연료주기 완성을 통한 에너지자립을 정책의 최우선목표로 내세웠고 이러한 목표 추구가 핵비확산체제에 악영향을 미치지 않을 것임을 강조하였다.

한국이 '핵무기 개발'을 위한 잠재적 핵능력을 보유하겠다는 주장은 국제 핵비확산체제에 비추어 지지를 확보하기 힘들다. 그러나 NPT는 회원국의 평화적 이용을 지원하고 있으므로 핵무기 개발이 아닌 원자력산업을 위한 농축, 혹은 재처리 능력 확보는 NPT 체제를 위협하지 않는다. 미국과의 협상에서도 핵무기 개발을 염두에 두지 않은 상업적 목적의 저농축 시설 및 기술확보, 사용후핵연료 재활용 협력이 설득력 있게 작용할 수 있다. 핵무기를 향한 잠재적 핵능력을 보유하겠다는 주장을 버리고 잠재적 핵능력을 염두에 두지 않을 때, 역설적으로 잠재적 핵능력은 확보 가능하다.

박지영 경제사회연구원

Q. 지속 가능한 방산 수출 확대 방안은?

최근 한국의 방산 수출 증대는 전세계적인 주목을 받고 있다. 우크라이나 전쟁, 중동 분쟁 등의 여파로 평균 20~30억 달러에 머물던 수주액이 2022년 이후 연간 100~200억 달러 규모로 급증했다. 하지만 트럼프 2기 행정부가 출범하고 지역 분쟁의 종결 논의가 시작되며 방산 시장에도 변화가 찾아오고 있다. 동시에 K-방산에 대한 경쟁국의 견제도 만만치 않은 상황이다. 이러한 도전을 극복하기 위해서는 트럼프 2기의 정책 변화가 글로벌 방산시장에 미칠 수 있는 영향을 분석하고 분쟁지역별로 새로운 방산 수요를 파악해야 한다. 그리고 무엇보다 국내적으로 방위산업의 경쟁력을 제약하는 다양한 문제점들을 개선함으로써 글로벌 차원의 경쟁력을 강화해야 한다.

미국은 방위산업 기반 강화를 위한 전략서인 국가방위산업전략National Defense Industrial Strategy을 2024년 1월 발간하였다. 동 내용은 미국의 방위산업 전반의 문제점과 중국의 도전을 담고 있으며, 탄력적인 공급망과 인력 준비태세 강화, 그리고 유연한 획득 시스템 등을 담고 있다. 동 전략서가 바이든 행정부에서 만들어졌음에도 불구하고, 미국 방위산업의 현실적 문제점이 초당적 차원에서 공감을 이루고 있다는 점에서 트럼프 행정부에서도 지속 가능한 정책으로 평가된다.

트럼프 행정부는 기존의 미국 방위산업 발전 방향에 더해 미국 제일주의가 뒷받침하는 강력한 미국 방산 수출 확대를 추구할 것으로 보인다. 이는 글로벌 방산 시장의 지각 변화로 이어질 전망인데, 한미 양국 방위산업 간의 치열한 협력과 경쟁이 예상된다. 미국은 한국의 미사일방어 체계와는 경쟁 관계를, 4세대 전투기 KF21과는 잠재적 경쟁 관계를 유지할 것으로 전망되지만, 조선 분야, 자주포, 전차 등의 영역에서는 상호 보완적인 역할도 기대할 수 있다. 한미 간 방산 관련 포괄적 협력이 필요한 이유다.

EU 또한 미국과 유사한 시기인 2024년 3월 유럽방위산업전략Europe Defense Industrial Strategy을 발간하였다. 우크라이나 전쟁 지속에 따른 우방국 지원 강화 및 유럽 국가들의 방위산업 자립성 강화 등의 방향을 담고 있는데, 러시아의 위협에 맞서되 미국에 지나치게 의존적이지 않은 방위산업 기반 강화를 목적으로 하고 있다. 유럽 지역의 경우 우크라이나 전쟁의 여파로 대규모 방산 시장이 형성되고 있는데, 폴란드 등에 수출을 확대하고 있는 한국으로서는 독일, 프랑스 등 이 지역의 방산기업들과의 경쟁이 불가피한 측면이 존재한다. 역내 방산 동향을 더욱 치밀하게 분석하고 대응해야 하는 이유다.

지역적 무력 충돌의 종전 가능성도 향후 방산 시장의 규모에 영향을 미칠 것으로 전망된다. 이미 이스라엘과 하마스 및 헤즈볼라 간의 무력 충돌은 사실상 정전 상황으로 접어들었고, 우크라이나 전쟁 역시 정전협정 논의가 시작되고 있다. 이러한 주요 분쟁의 종식은 역내 방산 시장의 냉각을 가져올 가능성이 크다. 물론 아직 우크라이나 전쟁이 종료된 것이 아니고, 새롭게 부상하는 이스라엘과 이란 간 무력 충돌 가능성 등이 존재하기에 방산 시장의 축소를 전망하기에는 이르다. 그럼에도 향후 시장 규모의 변화가 예상되고, 전쟁의 승패를 좌우하는 무기체계가 변화하고 있기에 관련 동향을 파악하며 혁신을 지속해야 한다.

방산 수출 확대와 관련하여 가장 중요한 과제는 국내 방위산업의 체계적 육성이다. 이와 관련해서는 몇 가지 문제점이 제기된다. 첫째, 주요 방위산업에서 관찰되는 과잉 경쟁이다. 특정 무기체계의 해외 수주와 관련하여 국내 기업 간 지나친 경쟁으로 인해 제3국에 수주를 빼앗기는 상황을 목격한 바 있다. 이러한 과잉 경쟁은 궁극적으로 해외 시장에서 K-방산의 위상과 경쟁력을 해칠 수 있기에 정부나 민간 차원의 조율 노력이 필요하다.

둘째, 정부 금융지원이다. 방산 수출 경쟁이 치열해지며 각국은 적지 않은 금융지원을 제공한다. 이를 통해 구매국이 당장 대규모의 예산 지출 없이도 무기체계를 구매할 수 있도록 돕고 있다. 우리도 지난 수년간 그 기준을 높여나가고 있으나, 유럽 방산 선진국에 비하면 아직 부족하다. 따라서 국내 금융 및 환율 상황을 평가하며 방산 수출 확대를 위한 금융지원을 늘려나가야 한다.

셋째, 새로운 무기체계의 개발이다. 조선 분야, 자주포, 미사일 방어 분야에서 K-방산은 이미 경쟁력을 갖춘 상황이다. 하지만 항공우주, 드론, AI 등 신흥 첨단 무기체계 영역에서는 아직 가야 할 길이 멀다. 따라서 민관 협력을 통한 첨단기술 공동 개발 및 민간 이전, 그리고 민간 우수 기술의 국방 분야 적용을 촉진함으로써 지속 가능한 경쟁력을 확보해야 한다.

불확실한 국제정세로 인해 당분간 방산 시장은 활성화될 것이다. 글로벌 경쟁력을 갖추고 있는 K-방산을 우리의 새로운 성장동력으로 키워나가야 한다. 수출을 많이 하면 할수록 국제 공급망도 확대되어, 한반도 유사시 이를 다시 지원받고 활용할 수 있는 안보 역량 강화에도 큰 도움이 된다. 따라서 변화의 시기를 맞아 다시 한번 방산 수출 전략을 점검하고 발전 방향을 모색해야 한다. 트럼프 2기 행정부를 맞이하여 상호 윈-윈win-win할 수 있는 한미 공조 방안을 모색하고, 국제 분쟁 동향의 면밀한 분석을 통해 새로운 수출 시장을 개척해야 한다. 이 과정에서 끊임없이 국내 방위산업의 경쟁력을 강화할 수 있는 민관 협력과 정부 지원의 선순환을 구축해야 한다.

신범철 세종연구소

2 북핵

Q. 북한의 핵무기는
    얼마나 위험한가?

북한은 국제사회의 경고에도 불구하고 핵 개발을 지속하였으며, 그 결과 한국은 물론 전 세계를 위협할 수 있는 상당한 수준의 핵능력을 보유하게 되었다. 스톡홀름국제평화연구소SIPRI에 따르면, 북한은 2024년 기준 약 50기의 핵탄두를 보유하고 있으며, 최대 90기의 핵탄두를 조립할 수 있는 핵물질을 확보하고 있다.[8]

최근 북한의 핵능력 고도화와 관련해서 주목해야 할 부분은 본격적인 전술핵무기의 개발이다. 북한은 2021년 1월 노동당 8차 대회에서 전술핵무기 개발 사실을 공식화한 지 불과 2년 뒤인 2023년 소형 전술 핵탄두인 '화산-31'을 공개했다. 화산-31은 직

---

[8]   *SIPRI Yearbook, 2024: Armaments, Disarmament and International Security*

경이 약 50cm에 불과하지만, 10kt 수준의 폭발력을 가진 것으로 추정된다. 1945년 히로시마에 투하되어 약 14만 명의 사상자를 발생시킨 원자폭탄 "리틀 보이"(폭발력 15kt)에 약간 못 미치는 위력이다.

전술핵무기는 전략핵무기에 비해 폭발력이 낮다. 그러나, 폭발력이 낮기 때문에 실제 전장에서 사용될 가능성은 더 크다. 따라서 북한의 전술핵 강화는 핵무기의 실제 사용 가능성이 높아졌음을 시사하며, 이는 한반도와 국제사회의 안보에 매우 심각한 위협이다.

아울러, 북한은 핵탄두의 투발 수단을 다양화하고 있다. 기존의 탄도미사일 개발에 더해, 순항미사일·초대형 방사포·잠수함 발사탄도미사일SLBM·극초음속 미사일 등 다양한 투발 수단을 공개하거나 시험 발사하며 능력을 과시하고 있다. 이러한 움직임은 북한이 핵무기의 실전 활용 가능성을 높이고, 미국과 동맹국들의 미사일 방어망을 회피하거나 무력화하려는 전략적 의도로 해석된다. 특히, 이동식 발사대TEL와 잠수함을 활용하여 발사할 경우 북한 미사일에 대한 탐지 및 선제 타격이 더 어려워진다. 대륙간탄도미사일ICBM의 경우 화성-15형·화성-17형·화성-18형 등 세 가지 종류를 개발하였는데, 이 중에서도 화성-18형은 발사 전 별도의 연료 주입 과정이 필요하지 않은 고체연료를 사용하여 신속한 발사가 가능하다. 화성-17형은 여러 개의 핵탄두를 탑재할 수 있어 동시에 더 큰 위협을 가할 수 있다.

북한은 이렇게 고도화된 핵전력을 통해 한미에 대한 안보 위협 수위를 높이고 있다. 먼저, 미국을 실질적으로 위협하기 위해서는 미 본토를 공격할 수 있는 2차 타격 능력second strike capability을 갖춰야 하는데, 이를 위해 ICBM과 전략핵잠수함의 확보가 핵심이다. 그러나 ICBM의 경우 탄두 재진입 기술을 완벽하게 확보하지 못했고, 전략핵잠수함 역시 초기 개발 단계에 머물러 있어 북한이 아직 미국에 대한 2차 타격 능력을 완전히 갖추지는 못한 것으로 평가된다.

반면, 한국에 대한 안보 위협은 이미 심각한 수준에 이르렀다. 특히, 북한이 미국에는 큰 위협이 되지 않는 전술핵 전력을 대폭 강화하기로 한 배경에는 전술핵을 대남 위협 용도로 활용하려는 명확한 의도가 담겨 있다. 노동당 8차 대회에서 김정은 국무위원장은 초대형 방사포(KN-25)·신형 전술로켓(KN-23, KN-24)·중장거리 순항미사일(KN-27) 등을 "첨단핵전술무기"로 분류하였는데, 이들은 모두 단거리 미사일로서 대남 공격용으로 분류된다. 북한은 이미 이들 무기에 화산-31을 탑재할 수 있는 기술력을 확보한 것으로 알려졌다. 한국 전역이 북한의 전술핵 공격에 노출되어 있는 것이다.

이처럼 북한의 핵능력 고도화는 한국 안보에 심각한 도전을 제기하고 있다. 이에 대응하기 위해서는 군사적·외교적·경제적 차원을 포괄하는 종합적인 접근이 필수적이다. 먼저, 군사적으로는 독자적 억제력을 강화하여 다층 방어체계를 구축함으로써 북한의 핵 위협에 대비해야 한다. 기존의 한국형 3축 체계Kill Chain·KAMD·KMPR를 고도화하고, 미사일 방어체계와 정찰 능력을 확대하여 북한의 다양한 핵 투발 수단에 대응할 수 있는 능력을 확보해야 한다. 또한, 한미 확장억제 협력을 심화하고 핵추진잠수함과 같은 독자적인 전략자산 개발을 통해 대응력을 높여야 한다.

외교적으로는 한미동맹 강화는 물론, 일본과의 안보 협력을 포함한 3자 협력을 통해 대북 억지력을 강화해야 한다. 그러나 트럼프 2기의 출범으로 이러한 공조가 어려워질 가능성이 있다. 트럼프 대통령이 취임 직후 북한을 "nuclear power"라고 부르는 등 미국이 북한의 핵 보유를 사실상 인정하면서 동결이나 군축을 전제로 대북제재를 풀어주는, 이른바 '스몰딜small deal'에 합의할 것이라는 우려가 커지고 있는 상황이다. 북한의 핵능력을 기정사실로 하는 협상은 한국을 지속적인 안보 위협에 노출하는 최악의 시나리오이다. 한국은 이를 견제하기 위해 미국 및 일본과의 전략적 대화를 강화하고, 비핵화와 관련된 국제사회의 공조를 유지하는 데 주도적인 역할을 수행해야 한다.

마지막으로, 대북 제재를 철저히 이행하여 북한의 핵·미사일 개발에 필요한 자금과 물자의 유입을 차단하고, 불법 금융 활동 및 암호화폐 해킹에 대한 국제적 공조를 강화해야 한다.

백선우 국가안보전략연구원

Q. 북한 비핵화 전략에
변화가 필요한가?

트럼프 2기 북핵 문제의 미래가 불확실하다. 김정은 정권 등장 이후 북한은 핵 개발에 진력했다. 북한의 핵 질주에 오바마·바이든 행정부 12년 동안 미국 은 소위 '전략적 인내' 기조로 북한의 비핵화를 달성하고자 했다. 트럼프 1기 행정부는 역사적인 미북 정상회담 개최 등 과감한 협상전략으로 북핵 문제의 변화를 시도했다. 하지만 아쉽게도 지난 16년 동안 이러한 노력 모두가 북한을 비핵화로 견인하지 못했다. 2025년 현재 북한은 최소 핵무기 50기 이상을 보유한 불법적 핵 무장국이 되었으며, 미진한 핵 고도화 능력을 확보하기 위해 러시아와의 동맹을 강화하고 있다. 김정은 정권의 최종 목표는 국제사회로부터 사실상의 핵보유국 지위를 확보하는 것임은 두말할 나위 없다.

최근 북핵 문제 해법과 관련해 몇 가지 쟁점들이 부상하고 있다. 첫째, 미북 간 스몰딜small deal 성사 가능성이다. 트럼프 행정부가 요원한 CVID는 일단 제쳐두고 북한의 미국 본토 핵 위협을 낮추는 수준에서 핵 협상을 추진하는 것이다. 이는 시각에 따라 완전한 비핵화의 중간단계로 평가할 수도 있지만, 미국이 북한의 완전한 비핵화에서 동결 수준의 제한적 비핵화로 목표를 낮춘 것으로 해석될 수도 있다. 다만, 스몰딜 자체가 한국과 일본에 대한 미국의 확장억제에 대한 고질적인 불신을 제거하는 효과가 있다는 주장도 제기될 수 있다. 즉 미국이 LA와 뉴욕을 포기할 일이 없어질 것이므로, 미국이 유사시 북한을 핵 보복하는데 부담이 덜할 것이라는 반론도 있다.

두 번째 쟁점은 우리와 미국 등 국제사회가 불가능한 비핵화 대신 북핵 억제로 목표를 변경해야 한다는 주장과 관련되어 있다. 이는 북한의 핵 보유 결기가 강한 상황에서 대북 제재와 외교적 압박과 같은 비군사적 방법으로 북한을 비핵화시키는 것이 난망하다는 현실론을 반영한다. 따라서 강력한 군사적 억제 전략으로 북한의 핵 보유 효용을 강력히 거부하는 것이 단기적 안보에 도움이 될 뿐 아니라 나아가 북한이 스스로 핵을 단념할 수 있는 상황도 기대할 수 있다는 것이다. 다만 이러한 목표 전환으로 오히려 북한의 핵 보유를 묵인하는 부정적 효과가 발생할 수 있고, 우리와 국제사회가 비핵화를 사실상 포기했다는 인식의

문답으로 풀어 본 트럼프와 한반도

확산으로 대북 제재 협조 체계가 이완되는 부작용 또한 초래될 수 있다는 반론도 있다.

세 번째 쟁점은 우리도 핵무장을 해서 미래 남북한 핵 군축으로 한반도 비핵화를 달성할 수 있다는 주장이다. 이는 북한이 당장 비핵화를 받아들일 가능성이 극히 낮고 전술핵 등 우리에 대한 핵 위협 수준이 전례 없이 높아진 상황에서, 비핵화와 억제를 동시에 확보하기 위한 대안적 주장이다. 이는 미국이 제공하는 확장억제의 불완전함과 불신을 전제한다. 즉 이러한 주장은 불확실한 확장억제에 의존하기보다 일단 남북한이 '공포의 균형balance of terror'을 구축해 안보를 확보한 후, 추후 남북한이 핵 군축을 통해 한반도의 완전한 비핵화를 추진해야 한다는 것이다. 하지만 이 선택은 한미동맹의 균열과 국제사회로부터의 제재 감수라는 심각한 부작용이 수반될 수 있다. 아울러 인도-파키스탄 관계에서 확인할 수 있듯이, 공포의 균형 이후 핵 군축이 자연스럽게 연계되기 힘들다는 반론도 제기될 수 있다.

우리는 이러한 3가지 경로 모두에 대비하며 북핵 전략을 마련해야만 한다. 우리가 견지해야 하는 원칙은 다음과 같다. 첫째, 우리 정부는 기존 북한 비핵화 목표를 굳건히 견지해야만 한다. 트럼프 2기 행정부 기간 미북 간 다양한 대화가 전개될 가능성이 큰 만큼, 대화를 통한 북한 비핵화 추진 원칙을 당장 변경할 필요성은 낮다. 만약 우리 스스로가 대화를 통한 비핵화 희망을 버린다면 미북 대화에 우리 스스로 소외되는 부작용을 초래할 수 있다. 만약 한미와 국제사회가 북한의 완전한 비핵화 목표를 포기하지 않는다면, 우리 일각에서 우려하는 미북 간 스몰딜 혹은 동결 합의는 완전한 비핵화로 가는 중간 과정이 될 것이다.

둘째, 핵협의그룹NCG과 캠프 데이비드 정상회의 약속 등 한미 간 합의된 약속들이 진화되어야 한다. 트럼프 행정부는 아마도 바이든 행정부의 합의와 성과를 부인하거나 재조정하고자 할 것이다. 우리는 추가 동맹 관리 자원 투입을 감내하더라도 NCG 등 확장억제강화책이 트럼프의 정치적 자산으로 전환될 수 있도록 노력할 필요가 있다. 만약 미북 대화가 다시 실패하는 경우 트럼프 대통령이 강력한 대북 강압으로 대응할 가능성이 크다. 이러한 상황이 되면 트럼프는 우리가 비용을 부담하는 조건으로 NCG를 나토식 핵 공유 체제로 진화시키는 등 확장억제를 획기적으로 강화할 수도 있다. 즉 트럼프 2기에 전개될 정세 변동을 고려해 확장억제가 손상되지 않도록 일단 노력하고, 기회가 오면 대북 억제력의 획기적 강화에 주저하지 말아야 할 것이다.

셋째, 억제-비핵-통일의 연계전략을 구체화해야 한다. 억제를 북한의 완전한 비핵화를 대체하는 목표가 아닌 북한 비핵화를 위한 충분조건으로 상정하는 것이다. 강력한 억제는 북한 스스로가 핵 보유 필요성을 재검토하게 만드는 유일한 수단이다. 북한의 핵 보유를 막지 못하거나 남북한 모두 핵을 보유하는 상황 모두 우리 주도의 통일에 걸림돌이 될 수 있다. 국제사회가 우리 주도의 통일 주도 과정에서 북한의 핵무기 사용을 우려할 수 있고, 통일 한국이 핵을 포기하지 않을 것이라는 의심을 살 수 있기 때문이다. 따라서 억제를 통한 비핵화, 비핵화를 통한 평화 통일 전략을 적극적으로 연계하며 국제사회와의 연대를 강화할 필요가 있다.

정성윤 통일연구원

Q. 트럼프 2기 대북제재는 어디로?

최근 다자간 대북제재 체제는 중대한 전환점을 맞이하고 있다. 2024년 3월, 러시아의 거부권 행사로 인해 유엔 안보리 결의 1874호에 근거한 전문가 패널Panel of Experts, PoE의 활동이 종료되었다. 이는 2008년 이래 지속되어 온 유엔의 대북제재 모니터링 체제에 상당한 도전을 가져왔다. 게다가 미북대화에 대해 긍정적으로 보는 트럼프 대통령이 다시 취임한 것은 더욱 대북제재의 지속성에 대한 의구심을 자아낸다.

그런데도 국제사회는 유엔의 다자간 제재체제의 대안을 모색 중이다. 서로 이질적인 다수가 모인 현 유엔 중심의 체제는 효용성이 떨어지나 동시에 한 국가만의 독자 제재는 효율성이 떨어진다. 따라서 효용성과 효율성을 동시에 최적화하기 위한 유사입장

문답으로 풀어 본 트럼프와 한반도

국 간의 소다자 제재체제가 부상하고 있다. 이러한 구조적 변화는 국제관계의 역학구도 변화와 밀접하게 연관되어 있다.

유엔 제재체제가 당면한 가장 큰 도전은 미중 갈등의 심화와 러시아의 우크라이나 침공 이후 국제협력의 약화이다. 미국과 중국 및 러시아 간 갈등으로 인해 유엔을 통한 대북제재 강화는 현실적으로 기대하기 어려운 상황이다. 이에 대한 소다자적 대안으로 G7 중심의 체제 구축이나 확산방지구상PSI의 확대 등 다양한 방안이 검토되고 있다. 양자 협상을 선호하는 트럼프는 다자외교를 불신하나, 미국에 소다자 제재체제는 비용은 적고 효용성은 높으며, 북한의 대화를 끌어내는 지렛대 역할로서는 현재 유일하다.

게다가 트럼프 2기 외교안보팀은 전통적인 안보관을 갖춘 인물들로 구성되어 있다. 미 특전부대원 출신인 마이크 왈츠 국가안보보좌관은 미 하원의원으로 재직하면서 북한에 대해 초지일관 강경한 입장을 견지하였다. 이는 마르코 루비오 신임 국무장관도 마찬가지로 미 상원에서 북한에 대한 강경한 자세뿐만 아니라 동맹의 중요성을 누구보다도 강조한 바 있다.

따라서 트럼프 행정부의 대북정책은 최소한 제재 부문에 있어서는 바이든 행정부의 기조를 유지할 것으로 예상된다. 이는 사실 놀랍지 않은 게 현 대북제재체제는 트럼프 1기에서 완성되었기 때문이다. 트럼프 행정부는 한국을 비롯한 동맹에 대한 분담금 인상 등 경제정치적 압박과는 별개로 대북제재는 북한과의 협상 레버리지 차원에서 끝까지 유지할 것으로 예상된다. 트럼프 행정부는 '힘을 통한 평화'를 강조하고 동맹과의 협력에 대해 회의적인 것으로 여겨지나, 이는 어디까지나 비용 대 효과 차원에서 접근하기 때문이다.

이러한 맥락에서 최근 출범한 다국적 제재 모니터링팀Multilateral Sanctions Monitoring Team, MSMT은 변화하는 국제질서 속에서 대북제재의 실효성을 유지하기 위한 전략적 대응이다. 유엔의 대북제재 체제는 이원화된 구조로 되어 있다. 제재위원회(일명 '1718 제재위원회')가 제재 관련 논의와 제재대상 지정을 담당하며, 유엔 안보리 결의안 1874호가 창설한 전문가 패널은 제재 위반 사례 모니터링과 반기별 보고서 제출이라는 제한된 임무를 수행해 왔다. 즉, 유엔 제재체제는 제재 이행과 제재 감시 두 부분으로 나눠진 체제였다.

MSMT는 중국과 러시아를 제외한 11개국이 참여하는 미국 주도의 대안적 모니터링 체제로서, 러시아의 비토로 해체된 기존 유엔 전문가 패널의 기능을 대체하는 역할을 한다. 국제사회는 제재위원회('1718 제재위원회') 중심의 기존 유엔 체제를 유지하면서도, 기존 모니터링 기능('전문가 패널')을 유엔 외부로 이전함으로써 더욱 효과적인 감시체계를 구축하고자 한다.

트럼프에게 MSMT가 가진 또 다른 함의는 트럼프 2기에서 유엔의 위상이다. 비록 트럼프는 세계보건기구WHO를 탈퇴했지만 동시에 유엔 체제의 붕괴는 미국에는 고민이 될 수밖에 없다. 유엔 헌장과 유엔 안보리가 대표하는 유엔 체제는 국제법상 유일무이한 합법적인 국제기구이기 때문이다. 만약 미국이 유엔을 방기하면 중국과 러시아가 미국이 지금까지 독점해 왔던 국제기구의 주도권을 잡을 수 있다,

유엔 체제가 제공하는 합법성과 그 반대급부로 치러야 했던 비효용성이라는 비용 간의 상충 관계는 이전부터 계속됐다. 이전 미 행정부는 유엔이 주는 합법성을 위해 비효용적인 대북제재 체제를 감수했다. 그러나 트럼프는 한편으로 북한과의 대화에 대해 긍정적으로 반응하지만, 제재를 해제하겠다고 언급한 적은 없다.

트럼프 2기 행정부에서 아래 대북제재체제는 유엔 체제를 인정하고 여기에 동참할 것이다. 트럼프 1기 때 구축된 유엔 대북제재체제는 북한의 최대 무역대상국인 중국과 러시아를 겨냥하고 있음에도 불구하고 중국과 러시아는 이를 받아들인 바 있다. 이미 미국과 동맹국들에 유리하게 구성된 유엔 체제를 포기하기보다는 MSMT와 같은 소다자 협력 체제 확립을 통해 대북제재의 효용성을 증대하는 것이 미국이 선택하는 대북제재 전략이 될 것이다. 한국은 주요 유사입장국과 긴밀히 협력하여 앞으로 급변할 트럼프 행정부의 대북제재 변화에 대응해야 한다.

고명현 국가안보전략연구원

Q. 트럼프-김정은 정상회담은 핵군축으로 이어질까?

트럼프 2기 동안 한반도 안보의 핵심 도전은 북핵 문제가 될 것이다. 북한의 핵 능력과 위협이 역내 안보딜레마를 조장해 주변국 모두의 안보를 심각하게 저해할 것이기 때문이다. 북한의 핵 보유 결기가 완강한 상황에서 트럼프 행정부는 이러한 우울한 전망을 바꿀 수 있을까? 트럼프의 재등장을 계기로 국내외에서 미북 핵 협상 재개에 대한 다양한 전망이 제시되고 있다. 먼저 미북 간 협상 재개 자체도 쉽지 않고, 협상이 진행되어도 정치적 대화 수준에 그칠 것이라는 전망이 있다. 반면 미국의 전략과 의지에 따라 동결과 같은 제한적 비핵화, 즉 스몰딜 협상은 충분히 가능하며, 나아가 북한이 요구하는 핵군축 협상을 통한 타협도 배제할 수 없다는 전망도 있다. 엄밀히 말하면 동결이나 제한

문답으로 풀어 본 트럼프와 한반도

적 비핵화로 대표되는 스몰딜은 핵군축disarmament 협상과 구분된다. 북한이 주장하는 핵군축은 핵보유국 지위를 스스로 인정하는 상황에서, 혹은 공시적으로 인정받기 위한 과정이다. 미국이 추진할 수 있는 스몰딜은 북한을 NPT 체제 밖의 불법적 핵무장 세력으로 전제하고 북핵 위협을 줄이거나 차단하려는 군비통제arms control에 속한다. 따라서 향후 미북 핵 협상을 핵군축이라 통일해 무분별하게 지칭하는 것을 지양해야 한다.

아래 몇 가지 쟁점에 대한 평가를 통해 미북 핵 협상 가능성을 타진해 본다. 첫째, 트럼프 2기 미북 관계는 탐색 국면 → 협상 국면 → 강 대 강 국면과 같이 1기와는 역순으로 전개될 가능성이 유력하다. 당분간 미국이 산적한 대내외 현안으로 당장 북한 문제에 집중하기 힘들 것이고, 북한은 러시아와의 협력을 통해 핵기술 확보와 제재 무력화에 집중할 가능성이 크다. 하지만 레임덕 이전 큰 업적을 남기고자 하는 트럼프의 정치적 동기로 인해 트럼프 임기 중반을 전후해 미북 간 다양한 협상은 충분히 진행될 수 있다. 다만 트럼프 1기 때보다 타협 환경이 더 나빠 협상 성공 가능성은 크지 않으며, 트럼프는 결국 힘을 통해 북한의 의지와 행동을 바꾸려 노력할 것이다.

둘째, 트럼프와 김정은 간 정상회담은 개최될 수 있을까? 우선 트럼프 행정부가 한국의 국내정치적 사정을 고려해 한미 정상회담 이전에 미북 정상회담을 개최하지 않을 가능성이 크므로 최소한 2025년 상반기 미북 정상회담 개최는 어려울 것이다. 정상회담 개최의 출발점에 대한 양측 간 인식의 차이가 큰 점도 정상회담 조기 성사에 난관으로 작용할 것이다. 미국은 싱가폴 정상회담 합의를 전제로 미북 정상회담을 접근할 것인데, 북한의 완전한 비핵화 합의와 미국의 관심 사항인 전쟁포로, 전쟁실종자 관련 북한의 의무가 담겨 있기 때문이다. 북한은 자신의 능력과 지위가 2018년에 비해 달라졌다는 것을 이유로 더 큰 대가를 미국 측에 요구하며 정상회담을 리셋re-set 하려고 할 것이다.

셋째, 미북 정상회담을 통해 북한이 원하는 핵군축 타협이 성사될 것인가? 우선 트럼프 대통령은 북한의 태도가 변했다고 확신하지 못하는 상황에서 쉽게 북한과 핵 협상을 하지 않을 것이다. 북한은 과거의 실패를 거울삼아 트럼프 개인에 대한 과한 기대만으로 쉽사리 협상 재개를 선택하지 않을 것이다. 트럼프 행정부 차원에서도 군축을 쉽게 추진하지 못할 것이다. 트럼프 2기 행정부가 직면한 글로벌 안보 환경은 군축이나 군비통제가 아닌 오히려 군비증강에 더 친화적이다. 최근 중국이 대미 핵전력을 증강하고 있으며 러시아가 공세적 핵전략으로 전환하는 상황에서, 트럼프 행정부가 쉽사리 군축을 선택하기 어렵다. 설사 미북 간 군축 협상이 시작되더라도 미국이 북한이 원하는 핵보유국 지위를 인정할 가능성은 거의 없다. 미국은 실무 협상에서 지난 7년간 증강된 북한의 핵 능력에 대한 꼼꼼한 사찰을 요구할 것이다. 핵 동결을 위해 핵 능력을 정확히 파악해야 하기 때문이다. 하지만 북한이 이를 거부할 가능성이 커 오히려 과거보다 타협이 더 어려울 수 있다.

그렇다면 우리는 미북 간 정치적 변동 가능성에 어떠한 태도와 원칙으로 대비해야만 하는가? 첫째, 트럼프 2기 미북 및 한미 관계의 부정적 측면을 지나치게 우려할 필요가 없으며 침착하게 현안에 대응해야 한다. 북한의 군축론과 미국의 군비통제적 접근은 목표가 달라 타협의 여지가 거의 없다. 따라서 미북 대화를 지나치게 경계해 정부가 강력한 우려를 표명하는 것은 전략적으로 바람직하지 않다. 자칫 우리가 대화를 방해한다는 불필요한 오해를 자초하고, 핵 협상 결렬 시 미북이 실패의 책임을 우리에게 전가할 수 있다.

둘째, 2025년 북한이 한국의 정치적 상황을 주목하며, 적극적인 통미봉남 전략을 추진해 우리의 영향력을 배제하려고 할 수 있으므로 이에 대비해야 한다. 가장 중요한 것은 한미 정상회담 개최 이전에 트럼프 행정부가 북한과 정상회담을 추진하지 말도록 한미 관련 부처 간 합의를 해야 한다. 반면 트럼프는 적극적이나 북한이 미국과의 관계에 소극적으로 나서며 트럼프의 조바심을 자극하는 상황도 충분히 예상할 수 있다. 이 경우 트럼프가 북핵 문제를 전략적이 아닌 정치적으로 접근하며 핵 협상을 서두를 가능성도 전혀 없다고 단언할 수 없다. 따라서 만약 조기 미북 협상에 대비해 우리 정부는 아래 표의 내용과 같이 4가지 동맹 공조 원칙을 합의할 필요가 있다.

표) 미북 대화 도전요인 대비를 위한 한미 공조 강화 원칙

① 협상의 명칭, 형식, 내용에서 '군축'을 배제
② 한미 간 대화를 통한 북한의 완전한 비핵화 원칙을 재확인
③ '先 한미 공조, 後 미북 대화' 원칙을 합의
④ 우리 정부의 통일·대북정책과의 연계를 강화

정성윤 통일연구원

Q. 북한 비핵화 협상은
왜 어려운가?

1980년대 후반, 미국과 국제원자력기구IAEA는 북한 영변 핵시설에서 군사적 목적으로 전용할 수 있는 플루토늄 추출 가능성을 의심하기 시작했다. 1991년 말, 남북한은 한반도비핵화공동선언을 채택하여 핵무기의 시험, 제조, 생산 등을 금지하고 상호 사찰을 수용하자고 합의했지만, 구체적인 이행 절차에 대한 이견과 북한의 IAEA 사찰 거부 등으로 긴장이 재점화되면서 미국과 북한 간의 직접 협상이 필요하다는 인식이 커지게 됐다.

1993년에 북한이 IAEA 탈퇴를 선언하고, 핵연료봉 재처리를 강행하려 하면서 '1차 북핵 위기'가 발생했고, 당시 미국의 클린턴Clinton 행정부는 제재와 군사적 옵션까지 검토할 정도로 강경하게 대응했고, 한반도에서 실제 무력충돌 가능성도 제기되었다.

1994년 10월, 긴장 고조 국면에서 미국과 북한은 미북 관계정상화, 한반도 평화체제 구축, 경수로 건설 지원, 중유 제공 등을 골자로 한 '제네바 합의Agreed Framework'에 서명하였다. 그러나 2002년 후반 북한의 핵 프로그램 보유 선언으로 인해 '제네바 합의'는 사실상 파기되었고, 북핵 문제는 남북정상회담, 6자회담, 미북회담 등을 거쳤지만 합의와 파기를 반복하며 지금까지 교착상태에 빠져 있다.

북한은 2025년 현재 약 50개의 핵탄두를 보유하고 있는 것으로 알려져 있으며, 핵무기와 미사일 기술을 지속적으로 발전시켜 왔다. 2018년 이후 미북 정상회담 등 일련의 정치적 이벤트 및 협상이 있었으나, 2019년 하노이 회담 결렬 이후 실질적인 진전은 없었다. 특히, 북한은 2022년 9월, 핵무력 정책을 법제화하며 핵 선제사용 가능성을 명문화했다.

그렇다면 왜 이렇게 북한 비핵화 협상은 결과를 못 내는 것일까? 첫째, 비핵화의 정의와 범위가 다르기 때문으로 분석할 수 있다. 미국은 '완전하고 검증가능하며 불가역적인 비핵화CVID'를 요구하는 반면, 북한은 한반도 전체의 비핵화를 주장하며 미국의 핵우산 철수도 포함하고 있기 때문이다. 2018년 6월 싱가포르 미북정상회담에서 북한과 미국은 '완전한 비핵화'에 합의했으나, 구체적인 정의에 대해서는 합의하지 못했던 것도 서로가 인식하는 비핵화의 정의가 달라서이다.

둘째, 비핵화의 순서 문제이다. 북한은 단계적, 동시적 접근을 주장하는 반면, 미국은 상당한 비핵화 진전 이후 보상을 제공하려는 입장으로 볼 수 있다. 2019년 하노이 회담에서 북한은 영변 핵시설 폐기와 제재 해제를 교환하자고 제안했으나, 미국은 이를 거부했던 것에서 서로가 추구하는 순서와 접근법이 다름을 알 수 있다.

셋째, 북한은 핵무기를 체제 생존의 핵심 수단으로 인식하고 있기에, 비핵화의 대가로 체제 안전 보장을 요구하고 있다. 1994년 제네바 합의에서 미국은 북한에 대한 핵무기 사용 또는 위협을 하지 않겠다는 소극적 안전보장을 제공했지만, 이와 같은 제안은 김씨 일가의 지속적인 세습을 꾀하고 있는 북한 입장으로서는 성에 차지 않는 것이었다.

따라서 난관에 봉착한 북한 비핵화 협상 장애물을 걷어내기 위해서는 비핵화와 평화체제 구축을 동시에 추진하는 포괄적 접근이 필요하다. '동결-감축-제거'의 단계적 비핵화 로드맵을 수립하고, 단계별로 상응조치를 제시해야 한다. 예를 들어, 1단계에서 북한의 핵 활동 동결 및 IAEA 사찰 수용, 2단계에서 핵시설 불능화, 3단계에서 완전한 핵시설 폐기 등으로 이어지는 아이디어를 생각할 수 있다. 그리고 단계마다 제재 완화, 경제협력, 관계 정상화 등의 상응조치를 제공할 필요성이 있다. 결과는 상대적으로 미국이 원하는 대로, 과정은 상대적으로 북한이 원하는 대로 하는 로드맵 설계 수정이 필요한 시점이다.

또한, 대북제재를 통한 압박은 유지하되, 북한의 변화를 유도할 수 있는 관여 정책을 병행해야 한다. 2018년 평창올림픽을 계기로 발생한 스포츠 외교가 남북정상회담, 미북정상회담으로 이어졌던 것을 떠올릴 필요가 있다. 뿐만 아니라, 한미동맹을 기반으로 한 확장억제extended deterrence 능력을 강화하고, 한국의 자체 방어능력도 높여야 한다. 2022년 재개된 한미 연합군사훈련 '을지 프리덤 실드'는 북한의 도발을 억제하는 효과가 있었다고 볼 수 있기 때문이다.

1994년 제네바 합의로 처음 미북 양자 핵 협상이 성과를 낸 듯했으나, 이행 과정에서 불신이 증폭되어 결국 무산되었다. 이후 6자 회담, 미북회담에서도 9·19 공동성명, 2·13 합의, 2·29 합의 등이 도출되었으나 북한의 군사적 도발로 파기된 상황이다. 결국, 미북 간 핵협상은 장기간의 상호 불신, 제재, 안전보장, 핵포기 범위에 대한 이견 등이 복합적으로 작용하여 쉽게 타결되지 않고 있다. 과거의 교훈을 살려 단계적·포괄적 접근법을 구사해야 하며, 북한 체제안전 보장과 국제 핵확산 금지라는 두 목표 사이에서 구체적이고 상호 검증 가능한 이행 로드맵을 마련하는 것이 필수적이다.

무엇보다 북한을 핵보유국으로 인정하는 메시지를 분명히 보내기 위해서라면 결국 당근과 채찍 모두가 적절하게 사용해야 한

문답으로 풀어 본 트럼프와 한반도

다. 대화의 문을 열어놓되, 한미동맹(또는 한·미·일 3각 협력)을 통한 확장억제 공약의 실효성을 높여야 한다. 고강도 연합훈련, 전략자산 순환전개, 핵우산 공약 재확인 등을 통해 북한이 핵보유국 지위를 기정사실로 하여 군사적 우위를 확보하려는 시도를 차단해야 한다.

허재영 연세대

Q. 북핵 협상과 인권 문제는 연계되어야 하는가?

북한 문제를 다루는 한국과 미국, 국제사회의 주요 정책 목표는 크게 두 갈래로 나뉜다. 첫째는 북한의 핵·미사일 프로그램을 중단 혹은 폐기시키는 '비핵화 문제'이고, 둘째는 북한 주민의 열악한 생활환경과 탄압 실태에 직결된 '인권 문제'이다. 국제사회는 오랜 기간 북한 비핵화를 최우선 과제로 다뤄왔으며, 북한의 인권 문제 역시 지속적으로 제기되었으나, 실제 협상 과정에서는 핵 문제에 비해 상대적으로 부차적 이슈로 취급되어 온 것이 사실이다.

그러나 북한의 핵 능력이 고도화되고, 동시에 북한 내부 인권 유린이 심각한 수준이라는 보고가 이어지면서, "북한과의 협상에서 핵 문제와 인권 문제 중 어느 것을 우선해야 하는가?"에 대한 논쟁이 점차 격화되는 상황에 이르렀다. 유엔 북한인권조사위원회COI가 2014년 발표한 보고서를 비롯해, 여러 국제 NGO의 보고서들은 북한 내 정치범수용소 운영, 사상·표현의 자유 제약, 강제노동 및 고문 등을 계속해서 지적해 왔다.

유엔 총회는 2005년 이후 거의 매년 북한인권 결의안을 채택해 오고 있으며, 유엔 인권이사회UNHRC에서도 특별보고관 제도를 통해 북한 인권 상황을 모니터링하고 있지만, 북한 당국이 협조하지 않는 이상 실효적 변화를 끌어내기 쉽지 않다. 그러나 북한 인권 문제는 북한 체제의 본질적 특성과 직결되어 있어, 장기적 관점에서는 북한 내부 변화를 유도하는 핵심 지점이 될 수 있다는 시각도 중요해지고 있다.

북핵 문제와 인권 문제는 분리될 수 없고, 인권 문제를 외면한 채 비핵화만 추구한다면 장기적으로 북한 내부 변화나 평화체제 정착이 요원할 수 있다. 왜냐하면, 북한 정권이 주민 통제를 위해 폐쇄적 정책과 군사 우선 노선을 강화하고, 이를 위해 핵무기를 체제보장의 수단으로 삼는 측면이 크기 때문이다. 결국 인권과 체제 구조를 개선하지 않고는 핵 문제의 재발을 막기 어려울 것으로 보인다.

그동안 북한은 인권 문제를 내정간섭으로 간주하며 극도로 민감하게 반응해 왔다. 핵협상 과정에서 인권 문제가 제기될 경우, 협상을 보이콧하거나 강력히 대응할 가능성이 크다. 과거의 6자회담 또는 미북 협상은 핵·미사일 같은 안보 문제에 집중했으나, 향후 새로운 협상 테이블이 마련된다면 '인도적 지원 확대 → 핵 동결 → 인권 개선 조치 → 본격적 핵 폐기 → 제재 해제' 등 단계별 로드맵에서 인권 관련 지표를 일정 부분 포함할 수 있을 것이다.

이를 위해서는 유엔 안보리 대북 제재와 유엔 인권이사회의 대북 인권 결의, 특별보고관 활동이 서로 연계되어야 한다. 인권 침해가 '국제평화와 안보'의 문제와도 결부될 수 있다는 논리를 강화해, 중국과 러시아가 거부권 행사를 완화하도록 외교적 설득을 꾀해야 하지만 현재의 미중 갈등 국면에서는 쉽지 않은 과제이다. 한국, 미국, 일본은 삼각 협력을 통해 북한 인권 문제를 지속적으로 제기하면서도, 비핵화 협상이 열릴 경우에는 이들 국가가 경제협력을 패키지 형태로 제안할 수 있다.

북한 핵 협상과 북한 인권 문제는 상호 분리된 사안처럼 보이지만, 실제로는 긴밀하게 연결되어 있다. 국제사회가 북한을 압박해 핵을 포기시키려 할 때마다 북한은 이를 체제 생존 위협으로 인식하고 내부 통제를 강화해 왔고, 이에 따라 주민 인권이 더 위축되는 악순환이 반복되었다. 동시에 북한 정권이 국제사회로부터 체제보장을 받고 경제발전의 길을 택하지 않는 한, 인권 상황의 근본적 개선 역시 어려운 것이 현실이다.

"비핵화 협상에서는 인권 이슈를 자제해야 한다"라는 실용론과 "인권은 양보할 수 없는 보편적 가치이므로 반드시 의제화해야 한다"라는 원칙론의 대립을 넘어서 병행 접근으로 핵 및 인권 문제를 포괄적으로 다루는 전략이 구사될 필요가 있다. 구체적으로 대북 제재와 확장억제를 통해 비핵화의 동인을 유지하되, 협상 과정에서 인권 의제를 일정 정도 포함하고, 인도적 지원 및 정보 접근 등을 통해 북한 주민이 직접 체감할 수 있는 긍정적 여건을 점진적으로 확대해 나가는 방법이 있다.

물론 이 접근법은 중국, 러시아의 태도, 북한 당국의 협력 의지, 그리고 한국이나 미국 정부의 정치적 여건 등 복합적 변수에 따라 달라질 수 있다. 그러나 인권과 안보 모두를 중시하는 국제사회의 공통적 가치를 고려할 때, 북한 핵 협상 국면에서 인권 문제를 영원히 배제하거나 뒤로 미뤄두는 방식은 궁극적으로 한반도와 동북아의 안정적 평화를 위한 해법이 되기 어렵다. 국제사회와 한국 정부는 장기적이고 일관된 전략하에서, 북한 비핵화와 인권 개선이라는 두 개의 축을 균형 있게 추진해야 한다.

즉, 인권 문제를 비핵화 협상의 전제조건으로 삼지 않되, 협상 과정에서 지속적으로 제기하는 전략을 의미하는 것이다. 북한 인권 문제를 제기하는 것이 단기적으로는 협상을 어렵게 만들 수 있지만, 장기적으로는 북한의 근본적인 변화와 비핵화를 끌어내는 핵심 요소가 될 수 있다는 측면에서 인권과 비핵화 문제를 포괄적으로 다루는 전략적 접근이 필요한 시점이라 할 수 있다.

허재영 연세대

Q. 북핵 협상에서
일본의 역할은?

북한 핵문제는 한반도뿐만 아니라 동북아시아, 더 나아가 국제안보에 매우 중요한 영향을 끼치는 사안이다. 과거에 남북한, 미국, 일본, 중국, 러시아는 각자의 전략적 이해관계를 가지면서 북핵 문제 해결을 위한 협상에 참여하였다. 그동안 3자회담(남북한, 미국), 4자회담(남북한, 미국, 중국)처럼 일본이 직접적인 협상 당사자로 참여하지 않는 협상 논의도 존재하였고, 6자회담(남북한, 미국, 중국, 일본, 러시아)과 같이 일본이 직접적인 협상 당사자로 참여하는 협상 형태도 진행되었다.

일본은 6자회담이 결렬된 이후에는 북핵 문제에서 직접적인 협상 당사자 역할보다는 '당근과 채찍'의 역할, 즉 국제사회와 함께 참여하는 대북제재와 대북 외교 교섭 시도를 통해 간접적인 영향을 미치는 역할에 머물러왔다. 따라서 향후 북핵 협상 과정에서 일본을 효과적으로 견인하면서 보다 적극적인 역할을 하도록 유도하는 방안을 모색할 필요가 있다.

일본은 북한의 핵개발 및 탄도미사일 발사에 직접적인 위협인식을 느끼고 있다. 북한이 발사한 탄도미사일이 일본 영해에 떨어지는 등 일본 본토를 위협하는 사례가 증가하면서 일본에서는 미사일 방어를 위한 미일동맹 강화 및 자위대의 역할 확대 논의가 활발해지고 있다. 게다가 일본은 북핵 문제 해결을 통해 국제사회에서 자국의 외교적 영향력을 확대하려는 목표도 가지고 있다.

2025년 트럼프 대통령의 재등장 이후 북미 대화 재개 가능성이 언급되면서 일본은 트럼프 1기 당시와 마찬가지로 미국에 직접적인 위협이 되는 대륙간탄도미사일ICBM만 북미 간 협상 의제로 논의되고, 일본에 직접적 위협인 북한의 중거리 탄도미사일이 협상 의제에서 제외되는 상황을 원하지 않는다.

한편, 일본은 북한 비핵화 과정에서 일본인 납치자 문제 해결을 연계시키려는 입장을 갖고 있다. 과거 6자회담에서도 일본은 계속해서 일본인 납치자 문제 해결을 주장하였고 이러한 일본의 주장은 다른 협상 당사국의 공감을 얻지 못하면서 6자회담 진전의 한계 요인으로 지적되었다. 지금도 일본은 대북 교섭의 최대 현안인 납치자 문제 해결을 북한 비핵화와 연계시키면서 적극적으로 북핵 협상에 참여하려고 모색하고 있다.

이와 같은 일본의 북핵 문제 해결을 위한 입장을 고려해서 한국이 일본을 북핵 협상에 견인하기 위한 전략을 살펴보면 다음과 같다.

첫째, 6자회담과 같은 다자협의체에서 일본의 역할을 강화하고 미래 일본의 대북 경제적 지원을 활용할 수 있다. 북핵 협상 과정에서 과거에 3자, 4자회담 방식이 논의된 것도 일본의 역할을 중시하지 않은 과정에서 나온 것이었다. 따라서 향후 재개될 수도 있는 다자협의체에서 일본이 더욱 적극적으로 참여할 수 있는 역할을 부여해야 한다. 예를 들어 일본은 북핵 폐기 과정에서 핵 비확산 및 안전 문제와 관련해서 기술과 재정 지원을 제공할 수 있는 능력을 갖고 있으므로 이를 적극적으로 활용하는 방안을 모색해야 한다. 또한 일본을 포함해서 국제사회가 참여하는 형태의 대북 개발 기금을 조성해서 북한이 경제 보상 및 투자를 받을 수 있도록 유도할 수 있다.

둘째, 한미일 공조는 계속해서 강화 및 유지되어야 한다. 일본은 미일동맹을 중심축으로 하는 한미일 공조 내에서 북핵 문제 해결에 적극적으로 기여하는 방안을 모색하고 있다. 북한이 핵개발 야욕을 버리지 않고 있는 상황에서 일본이 대북 제재 유지 및 강화에 협력하고 북한의 사이버 공간을 활용한 불법 금융 활동을 차단하는 데 일본의 적극적인 역할을 요구할 수 있다.

셋째, 일본과 북한의 관계 개선을 통한 북핵 협상의 동력을 확보하는 것이며 이를 위한 한국의 적극적 역할이 필요하다. 한국은 중재 역할을 통해 일본이 북한과의 대화를 통해 비핵화 협상에 이바지할 수 있는 외교적 공간을 확대하는 데 기여할 수 있다. 이를 위해 한일 간 외교 채널을 상시로 강화할 필요가 있다. 일본은 언제든지 북미 대화 진전에 따라 독자적인 대북 협상에 나설 수 있기 때문에 북핵 문제와 관련해서 한국과 일본은 전략적 대화를 상시로 활성화해서 한국과 일본의 공통된 입장을 북핵 협상 과정에서 반영할 수 있도록 노력해야 한다.

그리고 한미일 3자 안보협력 강화가 북핵 문제 해결 과정에서 북한에 대한 강한 협상 카드로 작용할 수 있고, 이러한 과정에서 일본이 중요한 역할을 할 수 있도록 조정할 필요가 있다. 다자협의체에서도 한국과 일본이 공동으로 협력해서 미국, 중국과 같은 강대국이 일방적으로 협상을 진행하는 것을 어느 정도 견제해서 한일이 북핵 문제 해결에 더욱 주도적인 역할을 할 수 있는 협력 방안이 요구된다. 이러한 '중견국' 레벨에서의 한일 협력은 UN을 비롯한 국제기구에서도 한일이 공동으로 북핵 문제에 대한 논의를 주도할 수 있는 기회를 확대하며 일본이 적극적인 기여를 할 수 있는 외교적 공간을 제공한다.

일본은 북핵 문제 해결이 자국 안보와 한반도 및 동북아 지역에서 외교적 영향력 확대로 이어질 수 있다고 인식하고 있으므로 한국은 이러한 일본의 입장을 이해하면서 일본의 적극적인 북핵 협상 참여를 유도해야 한다. 북핵 협상 과정에서 일본의 참여를 확대하고 실질적인 기여를 유도하는 것이 한반도와 동북아 안정과 평화에 기여할 수 있음을 한국 내에서 공감대를 확산시키고 이와 동시에 한일이 이에 협력하는 외교 자세를 지속적으로 유지할 필요가 있다.

이기태 세종연구소

Q. 북핵이 여전히 중국에 중요한 이유는?

트럼프 대통령의 재집권은 미국 국내 정치뿐 아니라 국제사회에도 거대한 변화를 초래할 것으로 전망된다. 특히 트럼프 대통령은 취임 첫날에 북한을 "nuclear power"라 지칭하며 자신이 김정은 국무위원장과 좋은 관계였다고 언급했다. 이에 트럼프 2기에도 미국이 북한과 정상회담을 통한 북핵 문제의 해결을 다시 추진할 가능성이 제기되고 있다. 2025년 1월 28일 브라이언 휴스 백악관 국가안전보장회의 대변인은 "트럼프 대통령은 집권 1기 때 그랬었던 것처럼 북한의 완전한 비핵화complete denuclearization of North Korea를 추구할 것"이라고 밝혔다. 그렇지만 미국 조야에서는 이미 북한에 핵을 포기하게 하는 것은 사실상 불가능해진 것이 아니냐는 회의론이 대두되었다. 이에 한국에서는 트럼프 2기 행정부가 북한 비핵화가 아니라 북한의 핵 보유 묵인을 전제로 한 핵군축이나 동결과 같은 '스몰딜'을 추진할 가능성에 대해 강력한 의구심과 우려가 제기되었다. 그리고 트럼프 2기 동안 미국이 북한과 협상을 통해 북한의 핵 보유를 묵인할지 모르고 그 결과 미국과 북한의 관계 개선도 추진될 수 있다는 가능성은 한국과 중국이 북핵 문제를 다시 공동의 전략적 관심사로 인식하게 될 계기로 작용할 수 있다.

북핵 문제는 한국에 가장 심각한 안보 위협이며, 역대 한국 정부는 모두 북핵 문제 해결을 위해 나름의 방안을 제시하고 정책을 추진했다. 한편 중국도 북핵 문제에 대해서 "한반도의 비핵화"를 견지한다는 방식을 통해 북한의 핵 보유에 반대해 왔었다. 그런데 북핵 문제에 관한 입장에는 변화가 없다는 중국 정부의 공식 입장에도 불구하고 2018년 시진핑 주석과 김정은 국무위원장 간 정상회담을 기점으로 중국 정부는 그 이전과 달리 북핵 문제에 대해서 상당히 소극적인 태도를 보이기 시작했다. 이러한 변화를 감지할 수 있는 가장 명확한 근거는 중국 정부의 공식 문건과 외교부 대변인 발언에서 '북핵'이라는 단어를 거의 찾아볼 수 없게 되었다는 점이다.

90년대 이후 중국이 강조해 온 한반도 정책의 핵심은 "한반도 평화와 안정 유지, 한반도의 비핵화, 대화와 협상을 통한 문제 해결"이었다. 중국은 '북한 비핵화'라는 용어 대신 '한반도 비핵화'라는 표현을 고수하긴 했지만, 어쨌든 북한의 핵 보유에 반대한다는 입장을 견지했다. 또 중국은 상술한 공식 입장을 수십 년 동안 수없이 많은 정부 문서와 외교 당국자 발언을 통해 반복해서 강조했었다. 그렇지만 2018년 트럼프 대통령과 김정은 위원장 간 정상회담을 앞두고 미국과 북한 간의 관계가 개선될 수 있는 상황에 대한 선제적 조치로 중국은 북한과 급격한 관계 개선을 추진하는 것으로 대북정책을 전격적으로 변경했다. 또한 시진핑 주석은 김정은 국무위원장에게 직접 "3개의 불변三个不会变" 약속을 해주면서 중국의 북한에 대한 전략적인 지지는 확고하다는 것을 보장해 주었다.

중국이 실질적으로 대북정책을 변경한 후에도 한국은 중국과 정상회담과 각급 외교 채널 소통을 통해 북핵 문제 해결에 중국이 적극적인 역할을 해 달라고 계속 요청했다. 하지만 2018년 이후 중국은 외교부 공식 문서나 대변인 발언에서 '한반도 비핵화'나 '북핵'이라는 단어 자체를 사용하는 것도 꺼리고 있다. 그 이유를 중국 정부가 설명해 주지는 않았지만, 북중관계를 개선하고 북한에 대한 전략적인 지지를 확고히 하는 것으로 대북정책을 변경한 이후, 안정적 북중관계를 위해서는 이미 스스로 핵 보유국이라고 자처하는 북한이 극도로 싫어하는 핵 문제 관련 언급을 자제하려 했기 때문으로 해석할 수 있다.

그렇다면 중국은 왜 다시 북핵 문제를 전략적 관심사로 인식할 수밖에 없을 것인가? 중국이 2018년 대북정책을 변경한 핵심 원인은 북핵 문제가 미국과 북한 간 협상을 통해 해결될 경우 양국 관계도 개선되고 중국의 북한에 대한 영향력이 급격히 감소할 것을 우려했었기 때문이다. 그런데 재집권에 성공한 트럼프 대통령은 다시 북한과의 핵 협상에 나설 의지를 내비치고 있다. 물론 양국 간 핵 협상이 스몰딜에라도 성공할 가능성에 대해 여러 의견이 존재한다. 그렇지만 분명한 것은 만약에 미국과 북한 간 핵 협상이 타결될 경우에 이는 자연스럽게 양국 관계 개선으로 이어질 모멘텀을 제공할 것이다. 그리고 이는 2018년 이후 중국이 추진한 대북정책에 타격을 가할 것이고, 중국은 '핵을 보유하고 미국과 관계도 개선한 북한을 어떻게 다룰 것인지'라는 난제에 봉착하게 될 것을 의미한다. 따라서 트럼프 2기 미국이 다시 북한과의 핵 협상을 추진하는 것은 한국 안보에 심각한 영향을 줄 사안이면서 동시에 중국에도 동북아 지역 정세가 불리한 방향으로 변화될 수 있는 중대 사안이다.

북핵 문제가 제기된 후 한중 관계를 안정적으로 유지해 올 수 있었던 이유 중 하나는 북한의 핵 보유를 한중 양국 모두 반대한다는 공감대가 형성되어 있었고 중국이 북한에 대한 영향력을 발휘해 북핵 문제 해결에 도움이 될 수 있을 것이라는 한국의 기대가 있었기 때문이다. 그런데 2018년 중국의 대북정책 변경으로 인해 이 문제에서 한중 간 공동 목표에 균열이 발생했고 이는 한중 관계에도 영향을 주었다. 그렇지만 중국이 미국과 북한 간 핵 협상 타결 이후 조성될 북한과 미국 간 관계 개선을 우려해야 하는 상황이 다시 발생할 가능성이 제기되고 있다. 향후 한국의 대중 정책에서 이 점을 고려한다면 한중 간 전략적 접점을 찾는 데 있어 중요한 토대가 될 수도 있을 것이다.

김동찬 연세대

Q. 북한 비핵화는 어떻게 검증할 수 있나?

북한은 핵을 보유하고 있다. 50여 기로 추정하고 있지만 100기 이상을 보유했을 거라는 추측도 있다. 한번 핵을 보유한 나라가 핵을 포기하기는 쉽지 않은 일이다. 우크라이나가 핵을 포기한 전례가 있지만, 우크라이나는 자체적으로 핵을 생산하고 운영할 능력을 갖추고 있지 못했고 구소련이 배치한 핵무기가 저장되어 있었을 뿐이다. 자체 핵 개발 이후 핵을 포기한 국가는 남아프리카 공화국이 유일한데, 남아공은 4년간 핵 개발을 진행한 초기 상태였다. 남아공의 핵 검증은 21개월간 진행되었는데 핵물질 검증을 위해 운전기록과 신고생산량과의 관계를 검증했으며 신고시설, 의심 시설, 문건, 환경 시료, 인터뷰 등을 통해 검증 절차를 진행하였다. 해당 기간에 IAEA 사찰단과 핵무기 전문가가 115

회에 걸쳐 사찰을 진행한 것으로 보고되었다.

북한의 조기 비핵화 가능성은 작아지고 있다. 미 트럼프 대통령이 북한이 핵을 보유한 사실을 기정사실로 하는 듯 언급하며 대화를 원하고 있다. 그러나 국제사회가 북핵을 용인하는 일은 없을 것이다. 우리 또한 북한 비핵화 목표와 전략을 포기할 수는 없다. 북한 비핵화가 자발적, 혹은 비자발적 상황이나 환경에 의해서 진행될 때를 대비하여, 완전한 비핵화를 위해 필요한 과정과 절차를 점검해 놓는 일은 중요하다.

북한의 비핵화가 어려운 과정인 것은 검증의 범위가 매우 넓기 때문이다. 북한의 비핵화를 위해서는 기존에 알려진 핵 관련 시설과 의심 시설, 그 외 비밀리 핵 활동이 진행되었을 가능성이 있는 제반 시설에 대한 철저한 검증이 필요하다. 북한의 경우 전 지역에 걸쳐 광범위하게 활동이 전개되었을 것으로 예측되므로 북한 전역에 걸친 조사와 검증으로 이어져야 한다.

북한 비핵화 방식으로 논의되어 온 단계는 동결, 신고, 검증, 폐기이다. 첫 단계인 동결은 핵물질을 산출해 내는 시설과 핵무기 제작의 동결인데 이를 위해서는 영변 원자로 및 재처리시설 가동중단, 우라늄농축 중단, 보유하고 있는 핵물질 동결 등의 조치가 필요하다. 공개된 시설은 확인할 수 있지만, 그 이외 핵시설에 대해서는 선언에 의존할 수밖에 없다는 한계가 있다. 이러한 사항은 신고 및 검증 단계에서 확인되어야 한다.

둘째, 검증의 대상이 되는 모든 활동과 시설에 대해 관련 자료를 제출하게 된다. 보유한 핵물질의 종류와 양, 시설의 가동 이력과 위치 등을 모두 포함한다. 전반적인 시설과 물질에 대한 신고를 바탕으로 핵물질 반출과 핵 능력 불능화가 이루어질 수 있다. 그러나 정확한 핵시설과 핵무기 보유량을 파악하고 있지 않은 현 상황에서는 제출된 자료의 신뢰성에 대한 논란이 예상된다.

세 번째 단계로, 제출된 자료를 바탕으로 검사를 진행하게 된다. 문건을 바탕으로 시료 채취, 관련인 인터뷰를 폭넓게 진행하여 숨겨진 핵물질이 없는지, 신고가 정확한지 검증해야 한다. 플루토늄 재고량 검증을 위해서는 원자로 가동 이력, 폐기물량, 재처리 필요 화학물질 사용 이력 등의 검증이 필요하다. 우라늄 재고량과 관련해서는 투입 우라늄양, 생산량, 감손우라늄^{DU} 산출량, 제조 과정에서의 가스 손실 비율 등 이론적 계산과 시료 분석 등에 장기간이 소요될 것으로 예상된다. 이 과정에서 시설을 방문하여 핵물질과 관련된 장비 등을 직접 조사하게 되며, 이를 통해 시설의 구조 및 운영 상태, 핵물질 관리 상황 등을 확인한다. 검증 절차가 완료되고 제출한 서류상의 활동과 검증사항이 일치한다면 핵무기 및 핵물질에 대한 폐기와 반출 절차를 통해 비핵화가 이루어진다.

이 외에도 지속적인 감시를 위한 모니터링 준비가 필요하다. 북한이 핵 활동을 재개하거나 은닉하지 않게 하는 조치로써 핵 프로그램에 대한 지속적인 모니터링 시스템이 필요하다. 모니터링 시스템은 핵물질의 이동, 사용 및 생산 활동이 실시간 추적 가능해야 한다.

핵 검증 절차는 검증의 목적이 완전한 비핵화인지, 잠정적인 중단인지에 따라 범위와 방식, 기간이 달라질 수 있다. 따라서 검증의 목표와 범위에 대한 명확한 합의가 선행되어야 북한의 일방적인 비핵화를 회피하려는 전략에 말려들지 않을 것이다. 북한은 비핵화 혹은 핵 폐기에 합의하는 척하다가도 검증 절차나 범위에 대한 이견을 이유로 검증을 막으며 합의를 파기해 왔다.

트럼프 대통령의 북한과의 대화 의지 때문에 북한 비핵화가 일부 동결에 그칠 것이라는 우려가 크다. 그러나 궁극적으로 북핵 폐기가 목표라면 전반적인 핵 활동을 검증하는 것 외에 다른 방법은 없을 것으로 보인다. ①핵 활동 중단, ②일부 핵시설 폐쇄, ③현존 핵무기 제거, ④핵 개발 능력 폐기 등 다양하게 논의가 전개될 수 있지만 완전한 비핵화를 최종 목표로 두고 로드맵을 작동하지 않는다면 일부 핵시설 폐쇄 및 동결만으로는 실질적인 핵 활동을 검증하는 것이 불가능하기 때문이다.

수십 기의 핵무기를 보유하고 광범위한 핵 활동을 지속해 온 북한의 비핵화와 검증은 매우 복잡하고 장기간의 시간이 소요될 것이다. 비핵화 검증은 신뢰를 바탕으로 상호 협력적으로 진행될 때 의미가 있다. 시설과 물질뿐 아니라 기술, 정보, 인력에 대한 비핵화 조치도 필요하다. 우리나라는 북한 비핵화 과정에서 핵무기에 대한 접근이 허용되지 않을 것이므로 그 이외의 검증에서 어떤 역할을 수행할 것인지에 대한 전략과 대비가 필요하다.

박지영 경제사회연구원

Q. 북한은 7차 핵실험을 할 것인가?

    2022년 북한이 풍계리 핵실험장을 복구한 정황이 포착되면서 제7차 핵실험이 임박했다는 관측이 제기되었다. 그러나, 갱도가 복원된 지 2년이 지난 2025년 1월 현재까지도 북한은 일곱 번째 핵실험을 실시하지 않고 있다. 이에 대해 일각에서는 북한의 핵능력이 상당히 고도화되어 더 이상의 핵실험이 필요하지 않을 것이라는 분석이 나오고 있다. 과연 그러한가?

    북한은 그간 여섯 차례의 핵실험을 통해 다양한 종류와 규모의 핵탄두를 시험했다. 북한의 주장에 따르면, 1~3차 및 5차 실험에서는 원자탄을, 4차와 6차 실험에서는 수소탄을 시험했다고 한다. 원자탄에 비해 수소탄은 훨씬 더 강력한 폭발력을 가지며, 고도의 기술이 요구된다. 한국 국방부는 수소탄 실험으로 알려진 6차 핵실험의 폭발력을 역대 최고 수준인 50kt으로 추정하였는데, 이는 히로시마에 투하된 원자폭탄(15kt)의 세 배 이상에 달하는 수준이다.

그러나 국제사회는 북한이 아직 수소탄 실험에 필요한 핵융합 기술을 완전히 확보하지 못했을 가능성이 높다고 보고 있다. 미국과학자연맹FAS은 4차 핵실험에서 관측된 인공지진 규모(4.8)가 상대적으로 낮은 점을 근거로 북한이 실제로는 원자탄을 실험했을 가능성을 제기했다. 또한, 미국 전략국제문제연구소CSIS는 6차 핵실험의 폭발력을 100~150kt으로 높게 추정하면서도 이 정도의 폭발력은 고성능 원자탄 실험에서도 관측될 수 있는 수준이라고 평가했다.

여섯 차례의 핵실험을 종합적으로 검토할 때, 북한이 수소탄 기술의 완성을 위해 일곱 번째 핵실험을 강행할 가능성은 여전히 크다. 핵보유국들의 전례를 보면 수소탄 개발에는 최소 3~5차례의 핵실험이 필요하다. 스톡홀름국제평화연구소SIPRI는 북한이 6차 핵실험을 통해 핵융합 기술을 어느 정도 확보했을 것으로 평가하면서도, 완전한 수소탄 개발을 위해서는 추가 실험이 불가피하다고 전망했다.

북한이 최근 전술핵 전력 강화를 목표로 하고 있다는 점 역시 추가 핵실험 가능성을 높이는 요인이다. 북한은 2021년 1월 노동당 8차 대회에서 전술핵무기 개발 계획을 공식화했으며,

2023년에는 소형 전술핵탄두 '화산-31'을 공개했다. 화산-31은 직경 약 50cm로 다양한 미사일에 탑재가 가능하지만, 북한이 최근 개발에 열을 올리고 있는 잠수함발사탄도미사일SLBM, 신형 전술미사일, 또는 극초음속 미사일에 장착하려면 직경 30~40cm 수준까지 소형화가 이루어져야 한다.

　그렇다면 북한은 언제 7차 핵실험을 감행할 것인가? 결론부터 이야기하자면, 당분간은 실시하지 않을 가능성이 크다. 그 이유는 최근 출범한 트럼프 2기가 북한에 적극적으로 협상 의사를 표시하며 지속적인 러브콜을 보내고 있기 때문이다. 트럼프 대통령은 북한을 공개적으로 "nuclear power"로 칭하며, 세 번째 미북 정상회담에 대해 긍정적인 입장을 여러 차례 표명했다. 이러한 상황에서 북한이 7차 핵실험을 단행할 경우, 미북 간 대화의 분위기가 급속히 냉각될 가능성이 크다. 핵실험은 국제사회와의 대립을 심화시킬 뿐만 아니라, 미국과의 협상에서 유리한 위치를 차지하려는 북한의 전략에도 부정적인 영향을 미칠 수 있다. 따라서 북한은 현시점에서 핵실험을 감행하기보다는 미국의 행보를 지켜보며 대화와 협상의 여지를 탐색하는 데 더 집중할 것으로 보인다.

　당분간 7차 핵실험의 가능성이 낮다고 하더라도, 우리 정부는 장기적으로 북한의 추가 핵실험 가능성과 이로 인한 북핵 능력 고도화에 대해 대비해야 한다. 우선, 미국의 확장억제extended deterrence를 제도적으로 강화할 방안을 마련하는 것이 중요하다. 트럼프 2기는 동맹 방위에 대해 회의적인 태도를 보이고 있기에 확장억제 강화를 이루는 데 도전이 따를 것으로 예상된다. 그러나 북한의 핵도발이 한반도와 인도·태평양 지역 안보에 심각한 위협을 가하고, 이는 궁극적으로 미국의 전략적 이해관계에도 부정적인 영향을 미친다는 점을 강조함으로써 동맹 차원의 공조를 설득할 필요가 있다. 이를 위해 미국이 한미동맹을 통해 얻는 안보적·경제적·정치적 이익을 지속적으로 부각해야 한다. 또한, 한미동맹을 통해 역내 미국의 전략적 영향력을 강화할 수 있음을 설득하고, 북한의 핵 도발을 억지하는 것이 미국의 장기적인 이익에도 부합한다는 점을 명확히 해야 한다.

한미 미사일 방어체계MD의 강화 역시 필수적이다. 북한이 최근 시험 발사에 주력하고 있는 신형 전술로켓(KN-23, KN-24)과 초대형 방사포(KN-25) 등은 고도 30~40km의 저고도로 비행하기 때문에 한미가 보유하고 있는 사드THAAD나 패트리엇(PAC-3) 체계로는 탐지와 요격이 어렵다. 이를 보완하기 위해 다층 방어망 구축이 필요하며, 특히 중·저고도 미사일 격추가 가능한 새로운 요격체계 개발과 레이더 탐지 자산의 확충이 시급하다. 또한, 미사일 방어체계의 통합 운용을 위해 한미동맹 내 협력 구조를 강화하고, 최신 기술을 활용한 대응책을 지속적으로 연구·개발해야 한다.

마지막으로, 국제사회의 공조를 적극적으로 주도해야 한다. 주요 국가들과의 협력을 통해 북한이 핵실험을 감행할 시 큰 정치적·경제적 대가를 치를 것임을 분명하게 인식시키는 방안을 함께 마련해야 한다.

백선우 국가안보전략연구원

Q. 중러의 핵전략 변화가 한국에 미치는 영향은?

최근 중국과 러시아가 핵전력을 대폭 강화하고 있다. 먼저, 중국은 핵탄두의 숫자를 급격히 늘리고 있다. 중국은 오랜 기간 200여 기의 핵탄두를 유지하였으나, 2020년대에 들어서 본격적으로 보유량을 늘려 현재 500여 기에 달하는 핵탄두를 보유한 것으로 추정된다.[9] 이는 러시아와 미국에 이어 세 번째로 많은 양이다. 핵탄두뿐만 아니라 이를 운반할 수 있는 다양한 투발 수단도 강화하고 있다. 발사 준비 시간을 크게 단축할 수 있는 고체 연료 기반의 대륙간탄도미사일ICBM의 배치를 확대하고 있고, 미국 본토 타격이 가능한 잠수함발사탄도미사일SLBM인 쥐랑(JL-3)

---

9   Hans M. Kristensen, Matt Korda, Eliana Johns, and Mackenzie Knight, 2024, "Chinese Nuclear Weapons, 2024," Bulletin of the Atomic Scientists, 80(1): 49-72).

개발에 성공하였다. 대형 아음속 스텔스 전략폭격기인 H-20도 2025년 내 실전 배치할 예정이다.

러시아 또한 핵전력 현대화에 속도를 내고 있다. 특히, 아방가르드^Avangard와 같은 극초음속 무기나 부레베스트닉^Burevestnik과 같은 핵추진 순항미사일 등 기존 미사일 방어체계를 무력화할 수 있는 첨단 전략무기 개발에 주력하고 있다. 이외에도 메가톤급 핵탄두를 15개까지 탑재할 수 있는 신형 ICBM인 사르맛^Sarmat을 실전 배치하고, 해상 기반 극초음속 미사일인 지르콘^Zircon의 대량 생산에 나섰다.

중국과 러시아의 핵전력 증강이 우려되는 이유는 이들 국가가 강화된 핵전력을 기반으로 공세적인 핵전략을 채택할 가능성이 있기 때문이다. 여기서 '공세적'이라는 것은 핵무기의 실제 사용 가능성이 높아져, 핵무기 사용의 문턱^nuclear threshold이 낮아지는 상황을 의미한다. 이러한 공세적 핵전략은 단순히 방어와 억지의 수준을 넘어 국제사회에서 정치적·군사적 영향력을 확대하려는 의도를 내포할 수 있다. 특히, 이들 국가가 기존의 방어적인 핵태세를 넘어 선제적 위협이나 강압적인 협상 수단으로 핵전력을 활용할 경우, 주변국과의 갈등이 심화하고 국제 안보 환경이 한층 더 불안정해질 가능성이 크다.

중국과 러시아의 공세적 핵전략이 한국 안보에 미치는 구체적인 도전 요인은 다음과 같다. 첫째, 한국에 대한 미국의 확장억제 신뢰성이 약화할 우려가 있다. 특히, 더욱 강력한 '미국 우선주의 America First'로 돌아온 트럼프 2기에서 이러한 우려가 더욱 심화될 전망이다. 트럼프 대통령은 동맹국들이 "자국의 안보를 스스로 책임져야 한다"라는 입장을 여러 차례 강조하며, 방위비분담금 문제를 강하게 제기한 바 있다. 이러한 상황에서 중국과 러시아가 공세적인 핵전략을 통해 역내에서 미국의 개입 의지를 시험한다면, 과연 미국이 실효적인 확장억제를 제공할 수 있을지에 대한 의문이 제기될 것이다. 이는 한국의 안보 전략에 중대한 도전 요인이 아닐 수 없다.

둘째, 중국과 러시아의 공세적 핵전략은 역내 군사적 긴장을 심화시킬 가능성이 크다. 중국은 대만 문제를 비롯해 영토적·군사적 분쟁에서 더욱 공격적인 태도를 취할 가능성이 있다. 러시아는 장기화되고 있는 러시아-우크라이나 전쟁을 종식하기 위해 전술핵무기 사용을 고려할 여지가 있다. 이와 같은 상황은 단순히 특정 지역에 국한된 문제가 아니라 글로벌 안보 환경에 전방위적인 영향을 미치기 때문에 한국도 직간접적으로나마 안보 불안의 여파를 피할 수 없을 전망이다.

셋째, 역내 군비경쟁이 촉발될 수 있다. 중국과 러시아의 핵전력 증강은 주변국에 안보 불안을 야기해 각국이 방위력을 증강하려는 압박을 느낄 수 있다. 일본은 이미 미일 동맹의 틀 안에서 군사적 역할을 확대하고 있으며, 대만 역시 자체 방위력 강화를 위한 노력을 배가하고 있다. 호주 또한 핵추진잠수함 도입 등 방위력을 증강하고 있다. 이러한 움직임이 확산될 경우, 일부 국가들이 핵무장과 같은 극단적인 선택을 고려할 가능성도 완전히 배제할 수 없다.

이러한 도전에 대응하기 위해 한국은 다음과 같은 전략적 준비가 필요하다. 우선, 확장억제의 범위를 확대하는 것이 중요하다. 한미 간 협의를 통해 북한뿐만 아니라 중국과 러시아로부터의 핵위협에도 효과적으로 대응할 수 있는 공동 전략을 수립해야 한다. 물론, 동맹국 방위에 회의적인 트럼프 2기에서는 이러한 목표를 달성하기가 더욱 어려울 것으로 예상된다. 따라서 트럼프 2기의 거래적transactional 성향을 고려해 경제적 이익과 군사적 공조를 연계하는 현실적인 접근으로 전환해야 한다. 특히, 트럼프가 직접 언급한 조선업 분야에서의 한국의 역할과 기여를 강조하고, 이를 기반으로 한국에 대한 확장억제 확대를 요구하는 전략적 협상으로 이어가야 한다.

다음으로, 한국의 자체적인 방위역량을 강화해야 한다. 미국의 정권 변화에 영향을 받지 않는 한국의 독립적인 억지력을 확보하는 것은 한국 안보에 필수적이다. 한국형 미사일 방어체계 KAMD와 킬체인Kill Chain 능력을 고도화하는 데 있어 북한뿐만 아니라 중러의 핵위협에 대응할 수 있는 다층 방어체계를 마련하고, 핵심기술 개발과 전략자산 확보를 통해 한국의 방위역량을 한층 강화해야 한다.

마지막으로, 역내 안보협력 체제를 확대하는 방안을 고려할 필요가 있다. 특히, 일본과 호주처럼 유사한 안보 도전에 직면한 국가들과의 다자협력을 강화함으로써, 중국과 러시아의 공세적 전략에 대응하고 미국의 역내 개입 축소 가능성에 대비하는 공동 대응 방안을 모색해야 한다.

백선우 **국가안보전략연구원**

3 글로벌 안보 현안

Q. 러시아-우크라이나 전쟁은 어떻게 될까?

2022년 2월 24일 러시아가 우크라이나를 침공한 지 3년이 흘렀다. 안타깝게도 전쟁은 여전히 진행 중이다. 장기화한 전쟁은 러시아와 우크라이나 양측에 지울 수 없는 피해를 남겼다. 전쟁 발발 이후 우크라이나는 2025년 현재까지 약 5,200억 달러의 경제적 손실을 입은 것으로 추산된다. 세계은행에 따르면 전후 재건에는 향후 10년간 약 4,860억 달러가 필요할 것으로 전망된다. 러시아의 경우, 재정 적자는 GDP의 1.7%에 달하며, 기준금리는 21%로 소련 붕괴 이후 최고 수준을 유지하고 있다. 인적 피해 또한 막대하다. 전쟁으로 인한 전체 사상자는 100만 명을 넘어섰으며, 이는 제2차 세계대전 이후 유럽 내에서 가장 큰 인적 피해를 초래한 분쟁으로 기록되고 있다.

러시아와 우크라이나 양측 모두 분명한 승전의 청사진이 부재한 상황에서 인적·물적 피해와 전쟁 수행을 위한 재정적 부담이 가중되는 딜레마에 직면해 있다. 양국 모두 현실적으로 피해를 최소화하며 전쟁을 멈출 수 있는 방법을 고심하지 않을 수 없는 상황이다. 전쟁이 어떻게 끝날 수 있을지 단서를 찾기 위해서는 전쟁이 어떻게 시작되었는지 복기해 보는 것이 필요하다. 전쟁의 배경을 논함에 있어서 많은 해석이 존재하지만, 표면적으로 푸틴의 우크라이나 침공 결정에 앞세운 명분은 우크라이나 내 친서방 성향의 정부 교체와 극우 민족주의 세력 제거였다. 러시아는 우크라이나의 친서방 정책과 나토 가입 시도를 러시아의 안보 위협으로 간주해 왔고, "특별 군사작전"을 선언하며 수도 키이우를 포함한 주요 도시에 대한 침공을 감행했다.

　　전쟁의 양상을 살펴보면, 러시아-우크라이나 전쟁(러우전쟁)이 몇 가지 혼합적 특징을 지닌다는 것을 알 수 있다. 국가 간 정규군이 투입되는 전면전의 양상이 명확하다는 측면에서 '국제전'의 특징을 보이면서도, 외부로부터의 대규모 군사 지원과 개입이 지속된다는 측면에서 '대리전'의 성격도 강하게 나타난다. 전쟁의 배후에는 주요 강대국이 직·간접적으로 군사 개입을 하면서 패권적 지위 확보를 위한 치열한 경쟁을 펼쳐왔다. 또한, 러우전쟁은 '민주주의'와 '권위주의', '규칙 기반 질서'와 '수정주의' 간의 대립 구도를 형성하며 국제사회의 진영 간 대결 양상을 보여왔다.

다시 말해, 전쟁의 주요 전장은 러시아와 우크라이나 영토이지만, 실제로는 다수의 국가가 직·간접적으로 개입하고 있으며, 따라서 전쟁의 종식 여부는 이들 배후 강대국의 군사 및 경제적 지원 지속성과 국제사회의 지지로 크게 좌우될 것임을 의미한다.

국제적 여론은 어떻게 변했는가? 전쟁 초기 서방의 러시아에 대항한 우크라이나 지원 여론은 매우 우호적이었다. 그러나 장기화한 전쟁은 전쟁을 수행하고 있는 양국뿐만 아니라 전쟁을 직·간접적으로 지원하는 국가들의 전쟁 피로감을 높였고, 국제사회의 여론에도 변화를 야기했다. 예를 들어, 갤럽 조사에 따르면 전쟁이 막 시작되었던 2022년 봄 미국인의 약 70%가 우크라이나 영토 회복을 지원해야 한다고 답했다. 하지만 2024년 말 조사에서는 미국 국민의 조기 종전에 대한 전반적 선호도가 크게 상승한 것으로 나타났다. 유럽의 경우도 현재의 군사적 지원 수준을 늘려야 한다는 의견은 국가별로 10~30% 사이로 낮은 지지를 얻고 있는 것으로 나타났다. 그렇다면, 서방의 전쟁 지원은 지속 가능한가? 유럽은 러시아로부터의 위협에 직접적으로 노출되어 우크라이나에 대한 일관된 지지를 보여왔다. 하지만 둔화된 경제성장, 중국과의 제조업 경쟁, 에너지 수급 불안정, 방위산업 약화, 경제 동력 상실 등의 과제를 마주한 상황에서 유럽은 전쟁 지원에 한계를 드러내며 여전히 미국에 대한 높은 수준의 안보 의존도를 보여주고 있다. 반면, 미국은 우크라이나 전쟁 지원에 가장 핵심적인 기여 국가로 역할을 해왔다. 그러나 2024년 미국 대선과 지도자 교체는 전쟁의 상황을 변화시킬 핵심 변수로 떠올랐다.

트럼프의 재집권으로 러우전쟁에 대한 접근 방식이 크게 변화할 가능성이 높다. 트럼프 2기는 전쟁 종식을 위한 접근법은 기존 정부와 극명한 차이를 보인다. 바이든 행정부가 장기적인 군사·경제 지원을 유지하면서 우크라이나가 유리한 상황에서 종전 국면을 조성하는 전략을 추진했던 반면, 트럼프는 대우크라이나 지원을 신속히 재검토 및 축소할 것으로 보인다. 트럼프 2기는 외교적 해법을 통한 신속한 종전에 초점을 맞추어 우크라이나의 영토 양보 조건을 실무적으로 검토하고 있는 것으로 알려졌다.[10] 전쟁 승리에 대한 회의감이 커지는 가운데, 미국을 비롯한 국제사회는 러우전쟁을 바라보는 시각을 점점 현실주의적으로 전환하고 있으며, 각국의 국익을 우선하는 대외정책이 냉혹한 국제정치의 본질을 다시금 드러내고 있다. 전쟁이 언제, 어떤 방식으로 종결될지는 여전히 불확실하지만, 그 과정에서 강대국의 외교적 계산과 국제질서의 재편이 중요한 변수로 작용할 것은 분명해 보인다. 이러한 변화 속에서 우리는 러우전쟁 종결을 둘러싼 강대국들의 전략과 국제정세 변화를 면밀히 분석하고, 여전히 분쟁이

---

10 이성원. 2025. "트럼프 행정부 2기 출범에 따른 유럽의 과제와 대응." In 트럼프 2기 행정부 출범과 미국의 대외정책 전망, 세종정책총서 2024-02, pp. 169-200. 세종연구소. 인용

종결되지 않은 한반도에 미칠 시사점과 파급 효과를 깊이 고찰할 필요가 있을 것이다.

이성원 세종연구소

Q. 기후변화는 안보 위기인가?

 기후변화는 더 이상 먼 미래의 일이 아닌 현실이다. 세계기상기구WMO에 따르면, 2024년은 역대 가장 더운 해로 평가받는다. 1월부터 9월까지 전 세계 평균 기온은 산업화 이전 대비 1.54℃ 상승했으며, 16개월 연속 기록적인 더위가 이어졌다.[11] 이는 파리기후변화협약의 "지구 평균 기온 상승 폭 1.5℃ 이내 제한" 목표를 일시적으로 초과한 수치다. 온실가스 농도도 계속 증가해 2023년 이산화탄소 농도는 산업화 이전보다 51% 높은 420ppm을 기록했다. 해수면도 지난 10년간 연평균 4.77mm씩 상승했다. 이로 인한 폭염, 폭우, 홍수, 가뭄 같은 극단적 기후 현상은 인명

---

11   World Meteorological Organization (WMO). 2024. "State of the Climate 2024." page 1.

피해와 경제적 손실을 늘리고 있으며, 식량 부족, 경제 불평등, 기후난민 같은 심각한 문제를 야기하고 있다.

세계 각국은 이러한 위기에 대응해 온실가스 감축과 탄소중립 정책을 추진하고 있다. 우리나라도 2030년까지 온실가스 배출량을 2018년 대비 40% 줄이고, 2050년까지 순 배출량을 0으로 만들겠다는 계획을 세웠다. 하지만 저탄소 사회로의 전환이 사회적 갈등을 초래하기도 한다. 산업구조와 에너지 정책이 바뀌면서 경제적 이익과 부담이 달라지고, 이에 따라 다양한 이해관계가 충돌할 수 있기 때문이다. 실제로, 2018년 프랑스에서는 정부가 탄소 배출을 줄이기 위해 유류세를 인상하자 시민들이 강하게 반발했다. 파리에서 대규모 시위와 폭력 사태가 발생하면서 결국 정부는 유류세 인상을 철회할 수밖에 없었다.

이처럼 기후변화 대응 정책은 단순한 환경 보호를 넘어, 경제·사회적 갈등을 불러올 수 있다. 연구에 따르면, 탄소 감축을 위한 세금 정책이나 산업구조 개편이 경제성장을 둔화시키거나 물가 상승, 소득 불평등 심화로 이어질 수 있다. 이러한 갈등은 몇 가지 특징이 있다. 정부, 기업, 노동자, 시민사회, 지역 주민 등 다양한 이해관계자가 얽혀 있고, 기존의 경제적 불평등이나 지역갈등과 맞물려 심화될 수 있으며, 지역적 특성에 따라 다르게 나타난다. 예를 들어, 풍력이나 태양광 발전소가 세워지는 지역에서는 주민들이 반발하는 경우가 많고, 산업구조가 바뀌면서 특정 지역의 경제에 악영향을 미칠 수도 있다.

기후변화는 국가 간 분쟁과 내전의 원인이 되기도 한다. 가뭄이나 홍수로 인한 농업 생산량 감소는 물과 식량 확보 경쟁을 심화시키고, 이는 지역 및 국가 간 갈등으로 이어질 수 있다. 시리아에서는 극심한 가뭄으로 농업이 붕괴하고 도시로의 인구 유입이 급증하면서 경제적 불안이 심화하였고, 이는 2011년 내전의 주요 원인 중 하나가 되었다. 수단에서도 기후변화로 인한 농경지 감소와 식량 부족이 지역 간 충돌을 증가시켰다.

경제적 측면에서도 기후변화의 영향은 심각하다. 자연재해는 국가 경제에 큰 타격을 주며, 특히 취약 지역이 더 큰 피해를 본다. 이러한 경제적 어려움은 정치적 불안정과 사회적 갈등으로 이어질 수 있다. 해수면 상승이나 자연재해로 인한 거주지 상실은 대규모 난민 문제를 야기할 수 있다. 방글라데시의 경우, 해수면 상승으로 인한 침수 지역 주민들의 내륙 이주 과정에서 사회 갈등이 증폭된 사례가 있다.

이제 기후변화는 환경을 넘어 경제, 사회, 국제정치 전반에 영향을 미치는 시급한 과제가 되었다. 기후변화에 대응하기 위해 정부, 기업, 시민사회가 함께 노력해야 하며, 이를 위해 다음 세 가지 실천 방안을 제시한다. 첫째, 탄소중립을 위한 국내 실천이 필요하다. 온실가스 배출을 줄이기 위해 정부는 배출권거래제를 활성화하고, 탄소포인트제 같은 인센티브 제도를 확대해야 한다.

이를 통해 기업과 개인이 온실가스 감축에 적극적으로 참여하도록 유도하는 것이 중요하다. 산업 부문에서는 친환경 기술개발과 재생에너지 사용을 확대하고, 일상에서는 대중교통 이용, 에너지 절약, 친환경 소비를 장려하는 등의 노력이 필요하다.

둘째, 공정전환(정의로운 전환)을 추진해야 한다. 탄소중립으로 가는 과정에서 일부 산업이 축소되거나 사라지면서 노동자와 지역사회가 어려움을 겪을 수 있다. 예를 들어, 석탄 화력발전소가 폐쇄되면 약 8,000명의 노동자가 일자리를 잃게 되며, 이 같은 변화는 철강, 석유화학, 정유 산업까지 확대될 가능성이 높다.[12] 이러한 문제를 해결하려면 단순한 실업 지원을 넘어 신산업 육성과 새로운 일자리 창출이 필요하다. 이를 위해 정부, 기업, 노동조합, 지역사회가 함께 논의하고 협력하는 거버넌스를 구축해야 한다.

셋째, 유엔을 중심으로 한 국제적 기후변화 대응에 적극 참여해야 한다. 기후변화는 한 나라만의 노력으로 해결할 수 없는 문제이기 때문에 국제협력이 필수적이다. 우리나라는 파리기후변화협정의 목표를 실천하고, 기후 재정 지원과 기술협력을 강화하여 개발도상국과 함께 지속 가능한 미래를 만들어가야 한다. 또한, 국제사회에서 기후변화 대응 리더십을 발휘하고, 탄소국경조정제도CBAM 같은 새로운 환경 규범에 효과적으로 대응할 수 있

---

12 권승문. "죽은 지구 위에는 일자리 없다...정의로운 전환 절실." 『그린포스트코리아』.
    2022년 5월 2일.

도록 전략을 마련해야 한다.

기후변화 대응은 단순히 환경을 보호하는 것이 아니라, 사회와 경제의 변화까지 포함하는 중요 과제이다. 탄소중립을 이루기 위해 정부, 기업, 시민이 협력해야 하며, 정의로운 전환과 국제협력을 바탕으로 지속 가능한 발전을 이루어야 한다.

최현진 경희대

Q. 한국의 에너지 외교정책 방향은?

한국은 2050년까지 탄소중립을 달성하겠다는 목표를 설정한 가운데, 대외 에너지 의존도가 높은 현실을 고려해 에너지 안보도 강화해야 하는 도전에 직면해 있다. 한국은 석유, 천연가스, 석탄 등 주요 화석연료의 90% 이상을 수입에 의존하는 구조로 되어 있어 글로벌 에너지 시장의 변동성에 취약하다. 또한, 기후변화 대응을 위해 재생에너지 확대 및 에너지 효율성 제고가 필요하지만, 안정적인 전력 공급과 산업 경쟁력 유지 또한 중요하다.

에너지 안보의 유지 및 강화는 우리에게 절실한 과제이다. 한국은 석유, 천연가스, 석탄 등 화석연료의 대부분을 수입에 의존하고 있어 국제 에너지 시장의 불안정성에 취약하다. 게다가 러시아-우크라이나 전쟁 이후 글로벌 에너지 공급망이 불안해지면

문답으로 풀어 본 트럼프와 한반도

서 LNG 가격이 급등하는 등 에너지 안보 위기가 부각되었다. 이러한 대외변수의 영향을 최소화하기 위해서는 자급이 가능한 에너지원에 관한 관심 제고가 필요하다.

이러한 상황에서 원자력 에너지는 탄소중립과 에너지 안보를 동시에 달성하는 에너지원으로 주목받고 있다. 원자력은 안정적인 전력 공급이 가능하며, 탄소 배출이 거의 없고, 에너지 자립도를 높이는 데 기여할 수 있다. 따라서 한국은 원자력의 비중을 확대하고, 에너지원 다변화 전략을 추진해야 한다.

한국은 또한 2050년 탄소중립 목표를 선언하고 2030년까지 탄소 배출량을 2018년 대비 40% 감축하는 국가 온실가스감축목표NDC를 수립하였다. 탄소중립 달성을 위해 필요한 무탄소 전력원인 태양광과 풍력의 경우 경제성과 간헐성intermittency 문제를 안고 있는 재생에너지만으로는 공급의 안정성 문제를 해결할 수 없다. 결국 무탄소 전원이자 공급의 안정성이 보장된 원자력의 역할이 중요하다. 하지만 RE100을 비롯, 전세계적인 재생에너지의 개발 및 이용 장려 추세를 외면할 수는 없으므로, 신재생에너지 확산을 위한 기술개발과 국제협력 또한 필수적이다.

이렇게 본다면 한국의 에너지 외교정책 방향은 큰 틀에서 다양한 형태인 국제협력의 제고를 최우선 과제로 하여야 할 것이다.

첫째, 에너지원 다변화를 위한 국제협력 강화이다. 무엇보다도 천연가스LNG 협력이 확대되어야 할 것이다. 한국은 미국, 호주, 카

타르, 인도네시아 등과 현물 계약의 비중을 줄이고 장기 LNG 공급 계약을 체결하여 수급 안정성을 높여야 한다. 한편으로 LNG 공급망의 탄소 배출을 줄이기 위해 탄소 포집·활용·저장CCUS 기술을 활용한 "탄소중립 LNG" 도입도 고려해야 한다.

사우디아라비아, UAE, 호주 등은 광활한 영토와 풍부한 신재생에너지 잠재량 등 청정 수소 생산에 유리한 환경을 갖추고 있다. 따라서 중동, 호주, 북유럽 국가들과의 수소 경제 협력을 확대하여 탄소중립 달성에 유리한 에너지 수급 기반을 조성해야 할 것이다.

희소 금속 및 원자재 공급망 협력도 중요하다. 특히 우리나라의 주요 산업의 하나로 자리 잡은 배터리를 포함, 태양광, 풍력 발전 등에 필요한 리튬, 니켈, 코발트, 희토류 등의 공급망 안정성을 확보해야 한다. 이를 위해 일본, 미국, 캐나다, 호주 등 15개국이 참여해 신규 광물 사업 개발 및 공동 투자 가능성을 검토하는 협력 체제인 '핵심 광물 안보 파트너십MSP·Mineral Security Partnership'에 더욱 적극적으로 참여해야 한다.

둘째, 원자력을 활용한 에너지 안보 및 탄소중립 전략의 수립 및 이행이다. 특히 해외 원전 수출 확대가 중요한데, 이는 단순한 경제적 이익을 넘어 전략적 파트너십을 구축하고 에너지 안보를 강화하는 중요한 수단이 될 수 있다. 한국은 UAE 바라카 원전 수출을 성공적으로 수행한 경험이 있다. 이를 바탕으로 체코, 폴란드, 사우디아라비아 등 신규 원전 도입 국가들과 협력을 확대하여 차세대 먹거리산업으로서 원자력의 위상을 강화하고 국제사회에 기여해야 한다. 이와 관련, 한국은 해외 원전 사업 공동진출을 목표로 미국과 원자력 기술 및 인프라를 수출하는 원자력 협력 동맹을 구축하고 구체적 협력 사례들을 발굴해야 한다.

소형모듈원자로SMR 기술개발 및 글로벌 협력도 강화되어야 할 것이다. SMR은 기존 대형 원전에 비해 건설 비용이 적고, 안전성이 강화된 차세대 원자로로 주목받고 있다. 한국은 미국, 캐나다, 영국 등과 SMR 공동 개발 및 수출 전략을 추진하여 글로벌 원전 시장을 선도할 수 있는 기회를 확보해야 한다. 특히 탄소중립을 목표로 하는 국가들이 SMR을 활용하여 안정적인 전력을 공급하려는 움직임을 보이고 있어, SMR 수출이 중요한 기회가 될 수 있다.

셋째, 탄소중립을 위한 국제협력이다. 앞에서 언급했던 것처럼 EU의 CBAM에 대응하기 위해 EU와 다양한 기술적, 제도적 협력을 강화할 필요가 있고, 탄소 포집·활용·저장CCUS 기술을 활용한 국제 감축 프로젝트를 추진하고, 기후 기술협력 및 탄소 배출권 거래 메커니즘 구축에 적극 참여해야 한다. 그리고 미국, EU, 일본 등과 재생에너지 및 에너지 효율화 기술협력을 확대하여 한국의 기술경쟁력을 확보해야 한다.

심상민 KAIST

Q. 북극해, 왜 중요한가?

기후변화로 인한 북극해의 해빙解氷 현상은 글로벌 경제 및 안보 지형을 변화시키는 중요한 요인이 되고 있다. 북극해에서 선박의 항행이 쇄빙선의 도움 없이도 가능해지면 새로운 해상 항로가 열리게 되고, 아울러 풍부한 천연자원이 개발 가능해지게 되어 북극해를 둘러싼 국제사회의 관심이 급증하고 있다. 이러한 변화는 경제적 기회와 함께 새로운 지정학적 갈등을 초래할 가능성이 크며, 북극을 둘러싼 외교 및 안보 경쟁은 심화되고 있다.

먼저 기후변화로 인해 북극해 얼음이 녹으면서 북극항로 Northern Sea Route, NSR가 점점 더 개방되고 있다. 북극항로는 기존의 수에즈 운하 경로 대비 항해 거리를 대폭 단축할 수 있어 글로벌 물류의 판도를 바꿀 가능성이 크다. 또한 운항 거리가 짧아지면서 연료 소비가 줄어들고, 이에 따라 탄소 배출량도 감소하는 친환경 물류 혁신 가능성이 존재한다. 따라서 한국을 포함한 글로벌 해운 사들이 북극항로 활용 가능성을 조심스럽게 검토하고 있다.

북극 자원 개발 및 경제적 기회의 확대도 예견된다. 북극해는 풍부한 천연자원을 보유하고 있어 주요 국가들의 자원 개발 경쟁이 심화하고 있다. 특히 석유·천연가스의 경우 북극에는 전 세계 미개발 원유의 약 13%, 천연가스의 약 30%가 매장되어 있는 것으로 추정되고 있으며, 러시아, 노르웨이, 미국, 캐나다 등 북극 연안국들은 북극해 자원 개발을 적극적으로 추진 중이며, 중국도 북극 자원 개발에 참여하고 있다. 또한 북극해의 온난화로 인해 기존 어업 지역이 북쪽으로 이동하면서 새로운 어업 기회가 열리고 있다.

반면 북극 지역에서의 군사적 긴장도 증가할 가능성이 높다. 북극해가 항해 가능한 수역이 되면서 주요 국가들은 군사력을 증강하고 있고, 북극을 둘러싼 지정학적 긴장은 심화되고 있다.

러시아의 경우 북극해 지역을 전략적 요충지로 인식하고 있으며, 러시아의 북극 해안, 시설 및 인프라 경비 및 북극항로를 항행하는 선박의 호위를 담당하는 전담부대를 두고 있다. 또한 북극해 인근에 최신 방공 미사일 배치, 전략 폭격기 순찰 강화 등 북극 지역 방위를 강화하고 있다. 이러한 러시아의 북극 전략은 에너지 안보 및 군사적 목적을 동시에 고려한 것으로 평가된다.

한편 중국은 스스로를 '근近북극 국가'로 호칭하고 북극항로를 '빙상 실크로드Ice Silk Road'라고 명명하며, 러시아와 협력하여 북극해 항로 개발에 참여하고 있다. 또한 2023년 러시아와 중국은 북극해에서 합동군사훈련을 전개하는 등 북극해에서의 군사활동의 수위를 높여가고 있다.

미국은 북극 지역에서 러시아 및 중국의 이러한 영향력 확대를 견제하기 위해 북극 전략을 강화하고 있다. 트럼프 대통령은 2023년 대선에서 승리한 이후 그린란드 매입에 관한 관심을 표명해 왔는데, 러시아와 중국 견제의 성격이 농후하다. 또한 NATO 회원국(노르웨이, 덴마크, 캐나다 등)은 러시아의 군사 활동 증가에 맞서 북극 방위를 강화하는 방안을 추진 중이다.

이렇듯 북극해를 둘러싼 경제적·안보적 여건은 기후변화의 진전으로 인해 급격히 변화하는 중이다, 글로벌 해운국이자 기술선진국인 한국도 이러한 변화에 적극 대응하여 다음과 같은 외교 전략을 추진해야 한다.

첫째, 북극항로 및 물류 협력 강화이다. 한국은 글로벌 해운강국으로서 북극항로 개척을 위한 국제협력을 강화해야 한다. 그리고 한국의 조선업(친환경 쇄빙선 개발)과 북극 물류 네트워크 구축을 연계하여 북극 물류 거점 전략을 수립해야 한다. 다만 러시아-우크라이나 전쟁이 진행 중인 상황에서는 북극항로 개척에의 적극적 참여는 러시아에 경제적 이익만을 안겨줄 수 있다. 따라서 단기적으로는 러시아 및 유럽 국가들과의 협력하에 북극항로의 국제규범 마련에 집중해야 할 것이다.

둘째, 북극 자원 개발 참여 확대이다. 한국은 북극 에너지 및 핵심 광물 개발 프로젝트에 적극 참여해야 하며, 노르웨이·캐나다 등 자원 부국과 협력을 강화해야 한다. 또한 LNG, 희토류, 배터리 원자재 등 미래 산업에 필요한 자원의 안정적 확보를 위한 북극 자원 외교를 추진해야 한다. 다만 여기에서도 러시아와는 적절한 거리를 유지하며, 민주주의 국가들과의 우선적 협력을 추구해야 할 것이다.

마지막으로 북극 외교 및 거버넌스 참여 강화이다. 한국은 북극이사회 옵서버 국가로서 국제협력에 적극 참여하고, 북극 과학 연구 및 환경 보호 협력을 강화해야 한다. 또한 북극항로 관련 국제 해운 규범 및 환경 보호 규정 마련에 한국의 의견을 반영할 수 있도록 외교적 노력을 기울여야 한다.

결론적으로 북극해의 해빙은 글로벌 경제 및 안보 지형을 변화시키고 있으며, 한국은 이에 적극적으로 대응해야 할 것이다. 한국은 북극항로 활용, 북극 자원 개발 참여, 북극 외교 협력 강화를 통해 북극 외교 전략을 구축하고, 미래 경제 안보를 위한 기반을 마련해야 한다.

심상민 KAIST

Q. 한국의 인도-태평양 해양안보 전략은?

한국은 2021년 12월 인도·태평양 전략을 공표한 후, 역내 공적개발원조, 국제 개발 협력 등을 위한 지원에 힘을 쏟아 왔다. 하지만, 해양안보에 있어서, 남중국해 분쟁의 평화적 해결, 법의 지배, 항행과 항공의 자유 등에 원론적 지지를 표명했지만, 역내 민감한 이슈에는 거리를 두어 왔다. 한국이 인도·태평양 전략을 추진한 지 3년 차에 접어든 2025년, '글로벌 중추 국가'와 'G7+ 국가'로서의 우리의 역할을 자리매김하기 위해, 해양안보를 포함한 역내의 다양한 비전통안보 문제 해결을 위한 실질적 기여를 가시화해야 한다.

해양안보 기여에 있어 도전 요인은 미국과 중국의 전략적 경합이 가열하면서 인도·태평양이 점차 블록화되어 가고 있다는 것이다. 이와 같은 전략환경에서 우리는 크게 세 가지 방향성을 가지고 역내 해양안보에 접근해야 한다.

첫째, 미국 주도 안보 네트워크가 주도하는 인도·태평양 지역 포괄적 안보, 특히 해양안보에 적극적으로 참여하여 우리의 위상을 확보해야 한다. 한편으로는 역내 안정적 '해양 교통로SLOC' 확보를 위해 중국의 대만해협에서의 '군사력 과시'와 남중국해에서의 공세적 해양활동에 반대한다는 입장을 명시적으로 표명해야 한다. 또한 우리는 미국 또는 역내 국가가 주도하는 남중국해 '해양 순찰maritime patrol'에 참여하는 것을 고려해야 한다. 특히, 미국, 일본, 호주, 필리핀이 이른바 'S-Quad' 협력을 강화하고 있는데, 미국 주도 안보 네트워크와 역내에서 우리의 위상을 높이기 위해 'S-Quad'에 참여할 필요가 있다.[13]

둘째, 한국이 한반도를 넘어 역내 안보에 좀 더 적극적으로 기여하겠다는 의지를 표명하기 위해 Talisman Saber, Cope North, Pitch Black, Pacific Vanguard 등 역내 다자 군사훈련에 적극적으로 참여해야 한다. 우리가 이처럼 미국 등 쿼드 국가들이 주관하여 실시하는 군사훈련에 참여 시, 기회 요인은 미국의 인도·태평양 지역 억지 전략에 전술적, 기술적으로 통합될 수 있다는 점이다.

---

13 'S-Quad'의 'S'는 'Security(안보)'의 첫 글자인데, 4국이 남중국해와 대만해협에서 중국에 대항하기 위해 비전통 안보를 넘어 전통 안보 영역에서도 협력하고 있음을 지칭한다.

반대로 우리가 불참하면 정보공유 및 첨단 무기의 상호운용성 습득에서 불이익을 당할 수 있다. 군사훈련은 참여국들이 협력의 습성과 경험을 축적하는 데 필수적이기 때문이다. 일례로 해양 정찰을 위해 P-3C Orion을 운용하고 있는 한국은 개량형인 P-8A를 2024년에 도입했고, 2025년부터 본격적으로 가동할 예정인데, 호주, 인도 등 P8 운영국과의 공동 훈련은 향후 우리가 P-8을 운용하는 데 크게 도움이 된다.

셋째, 역내 국가의 '해양능력배양'과 '해양상황인지Maritime Domain Awareness, MDA' 능력 향상을 위한 우리의 개별적 기여를 지속하면서, 쿼드 국가 및 EU와의 협력을 늘려나가야 한다. 해양안보에 대한 기여는 역내 국가가 비전통안보 이슈에 대응하는 것을 돕는다는 정당성이 있다. MDA의 경우, 쿼드가 2025년에 '인도·태평양 지역 MDA IPMDA' 확장을 시도하면 이에 참여해야 한다.[14]

넷째, 우리의 딜레마는 제1위 교역국이자 북핵 문제 해결에 중요한 축을 담당하는 중국이 미국 주도 안보 네트워크 강화에 비판적이라는 것도 고려해야 한다는 점이다.

그러한 딜레마를 극복하기 위해서는 인도·태평양 전략 추진후, 지난 2년간 해왔던 것처럼 중국을 포함한 역내 국가 모두와 함께하는 '개방성·포괄성'을 강조해야 한다. 이에 더해 역내 해양

---

14 2022년 제3차 쿼드 정상회의에서 'IPMDA'를 발족시키기로 합의하였고, 2024년 9월 개최된 쿼드 정상회의에서도 이의 본격적인 추진을 논의한 바 있다.

안보 협력에 관한 우리의 원칙을 정립하고 국제사회에 공표한 뒤, 그 원칙에 기반하여 행동하는 것이 필요하다. '법의 지배', '항행의 자유', '개방성·포괄성'과 같은 지역 차원의 보편적 규범 준수와 더불어, 중견국으로 역내 비전통안보 이슈에 적극적으로 대응하는 것을 원칙에 포함해야 한다. 앞으로 다양한 이슈 영역에서 미국 등 쿼드 국가가 주도하는 해양안보 협력에 참여를 요청받게 될 전망인데 만약 우리가 정립한 상기 원칙에 부합한다면 적극적으로 참여하고, 때에 따라서는 중국도 참여할 수 있는 분위기를 조성하는 '교량 국가' 역할을 해야 한다. 그러면서 역내 국가가 중심이 되는 자생적인 안보협력이나, 중국이 주도하는 안보협력에도 우리가 정립한 원칙에 맞으면 참여하는 균형감도 유지해야 한다.

다섯째, 좀 더 장기적인 관점에서는 인도·태평양 지역 주요 중견국인 일본, 호주, 인도, 인도네시아, 베트남 등과 양자 및 소다자 해양 협력을 강화해야 한다. 향후 일본·베트남·필리핀, 호주·인도네시아·인도, 인도·일본·베트남, 프랑스·호주·인도 같은 다양한 역내 국가 주도 소다자 협력과 비공식적 다자간 협력이 해양안보 영역에서 역할을 정립해 갈 것이다.

인도·태평양 지역 주요 중견국인 한국, 일본, 호주, 인도, 인도네시아, 베트남 등이 소다자 연합을 결성하여 미국 주도 안보 네트워크에서 위상을 높이면서 자율성도 확보하고, 해적 퇴치, 해

양정보 공유 등을 위해 아세안에서 태동하고 있는 자생적인 (소)

다자 협력과 연대해야 한다.

박재적 연세대

Q. AI·사이버·우주 등 신안보위협에 어떻게 대응할까?

최근 국제사회의 안보위협은 유럽, 중동, 남중국해 등 전통적인 군사적 위협은 물론 사이버, 우주, 인공지능 등 다양한 형태의 신안보위협이 증대되고 있다. 즉, 국가 주요 기반 시설에 대한 사이버위협은 여타 신기술과 결합하여 더욱 복잡하고 다양하게 심화할 것이다. 또한, 우주의 안보전장화에 따른 우주안보 위협 및 인공지능을 활용한 안보위협도 역시 심화될 전망이다. 더욱이, 글로벌 차원의 신안보위협은 현재의 지정학적 갈등과 진영 경쟁과 연계되어 진행되고 있다. 이러한 상황에서 각국은 다양한 신안보위협에 대응하기 위한 전략정책을 강화하고 있는바, 우리도 구체적인 신안보위협을 확인하고 이에 대한 대응 방안을 새로이 점검하고 수립해야 할 시점이다.

탈냉전 이후 전통적 군사 안보 위협 인식이 완화된 상황에서 환경, 보건, 재난, 사이버 등 비전통 분야의 안보 위협이 상대적으로 주목을 받았고 9·11 테러 등 국가 이외의 비국가행위자에 의한 안보 위협에 대한 우려가 증대되었다. 또한, 다자주의 후퇴, 지정학의 귀환, 신기술의 급속한 발전, 미중경쟁 심화 등으로 인해 안보에 대한 새로운 인식이 필요하게 되었다. 이러한 상황에서 최근에는 안보 영역 자체가 확대되었고, 포괄안보 차원의 신안보 위협과 대응의 중요성이 부각되었다.

미국을 비롯한 주요국의 안보 전략 역시 이러한 현실을 반영하여 포괄적인 국가안보 전략하에 새로운 안보위협 요인에 대한 개별적인 대응 전략을 구체화하고 있다. 문제는 환경, 에너지, 재난, 사이버, 우주 등 새로운 영역별 안보위협 자체도 지속적으로 진화하고 있어서 안보위협 요인을 확인하고 대응하는 것 역시 가변적이라는 점이다. 더욱이, 개별국가의 현실과 역량에 차이가 있어서 글로벌 차원의 안보위협과 개별국가 차원의 안보위협 인식의 괴리가 있다. 다만, 현재 국제 안보 맥락에서 시급한 대응이 필요하다는 공감대가 형성되어 있고, 유엔 등 다자협의체에서 구체적인 논의를 하는 사이버, 우주, 인공지능과 관련된 신안보위협이 중요하다. 특히, 상기 세 분야는 기술적 유사성은 물론 개별 안보위협이 상호 연계되어 있어서 대응에서도 함께 고려해야 할 대표적인 신안보 현안이다.

우선, 1990년대 이후 신안보위협으로 대두된 사이버의 경우 초기에는 사이버공격 유형에 대한 대응과 주요 기반 시설의 위협 및 취약성 보완, 테러집단 등 비국가행위자의 위협 등이 강조되었다. 상기 기존 위협요인은 여전히 대응 현안으로 중시되면서도 최근에는 다양하고 진화된 형태의 사이버위협, 허위조작정보, 공급망 안전성 등이 현안으로 부상하고 있다. 특히, 한국은 전 세계에서 가장 사이버공격을 많이 받는 국가로 주요 기반 시설의 취약성 및 복원력 증대 등이 주요한 현안이다. 또한, 북한의 가상화폐 탈취를 통한 대량상실무기 개발 등도 우리에게는 대응이 시급한 핵심적 과제이다.

우주안보의 경우 우주개발이 본격화됨에 따라 위성 등 우주자산이 폭증하면서 우주자산에 대한 보호가 시급한 과제이다. 또한, 위성요격 미사일, 위성 해킹 및 교란 등 반 위성기술 개발이 실전화되고 있어서 이에 대한 안보위협이 심화하고 있다. 한국도 우주 경쟁에 본격적으로 참여하면서 우주자산 보호, 우주감시체계 구축 등이 주요한 대응 현안이다. 더욱이 우주네트워크, 위성 등 우주 인프라에 대한 사이버공격 기술 역시 현존하는 위협요인이다.

예상보다도 빠르게 발전하는 인공지능은 최근 그 안정성 및 군사적 활용에 따른 위험 대응이 시급한 현안이다. 무인무기체계, 지휘통제, 정보감시 등 인공지능의 다양한 방식의 안보 군사화는 그 파급력을 쉽게 예측할 수 없으며, 기존 군사안보 전략 자체의 수정이 필요한 실정이다. 우크라이나 전쟁에서 확인하였듯이 인공지능의 안보위협은 현실이며 비대칭 전략의 핵심 수단이다.

주요 기술 강국들은 사이버, 우주, 인공지능을 통한 신안보위협에 대응하기 위해 경쟁적으로 전략정책을 수립하고 있으며, 이들 국가가 채택한 전략정책에는 우리가 고려할 만한 공통적인 요소가 있다. 또한, 한국이 직면한 지정학적 현실을 감안하고 진화하는 위협요인을 고려한 새로운 대응 방안을 수립할 것이 요구된다.

첫째, 현존·잠재적인 위협 평가 등을 포함한 포괄적인 국가전략의 재정립이다. 역대 정부를 거쳐 사이버의 경우 사이버 기술 혁신을 포함한 포괄적인 사이버 안보 전략이 수립되었으나, 우주, 인공지능 및 여타 신안보분야는 여전히 초기 논의 수준이다. 더욱이, 상기 신안보위협의 변화되는 상황을 반영하기에는 미흡한 수준이다.

둘째, 국내 의사결정 등 거버넌스 개선, 전문가 양성 및 네트워크 구축 등 전반적인 국내적 역량 강화가 시급하다. 상기 신안보 분야는 범부처적이고 다중이해관계자 중심의 논의 구조인바, 우리도 국내적인 신안보위협 대응을 위한 효율적인 의사결정 프로세스 구축이 요구된다.

셋째, 신안보외교 추진을 위한 정책 패키지 마련이다. 서방 주요국들은 신안보위협 대응을 효율적으로 전개하기 위해 자국의 전략, 정책, 법제 및 주요 이슈에 대한 국가 입장을 정리한 정책 패키지를 마련하여 체계적으로 신안보외교를 추진하고 있다. 이는 또한 국가·진영 간 신안보 분야의 규범경쟁에 대응하는 방편이기도 하다.

유준구 세종연구소

Q. 포스트 바세나르 체제는 가능할까?

러시아의 우크라이나 침공, 미중 전략경쟁 심화에 따라 국제 비확산체제는 중요한 갈림길에 서있다. 즉, 1996년 소련 해체 후 설립된 바세나르Wassenaar 체제는 대공산권을 대상으로 한 코콤CoCom 과는 달리 러시아도 참여한 재래식 무기, 전략물자 및 기술의 수출이전통제를 목적으로 창설되었다. 다만, 바세나르 체제는 컨센서스에 기반한 의사결정 구조로 회원국 간 이해관계가 대립하여 합의가 쉽지 않다. 더욱이 회원국인 러시아가 비회원국인 중국에 우호적이기 때문에 미국이 요구하는 높은 수준의 수출통제 조치를 채택하기 어렵다. 이러한 상황에서 미국은 30여 년 전에 해체된 코콤을 오늘날 실정에 맞게 더욱 강화된 신코콤 체제 도입 의사를 표명하였다. 이는 주로 중국과 러시아를 염두에 둔 것으로 평가되며 2018년 트럼프 1기 정부의 수출통제개혁법ECRA의 연장선에 있는 것으로 보인다. 따라서, 이미 첨단반도체에서 체감할 수 있듯이, 포스트 바세나르 체제의 출범은 글로벌공급망 재편과 맞물려 우리에게도 지대한 영향을 미치는바, 적절한 대응이 요구된다.

미국은 국가안보 이익과 외교정책 목표를 달성하기 위한 주요 수단으로 수출통제 정책을 이행하고 있다. 즉, 미국은 △민감한 미국 기술과 전략물자의 보호, △국제안보 질서유지, △문제가 있는 최종 사용자(적대국 혹은 위험집단)의 대량살상무기를 포함한 무기 및 기술에 대한 접근 제한, △비확산 체제, UN 안전보장이사회 제재, 유엔안보리결의 1540 등 국제적 제재 이행 및 준수를 위하여 수출통제 정책을 추진한다. 그러나, 수출통제를 효과적으로 이행하려면 참여국의 협조가 필요하며 특히, 참여국의 정책과 제도가 이를 뒷받침해야 하는데 대부분의 참여국은 자국의 경제적 이해로 인해 수출통제제도를 소극적으로 운용해 온 측면이 있다.

트럼프 1기 정부 이후 미국은 바세나르 체제가 반도체 등 전략 품목과 신기술에 대한 통제가 미흡하다는 점을 우려해 ECRA 등을 통해 자체적인 규정을 강화해 왔고 동맹국들과의 각종 협의체를 통해 이행을 유도해 왔다. 그럼에도 불구하고, 다양한 방식의 우회 수출 이전을 통해 허점이 드러났고, 바세나르 체제 등 다자체제의 경우 통제 수준을 높이기에는 러시아 등의 반대가 만만치 않다. 따라서, 미국은 바세나르 체제 개편에 가장 적극적이며 현재 관련 논의를 주도하고 있다. 미국이 동 체제에 비판적인 주요한 이유는 현 체제가 미국의 전략적 경쟁자인 중국의 기술 굴기에 효과적으로 대응하지 못한다는 점이다. 특히 러시아는 2022년 우크라이나 침공 이후 신규 통제품목 등재에 지속적으로 반대하였다. 또한, 중국의 군민융합 전략과 이와 연계된 중국제조 2025 등은 미국을 비롯한 서방세계의 우려를 촉발하였다.

이러한 상황에서 CSIS 보고서(2024)[15]는 포스트 바세나르 체제의 시나리오를 제시하였다. 동 시나리오는 6개의 선택적 대안(현상유지, 러시아를 배제한 바세나르 마이너스, 바세나르 체제의 자연적 해체, 미니레짐, 경제기술안보레짐, Tech 10 레짐)을 제시한바, 그 기본적 전제는 러시아를 배제한 유사입장그룹 중심의 신규 체제를 고려하는 것이다. 결론적으로 상기 포스트 바세나르 체제의 기본 방향은 신기술의 비약적 발전과 변화된 지정학적 상황을 고려하여 유사입장그룹 간 수출통제체제를 재편한다는 것이다.

트럼프 2기 정부에서도 초당적 지지하에 동맹국과 연대하여 중국의 기술 굴기를 따돌리기 위해 앞으로 미국은 기존의 바세나르 체제를 대체할 포스트 바세나르 체제를 본격적으로 추진할 것이다. 따라서, 통상 국가인 한국은 수출통제체제 변화에 가장 민감한 국가이며 몇 가지 핵심 사안을 고려한 대응 방안을 준비해야 한다.

---

15   Emily Benson·Catharine Mouradian, "Establishing a New Multilateral Export Control Regime" CSIS Report(Nov. 2023).

첫째, 국내적 제도와 인프라 구축이다. 일본의 화이트리스트 배제, 대러시아 제재 국면에서 경험했듯이 우리의 수출통제 법제 및 이행과 관련 여전히 미진한 부분이 있는 것이 사실이다. 투명성 및 자율 규제 수준, 국제안보를 고려한 법제 정비, 신기술 및 무형기술이전 등에 대한 업데이트 등 전반적인 제도와 인프라 구축 및 개선이 필요하다.

둘째, 미국과의 민관 기술전략대화 실질화이다. 수출통제의 직접적 영향을 받는 기업 및 산업계, 정부 부처, 전문가 그룹과의 한미 간 민관 기술전략대화를 실질화해야 한다. 수출통제의 경우 주요 행위자 간 이해관계가 복잡하며 정책 수립과 이행이 단선적이지 않은 특성이 있다. 따라서, 기존 한미 간 관련 정책 대화 역시 실질적인 성과를 유도할 수 있는 프로세스 구축이 필요하다.

셋째, 유사입장그룹 간 연대강화이다. 서방 진영 및 유사입장그룹 간에도 포스트 바세나르 체제 설립은 민감한 현안이며 이해관계 조정이 쉽지 않을 수 있다. 이는 각국이 우선순위를 두고 있는 이슈가 다름은 물론 미국의 공세적인 수출통제에 대한 수용 능력에 차이가 있기 때문이다. 따라서, 유사입장그룹 내 양자, 소다자 등 다양한 협의 과정을 통해 연대강화 및 우리의 이익을 반영해야 할 것이다.

유준구 세종연구소

Q. 상호접근협정RAA의 전략적 중요성은?

　인도·태평양 지역에서 일본이 타 국가와 체결하고 있는 '상호접근협정Reciprocal Access Agreement, RAA'이 주목받고 있다. RAA는 상대방 국가의 군대가 자국을 방문할 때 입국 절차를 간소하게 해 주는 협정이다. 일국의 군대가 타국을 방문하기 위해서는 비자, 세관, 군수 식량 검역, 무기 반입 등에 복잡한 절차가 필요하다. 또한, 자국 군인이 타국 영토에서 중범죄를 저질렀을 경우 어느 쪽이 재판 관할권을 가질지도 논란거리다. 이를 매번 훈련 때마다 반복하여 협상하기보다는, 협상을 통해 절차를 간소화하고 명문화한 뒤 이를 지속해서 적용하는 것이 RAA이다.

　RAA가 주목받는 이유는 역내에서 양자와 다자 군사훈련의 수가 늘고 참여 병력과 장비가 점증적으로 대규모화하고 있기 때문이다. 따라서 향후 역내 국가 간 RAA는 증가할 것으로 예상된다.

일본은 2022년 1월에 호주, 2023년 1월에 영국, 2024년 7월에 필리핀과 RAA를 체결하였다. 일본은 프랑스와도 유사한 협정을 체결하기 위해 협상 중이다. 일본과 호주의 RAA 협상은 10년 이상을 끌었다. 주요한 쟁점 사항은 일본 법원이 일본영토에서 중범죄를 저지른 호주 군인에 사형을 선고할 수 있는지였다. 호주는 사형제를 폐지하였지만, 일본은 사형제를 유지하고 있기 때문이다. 사형제를 둘러싼 논란 이외에도 일본과 호주에서 정부 기관 간 정책협의도 난행을 겪었다. 하지만, 일본과 호주가 RAA를 타결한 후에는 이것이 선례가 되어서 일본과 영국, 일본과 필리핀의 RAA 체결 협상은 오래 걸리지 않았다.

RAA은 '주둔군 협정SOFA' 및 '방문군대협정Visiting Forces Agreement, VFA'과 대칭성의 측면에서 차이가 있다. SOFA나 VFA와 달리 RAA는 명칭에서 나타나는 것처럼 '상호적' 협정으로 상대 국가 군대의 입국 절차를 간소하게 하는 대칭적 행정 협정이다. 호주는 남태평양 일부 국가와 맺은 주둔군 협정을 '상호적 주둔 협정Reciprocal SOFA'으로 부르면서 '상호적' 성격을 부각하고 있다.

RAA 체결 시, 법률적인 측면에서 형사, 민사 관할권 등 주권 제약 우려는 없다. 비대칭적인 SOFA와 달리 RAA는 대칭적 행정 협정이므로 SOFA와 같은 불공정성 시비 요소는 없다. SOFA,

VFA, RAA 모두 법적인 지위를 포함하지만, SOFA와 VFA는 군인 및 시설의 법적 지위에 강조점이 있고, RAA는 파견 군대의 비자, 통관, 물류, 상대국 시설 접근 등에 강조점을 두고 있다. 인도·태평양 지역에서 한국, 일본, 호주는 미국과 SOFA를 체결하고 있다. 필리핀은 미국과 VFA을 체결하고 있다.

우리는 호주, 필리핀 등 우리와 RAA 체결에 관심이 높은 국가의 제안을 긍정적으로 검토할 필요가 있다. 첫째, 한국도 역내에서 실시되고 있는 다양한 군사훈련에 참여하고 있는데, 최근에 참여하는 군사훈련 수와 규모가 늘고 있다. 이는 '글로벌 중추 국가'와 'G7+ 국가'를 지향하는 한국이 한반도를 넘어 역내 안보에 좀 더 적극적으로 기여하겠다는 의지가 반영된 것이다. 한국이 역내 국가와 RAA 체결을 늘려가면, 특정 국가의 영해 및 영토에서 양자 또는 소다자 군사훈련을 실시하기 쉬워진다.

둘째, 우리의 방산 수출이 급증하고 있는 상황에서 우리 군사 무기를 구매했거나 구매를 고려하고 있는 국가와의 군사훈련은 상호 신뢰를 구축하는 매개가 된다. 군사훈련을 계기로 상대국을 방문해 우리 무기의 우수성을 시연할 기회도 가질 수 있다. 일례로 2023년에 다자의 형태로 개최된 호주와 미국의 '탈리스만 세이버' 훈련에 참여한 우리 군이 호주 영토에서 호주에 판매한 K-9 자주포의 실시간 사격 훈련을 수행하였다.

셋째, 한국이 타국에 '협력 항구'를 확보했을 때, 상대국 방문

절차가 간소해진다. 한국이 동남아 혹은 남태평양 지역에 군사력을 투사할 때 한국과 지리적 거리로 인한 부담을 줄이는 방법의 하나는 한국 해군이 단기, 장기적으로 주둔할 수 있는 거점을 만드는 것이다. 남태평양, 동남아 지역에 한국의 군사력, 특히 해군력을 투사한다고 할 때 매번 한반도에서 먼 거리를 이동하는 것보다는 협력 항구에 한국 해군이 상시로 주둔할 수 있는 거점을 확보하는 것이 유리하다.

넷째, 해군뿐만 아니라 해양경찰의 상대국 방문에도 준용될 수 있으므로, 한국 해양경찰이 역내에서 수행되고 있는 다자 공동 해양순찰에 참여하는 것이 수월해진다. RAA는 인도·태평양 전략을 펼치면서 역내 해양안보에 적극적으로 기여하겠다고 공약해 온 한국이 이를 가시적으로 실천하는 데 있어 절차를 간소화해 준다.

정부가 체결한 RAA는 국회의 비준을 받아야 한다. 국민의 우호적 여론 조성과 국회 내 원활한 비준 동의를 위해, RAA가 SOFA와 다른 대칭적 행정 협정이라는 것이 강조되어야 한다. 즉, RAA가 비대칭적인 SOFA+ 또는 VFA+ 로 쟁점화되는 것을 미리 방지해야 한다.

박재적 연세대

트럼프 2기, 한반도 통일

1 대북정책

Q. 트럼프 2기에도 남북한
교착국면은 지속될 것인가?

　　남북한 관계는 2019년 하노이 미북 정상회담 좌초 이후 장기 경색국면에 접어들었다. 북한이 정상회담 실패를 남한 정부 탓으로 돌렸기 때문이다. 2020년 코로나19 확산으로 북한이 국경을 완전히 봉쇄하며 남북한 간 물리적 교류와 협력은 중단되었고 인도적 지원 논의조차도 이루어지지 않았다. 특히 그해 6월 북한이 대북 전단 문제를 이유로 개성 남북공동연락사무소를 폭파하며 남북한 관계는 사실상 단절되었다. 2021년 7월 남북 통신선이 일시 복원되기도 했지만, 북한이 한미 연합훈련을 트집 잡아 다시 통신을 차단하고 미사일 시험 도발을 하며 남북한 간 긴장 수위는 다시 높아졌다. 문재인 정부는 임기 후반 종전선언을 추진하며 남북한 관계를 회복하려 했지만, 북한은 이를 '현실성이 없다'

라고 거부하며 진보 정부의 남북한 관계는 경색을 풀지 못하고 끝났다.

2022년 윤석열 정부 등장 이후에도 남북한 간 소통 단절은 지속되었다. 우리 정부는 '담대한 구상'을 통해 북한이 비핵화에 진정성을 보이기만 해도 과감한 대북 지원을 하겠다고 제안했지만, 북한은 우리 정부를 '적대세력'이라고 규정하며 대화를 외면했다. 이후 북한은 전술핵무기와 정찰위성 개발에 질주하며 대남 적대시 정책을 강화했다. 특히 2023년 12월 말 김정은은 당 중앙위원회 전원회의에서 남북한을 민족 관계가 아닌 '적대적인 두 국가, 교전국 관계'라고 규정하고 급기야 핵 무력을 통한 적화통일 야욕을 비추기도 했다. 북한의 반민족·반통일·반평화적 행태에 우리는 자유·평화·번영의 3대 비전과 북한 주민의 인권 증진 및 삶의 질 향상을 목표로 하는 8·15 통일 독트린을 제시해 맞대응했다. 하지만 북한은 이에 공식적인 반응을 보이지 않음으로써 남북한 관계 교착국면은 여전히 진행 중이다.

그렇다면 트럼프 2기에도 남북한 교착국면은 계속될 것인가? 특히 트럼프 행정부의 한반도 정책은 남북한 관계에 어떠한 영향을 미칠 것인가? 남북한 관계 개선의 기회가 우리에게 찾아올까? 우리가 남북한 관계를 어떻게 주도할 수 있을까? 이러한 몇 가지 질문과 쟁점들을 다음과 같이 정리한다.

첫째, 트럼프 2기 행정부 남북한 관계를 결정하는 가장 중요한 변수는 미북관계가 될 것으로 보인다. 북한은 그들이 천명한 '적대적 두 국가론'에 따라 당분간 우리를 철저히 외면할 것이 유력하다. 북한은 보수·진보 가릴 것 없이 우리 정부의 대북 기조가 한미동맹에 종속되어 있다고 믿는다. 아울러 우리 정부가 자신들의 지상과제인 핵보유국 지위 확보에 큰 도움도, 그렇다고 큰 방해도 되지 않는다고 판단한다. 따라서 북한은 향후 대미 관계 재구축 여부와 상관없이 대남관계를 철저히 무시하는 기조를 유지할 가능성이 크다. 따라서 우리가 미북관계에 관여하는 경우 북한은 강력한 대남 강압으로 대응하려 할 수 있다.

둘째, 북한이 대남 무시 전략을 추진하지만 대미관계에 따라 필요하면 대남 전략의 변화를 모색할 여지도 전혀 배제할 수 없다. 이는 북한이 트럼프 행정부와의 적극적인 통미봉남通美封南을 통해 남북한 관계에 영향력을 행사하는 것이 현실적이며 유리하다고 판단하는 경우이다. 이는 과거 문재인 정부가 미북관계를 위해 남북한 관계를 전략적으로 활용했던 것과 유사한 맥락이다. 다만 이 경우에도 북한은 우리의 태도 여하에 따라 민족 관계의 원상회복과 적대적 두 국가론의 철회가 가능하다는 논리하에, 자신들이 구축하고자 하는 미북관계와 한반도 정세에 대한 우리의 영향력과 운신의 폭을 제한하려 할 가능성이 크다.

셋째, 우리가 남북한 관계 주도력을 높이면서도 정세를 관리할 필요가 커질 것이다. 북한이 우리를 외면하면서도 우리에 대한 핵 강압 수위는 계속 높일 것이 유력하기 때문이다. 북한의 통미봉남 전략이 효과를 발휘하면 미북이 우리를 배제한 채 핵 문제 등 한반도 문제를 협의하고 결정할 수 있는 도전적 상황이 조성될 수 있다. 이 경우 국내에서 대북·대미 정책의 전환을 요구하는 목소리가 커질 것이다. 북한이 우리를 철저히 무시하는 상황에서 한미공조를 통해 대북 영향력을 높이는 방안 즉 통미봉북通美封北과, 남북한 관계 회복을 통해 남북미 3자 타협 구도를 다시 시도하는 방안 등이 동시에 부상할 것이다. 전자는 남북한 관계 개선보다는 동맹을 통한 한반도 정세 관리에 주력하는 상황이며, 후자는 '先 남북, 後 정세'의 측면이 강조된다.

우리는 트럼프 2기 어떠한 남북한 관계를 지향해야 하고 어떠한 원칙을 확립해야 하는가? 트럼프 2기 동안 새로운 한국 정부가 출범한다. 어떠한 정부가 들어서든 다음 사항을 고려해야 한다. 우선 남북한 관계 개선이 '수단'과 '목표'라는 이중적 가치가 있음을 염두에 두어야 한다. 남북한 관계 개선이 중요하지만, 요술 방망이는 아니다. 우리와 북한이 남북한 관계에 대한 시선이 달랐음을 반드시 고려해야 한다. 아울러 북한이 아니라 우리가 원하는 남북한 관계, 한반도 후속 세대에게 도움이 되는 바람직한 미래상을 중시해야 한다. 젊은 세대가 희망하는 바람직한 남북한 관계가 통일의 바른 미래상이다. 마지막으로 우리의 이해와 역할이 배제된 어떠한 한반도 도전요인도 적극적으로 차단하고 배제해야 한다. 우리를 거치지 않고 미국과 북한이 함부로 우리의 미래를 결정하지 말아야 한다. 북한이 우리의 정세 주도력을 제대로 평가하는 것이 향후 남북한 관계 진전에도 도움이 될 수 있다.

정성윤 통일연구원

Q. 북한은 왜 남북한 관계를 '교전 중인 적대적 두 국가'로 정의했을까?

2023년 12월, 북한 노동당 중앙위원회 제9기 제8차 전원회의에서 김정은 국무위원장은 남북한 관계를 '적대적이고 교전 중인 두 국가'로 규정했다. 이어 2024년 1월 최고인민회의 시정연설에서도 민족, 통일 등의 표현 삭제와 이후 남북교류·협력을 담당하는 대남기구들에 대한 정리를 지시했다. 북한은 남한을 '대한민국'이라고 칭하였으며, 특히 김일성의 통일운동 유산인 조국통일3대헌장기념탑을 철거함으로써, 북한 주민에게도 반통일에 대한 강력한 메시지를 전달했다. 이러한 북한의 적대적 두 국가론은 남북한 관계의 근본적 전환을 의미하는가? 그리고 트럼프 2기 행정부를 맞이하여 북한의 이러한 기조는 어떻게 발현될 수 있을까?

사실 북한의 두 국가론은 남북한 관계의 근본적 전환이라고 평가할 만큼 실질적으로 새로운 현상이라고 보기는 어렵다. 남북한은 정전협정 이후 70년 이상 다른 체제에서 살아왔다. 화해·협력기도 있었지만, 갈등과 긴장의 시간이 대부분이었다. 이러한 상황에서 북한이 강조해 온 통일은 북한 주도의 통일이자, 민족과 자주를 강조한 부분 역시 남한을 미국의 영향으로부터 해방시켜야 한다는 접근이 포함된 것이었다. 이러한 점들을 상기하면, 북한의 두 국가론에 대해 단순히 '따로 살자'는 접근으로만 해석하는 데에는 한계가 있다. 두 국가론과 함께 북한이 유사시 '령토완정'에 대한 의지도 나타낸 것을 보면, 여전히 북한 주도의 흡수통일 목표는 유효한 것으로 보이기 때문이다.

이러한 점에서 지금 시기에 두 국가론을 내세우는 북한의 전략적 변화를 읽어볼 필요가 있다.[16] 첫째, 북한은 남한을 '교전 중인 적대국'으로 규정함으로써, 대남 공세와 핵 강압 정책을 유지할 수 있는 지속 가능한 외부 위협을 보유하고자 한다. 남한과 교전 중인 상황은 다양한 대남 공세를 위해 북한의 군사력을 동원하고, 주민을 설득하는 데 유용한 틀로 작동한다. 무엇보다 북한의 지속적인 핵능력 강화와 핵보유국 목표를 위해서는 적대국의

---

16 Minsung, Kim, "Whither a Peace Regime? Kim Jong Un's New Survival Strategy through Formalizing a Hostile Relationship with Seoul," Korea On Point (Nov 30, 2024) <https://koreaonpoint.org/view.php?page=3&idx=372> 내용 일부 인용 및 보완.

존재가 강력한 동기될 수 있다. 북한은 핵·미사일 능력을 바탕으로 2013년 핵보유국법, 2022년 핵무력정책법 등을 통해 핵보유뿐 아니라 핵사용 의지도 드러내는 상황이다. 2025년 국방과학 및 무기체계 5개년 계획의 임무를 완수하고 사실상의 핵보유국 지위 달성을 목표로 하는 북한으로서는, 남북한 관계를 적대 관계로 설정함으로써 대내외에 핵 개발 및 보유 정당성을 확보하고자 하는 것이다.

둘째, 북한은 남북한 관계를 특수관계가 아닌 '국가 대 국가'로 재설정함으로써, 오랜 체제 경쟁에서 벗어나고자 한다. 북한은 궁극적으로 정권의 유지와 생존을 위해 남한에 대한 절대적 경쟁 우위를 유지해야 한다. 그러나 한국의 정치·경제·문화적 글로벌 위상과 이와 관련한 정보의 유입은 북한 내부의 취약성을 부각하는 요인으로 작용한다. 대북제재의 장기화, 코로나19로 인한 봉쇄, 자연재해의 악순환 등으로 형성된 열악한 경제 상황과 사회적 불안정은 남한과의 체제 경쟁에서 북한이 패배했다는 위기의식을 갖게 한다. 이러한 점은 반동사상문화배격법, 청년교육보장법, 평양문화어보호법 등을 통해 주민에 대한 강력한 통제를 시행하는 이유로도 작용하고 있다. 북한으로서는 남한과 별개의 국가로 살아가는 것이 더 이상 체제 경쟁을 의식하지 않고, 정권의 생존을 안정적으로 보장하는 길일 수 있는 것이다.

셋째, 북한은 두 국가론을 통해 외교적 지평을 넓히고 국제사회에서 영향력 있는 행위자로서 활동하고자 한다. 북한은 냉전기 사회주의 국가들과 그리고 탈냉전기 유엔 가입을 통해 외교활동을 벌여왔다. 그러나 핵개발 이후, 국제적 고립과 경제제재를 피하기 어려웠고, 해외 공관 운영을 포함하여 외교활동에 한계가 있었다. 그런데 미국 대 중국·러시아 간 신냉전적 구조의 발현은 북한에게 외교적 운신의 폭을 확대할 기회의 창을 제공했다. 특히 북한은 러시아의 우크라이나 침공에 대해 지지를 표명한 이후 러북 조약을 이끌어냈고, 전투병 파병을 비롯하여 앞으로도 긴밀한 군사적·경제적 협력이 예상된다. 북한은 유엔 총회와 브릭스BRICS에 참가하여 미국을 비판하고 국제질서 재편과 관련한 목소리도 내고 있다. 이러한 활동을 통해 북한은 러시아의 적극적인 지원과 중국의 암묵적인 지지를 확보해 나가고자 하는 것으로 판단된다.

북한의 두 국가론은 트럼프 2기 행정부에도 함의를 줄 수 있다. 북한은 남한과는 별개의 국가로서, 북핵 및 한반도 관련한 사안에 있어서 미국과의 직접 대화를 정당화할 것이다. 특히 기존의 남북미 구조에서 연동될 수 있는 남북한 회담이나 한미 협의를 무력화함으로써, 주요 문제를 미국과 직접 협상하고자 할 것이다. 북한은 남북한 관계의 분리를 미북만의 협상 명분을 공고하게 해주는 데 활용하고, 핵·미사일 능력, 러북 밀착을 레버리지로 활용하여 미국이 대북 협상에 임하도록 유도할 수 있다.

이러한 상황에서 우려되는 것은 한반도 사안에 대한 한미 공조의 약화이다. 트럼프 2기 행정부가 핵 문제의 진전을 위해 예전처럼 북한과의 직접 협상을 도모하고, 한국을 배제한 채 북한과의 속도감 있는 대화 진행을 선호할 가능성이 있기 때문이다. 미북 협상이 한국과의 긴밀한 협의와 조율을 배제한 채 진행될 경우, 우리로서는 불확실성의 증대뿐 아니라 우리의 이해를 투영할 장이 없어질 수 있다. 이에 우리는 북한의 목표와 의도를 다각적으로 분석하여 미국과 공유하고, 우리의 우려를 설명함과 더불어 한미 공조를 통한 미국의 이익도 강조하는 것이 중요하다. 동시에 그러한 대북 접근이 한국뿐 아니라 동맹국 나아가 미 주도의 국제질서에도 다양한 메세지로 작용할 수 있다는 점을 미국 측에 상기할 필요가 있다.

김민성 **통일연구원**

Q. 북한의 체제보장 요구에 어떻게 대처해야 할까?

1990년대 초반부터 본격화된 북핵 문제와 더불어, 북한이 지속적으로 요구해 온 핵심 의제 중 하나가 바로 체제보장security guarantee이다. 북한이 말하는 체제보장이란, 핵무기 포기의 전제조건이자 대외정책의 목표로 설정되어 왔으며, 그 구체적 범위와 이행 방식에 대해 국제사회와 적지 않은 갈등을 빚어왔다. 북한 측 논리에 따르면, 미국의 대북 적대시 정책이 지속되고 한미동맹과 주한미군이 한반도에 주둔하는 한, 북한 체제는 언제든 무력 공격에 직면할 수 있다. 따라서 북핵은 '체제생존'의 최후 보루이며, 이 핵무기를 포기하려면 반드시 미국이 적대정책을 철회하고, 북한 체제의 안전을 보장하는 확실한 장치가 필요하다는 것이다.

북한이 체제보장을 본격적으로 요구하기 시작한 시점은 1990

년대 초반 핵 협상이 시작되었던 때와 맞물린다. 1994년 제네바 합의에도 "북한에 대한 미국의 불가침 보장"이 문서상 포함되었으나, 구체적인 법적·제도적 장치 없이 선언적 의미에 그쳤다. 이후 2000년대 6자회담, 그리고 2018~2019년 미북정상회담 시기에 이르기까지, 북한은 각종 외교적 회의와 담화문에서 "핵 포기는 곧 체제보장과 맞바꿀 수 있는 문제"라는 입장을 반복적으로 밝혔다. 2018년 이른바 '사회주의 경제건설 총력노선'을 표방하기 직전까지도, 김정은 위원장은 핵무력 완성을 "전 세대 지도자들의 유훈을 관철하는 과정"이라고 언급한 바 있다. 이것은 곧 핵을 포기하려면 그보다 강력한 안전보장 수단이 필요함을 암시하는 것이다.

북한이 공개적으로 요구하는 체제보장의 요소는 명확하다. 첫째, 대북 적대시 정책 폐기이다. 미국의 대북 군사적 옵션, 경제제재, 한미동맹을 통한 군사훈련 등을 '적대시 정책'으로 간주하며 이를 철회해야 한다고 주장하고 있다. 둘째, 한미동맹 해체 및 주한미군 철수이다. 북한은 한미동맹을 침략동맹으로 지칭하며, 주한미군이 존재하는 한 북한 체제가 위협받는다고 판단하고 있다. 셋째, 정전협정을 평화협정으로 대체하는 것이다. 1953년 정전협정을 종료하고, 법적 효력을 갖는 평화협정 체결을 통해 한반도를 전쟁 상태에서 완전히 벗어나게 해야 한다고 주장한다. 마지막으로 경제제재 해제이다. 북한 경제가 제재로 인해 심각한 피해를 입고 있으며, 생존권 보장을 위해 제재 해제가 절실하다는 주장이다. 다만, 이 요구사항들이 어디까지 필수 전제조건이며, 어디까지가 협상을 통한 타협 여지가 있는지는 명확하지 않다. 북한은 종종 이들 요구를 일괄적 패키지로 제시하거나, 상황에 따라 우선순위를 바꾸면서 협상력을 높이려 해왔다.

과연 어떤 형식의 보장이 북한과의 신뢰를 구축할 수 있을까, 하는 문제가 있다. 과거 불가침 의사 표명이 반복되었지만, 법적 조약이나 UN 결의로 묶인 적은 거의 없었다. 주한미군 철수 등은 한국과 미국의 안보이익과 직결되어 쉽게 실행할 수 없는 사안이다. 이런 근본적 모순이 체제보장 요구의 실질적 실현 가능성을 낮춘다는 지적도 끊임없이 나오고 있다.

체제보장 요구에 관한 대응 방안으로는 크게 세 가지를 꼽을 수 있다. 먼저, 단계적 접근이다. 비핵화와 체제보장을 한 번에 해결하려 하기보다, 일정 기간에 걸쳐 서로 상응하는 조치를 주고받는 내용이다. 1단계에서는 북한은 핵·미사일 실험 중단, 미국은 한미연합군사훈련 부분적 축소를 서로 교환하고, 2단계에서는 북한은 핵시설 신고 및 검증, 미국은 경제제재 일부 해제하고, 최종 단계에서는 북한은 핵무기 폐기, 미국은 평화협정 체결 및 관계 정상화, 나아가 상호 불가침 조약 검토를 예상할 수 있다. 단계적 접근을 통해 서로의 신뢰 부족을 완화하고, 점진적 성과를 확인하면서 최종 목표인 북한 비핵화, 북한 체제보장에 다가간다는 발상이다.

두 번째로는 북한이 미국과의 양자 협상만으로는 불신이 해소되지 않는다는 점을 감안할 때, 한국, 일본, 중국, 러시아 등이 함께 참여하는 '다자간 안전보장 체제'를 모색하는 방안도 논의되어 왔다. 실제로 2003년 부시 행정부 시절 "5개국 안전보장" 아이디어가 있었으며, 6자회담 틀을 발전시키는 안도 유사한 맥락이라 볼 수 있다. 특히 이 대응책은 북한 입장에서도 미국이 합의를 쉽게 파기하기 어렵게 주변국들이 보증하는 형태라서 더 안정감을 준다. 러시아-우크라이나 전쟁으로 밀착되고 있는 북한, 중국, 러시아 관계를 생각하더라도 북한 입장에서는 크게 손해보는 안은 아닌 셈이다. 다만, 트럼프 2기 출범과 함께 논란이 되는 러시아-우크라이나 전쟁의 종결이 어떻게 진행되는지 여부에 영향을 받을 수밖에 없다는 점을 고려해야 한다.

마지막으로, 경제협력을 통한 체제보장이다. 체제보장은 단순히 군사문제, 외교 문제에만 국한되지 않는다. 북한이 대외 개방과 경제 발전을 통해 자립 기반을 확보한다면, 군사적 모험이나 핵 개발에 매달릴 유인이 상대적으로 줄어들 것이라는 시각이 있기에 가능한 방안이다. 북한 지도부 내부에서 핵보다 경제 개발이 더 유익하다는 인식이 확산하면, 체제보장 문제에 대한 접근도 유연해질 수 있다. 이 방안은 트럼프 대통령이 2025년 1월 20일 취임 첫날 "난 김정은과 잘 지냈다. 내가 돌아온 것을 그가 반기리라고 생각한다"라며 "난 그가 해안가에 엄청난 콘도 역량을 보유하고 있다고 생각한다"라고 말한 것은 북한에 미국의 투자 약속으로 받아들여져, 체제보장과 관련한 미북 협상의 물꼬를 트는 역할을 할 수 있을 것으로 기대된다.

허재영 연세대

Q. 북한 주민을 고려한 효과적인 대북제재 방안은?

대북제재는 주로 북한의 핵·미사일 개발 억제, 국제비확산 체제 준수, 비핵화 협상에 대한 압박 수단, 군사적 충돌을 대체하는 비교적 평화적 압박 장치라는 수단으로 작용한다. 대북제재는 유엔 안보리 제재를 중심으로, 미국·한국·일본·EU 등이 독자 제재를 추가로 시행하고 있으며, 무기 금수, 금융 거래, 선박 운항 등 전방위적으로 제약이 가해져 있다.

장기화되어 가고 있는 대북제재에 북한이 적응하고 있고, 우회 루트를 모색하고 있으나, 북한의 경제에 상당한 부담이 가중되는 것은 현실이다. 특히, 미국이 2017년부터 적용하고 있는 2차 제재secondary boycott는 '북한과 거래하는 제3국 기업 및 개인'도 미국 금융망 접근을 제한하거나, 달러 결제를 차단하고 있기에 북한의 경제상황은 더욱 악화되고 있다.

대북제재가 북한 지도부에게만 타격을 주는 것이 아니라 일반 주민에게 부정적 영향을 주고 있다는 주장도 제기되고 있는 상황이다. 무엇보다 대북제재로 인해 북한의 농업 투입요소가 감소하고 식량 작물 생산이 줄어들었으며, 식량 가격이 상승하고 있다. 이는 주민들의 식량 접근성을 악화시키는 요인이 되고 있다. 유엔 안보리 제재는 북한의 주요 수출을 금지하고 대부분의 중요한 수입을 심각하게 제한함으로써 기근의 전제조건을 만들고 있다. UNICEF의 2018년 보고서에 따르면, 이미 20만 명의 북한 아동들이 급성 영양실조로 고통받고 있으며, 제재로 인한 인도주의적 물자 공급 중단으로 인해 6만 명의 취약한 아동들이 기아의 위험에 처해 있다.

대북제재로 인해 일반적인 국경 간 무역이 중단되어 주민들의 비공식 시장 활동을 통한 북한 주민들의 생계유지 능력이 감소했다. 북한이탈주민들의 증언에 따르면, 산업 및 농업 제품에 대한 시장 유통 비중이 감소하고 계획 유통 비중이 증가했고, 시장 상인들의 소득이 감소했으며, 사업 자금으로 사용되는 사금융 대출 비중은 줄어든 반면 생활비 목적의 대출 비중은 증가한 것으로 알려져 있다.

2017년을 기점으로 인도주의적 지원이 사실상 중단되었고, 이는 취약계층에 대한 지원이 감소하여 주민들의 삶의 질 저하로 이어지고 있다. 일부 국제 NGO들은 북한에 16상자의 콩을 보내는 데 1년 반 이상이 걸렸다고 보고하기도 했다. 국제 NGO인 국제인권감시기구Human Rights Watch에 따르면, 국제제재가 북한의 인권 상황 악화에 영향을 준 것으로 나타나고 있다. 제재로 인한 경제적 어려움이 주민들의 기본적 권리 향유에 부정적 영향을 미치고 있는 것이다. 현재의 대북제재는 의도한 대상인 북한 지도부보다는 북한 주민들, 특히 의료용품, 식량, 취사 및 난방용 연료에 대한 접근이 제한된 외딴 지역에 거주하는 노동자 가정, 아동 및 노인들에게 가장 큰 영향을 미치고 있다.

이처럼 대북제재가 북한 주민들의 인도주의적 상황에 미치는 영향은 복합적이고 광범위하다. 식량 생산 감소, 산업 생산 위축, 시장경제 위축, 물가 상승 등의 경제적 영향과 함께 인도주의적 지원 감소, 인권 상황 악화 등의 인도주의적 영향이 동시에 나타나고 있다.

국제사회는 대북제재가 북한 주민들에게 미치는 부정적 영향을 최소화하면서도 핵 문제 해결이라는 본래의 목적을 달성할 수 있는 방안을 모색해야 한다. 인도주의적 지원과 핵 협상을 분리하여 접근하고, 최소한 가장 필요한 사람들에게 인도주의적 지원이 적시에 전달될 수 있도록 제재를 수정하는 것이 필요한 상황이다.

북한 주민에게 돌아가는 부작용을 최소화하기 위한 대표적 접근으로는 인도적 지원의 '예외 조항Humanitarian Exemption' 강화 및 절차 간소화를 꼽을 수 있다. UN 안보리는 대북제재 결의에서 '인도주의 목적'으로 사용하는 물품에 대해서는 예외적으로 허용할 수 있다는 규정을 두고 있다. 그러나 물자 성격 증명, 수출입 절차, 제재 예외 승인을 받기 위한 서류 증빙이 복잡하여, 국제 NGO가 적시에 지원물자를 반입하기 어렵다는 문제가 있다. 이 절차를 좀 더 간소화하여, 실제로 시급한 의료·식량·아동영양 지원 등이 지연되지 않도록 제도 개선이 필요하다.

또한, 포괄적 제재와 스마트 제재smart sanction의 병행을 검토해 볼 시점이다. 석탄·석유·광물 등 북한의 주요 자금원을 막기 위한 광범위한 제재가 시행되면서, 일반 주민이 쓰는 연료나 생활 필수품 수입도 제한되고 있는데, 이는 민생 전반을 직접적으로 위축시키며, 궁극적으로 주민들의 삶을 더욱 악화시킬 수 있기 때문이다. 특히, 대북제재의 목적이 '핵·미사일 개발 자금 및 정권 엘리트의 외화 확보 차단'이라면, 직접적으로 무기 개발 및 권력 자금에 기여하는 기관 및 인물을 정밀하게 겨냥하는 방법이 더 효과적일 수 있다.

이와 같은 스마트 제재는 2005년 9월 미국 재무부가 방코델타아시아BDA 은행의 북한 소유 추정 계좌 2,700만 달러를 동결하였고, 이를 지렛대로 삼아 북한이 6자회담에 이전보다 적극적으로 나서게 했던 경험이 있다. 광범위한 품목과 거래를 일괄 금지하는 형태의 대북제재뿐 아니라 스마트 제재를 통해 북한 지도부 핵심에 재정적 타격을 주되 민생 필수품은 예외를 확대함으로써 북한 주민의 피해를 줄일 수 있을 것이다.

허재영 연세대

Q. 대북 인도적 지원은
계속되어야 하나?

북한에 대한 인도적 지원은 국제사회의 제재체제 속에서도 지속적으로 논의되고 있는 중요한 이슈이다. 인도적 지원은 정치적, 군사적 상황과 무관하게 북한 주민들의 생명과 기본적인 생활권을 보호하는 차원에서 고려되어야 한다. 다만 이러한 인도적 지원은 북한의 핵과 탄도미사일 프로그램의 개발 및 고도화에 따른 국제제재의 테두리 안에서 이루어져야 하며, 이것이 우리 정부의 기본 입장이 되어야 할 것이다.

유엔 안전보장이사회UNSC는 북한의 핵 및 미사일 개발을 저지하기 위해 2006년 이후 여러 차례 강력한 대북제재 결의들을 채택해 왔다. 그러나 이러한 제재에도 불구하고 국제사회는 북한 주민의 기본적 인권과 생존권을 보장하기 위해 인도적 지원을 예외적으로 허용하고 있다.

첫째, 인도적 지원에 관한 예외이다. 유엔 안보리 결의들은 북한 정권이 대량살상무기WMD 개발을 지속하는 것을 막기 위해 금융, 무역, 에너지 공급 등을 제한하고 있지만, 동시에 인도적 지원이 가능하도록 특정 예외를 두고 있다. 예를 들어 2017년 채택된 유엔 안보리 결의 2397호에서는 제25항에서 대북제재가 "북한 주민에 부정적인 인도적 결과를 가져오거나 경제협력, 식량지원 및 인도적 지원을 포함하여 유엔안보리 결의에서 금지되고 있지 않은 활동들에 부정적 영향을 미치거나 제약할 의도가 없다"라고 명시하고 있다. 이에 따라 국제기구와 민간단체들은 북한 내 취약계층을 대상으로 긴급 식량 및 의료지원을 제공할 수 있다.

둘째, 국제 인도법과 인도적 지원 원칙에 따라, 전쟁과 제재하에서도 인도적 지원이 가능하다. 국제적십자위원회ICRC와 유엔 인도주의 업무조정국OCHA 등은 "인도적 지원은 정치적 이해관계에서 독립적으로 제공되어야 한다"라는 원칙을 강조하며, 북한에 대한 식량, 의료, 보건 서비스 지원을 추진해 왔다.

셋째, 인도적 지원에 대한 미국과 유엔의 제재 면제 승인 절차가 존재하고 있어, 인도적 지원은 명시적, 구체적으로 진행가능하다. 대북 제재가 강화되면서 국제기구 및 민간단체의 대북 인도적 지원이 위축되는 경향이 있었지만, 실제로 유엔과 미국은 인도적 지원이 지속될 수 있도록 면제 절차를 운영하고 있다. 유엔 안보리 산하 대북제재위원회(1718위원회)는 인도적 지원에 필요한 물품에 대해 예외적 승인을 제공하며, 미국 재무부 해외자산통제국OFAC도 특정 지원 활동에 대해 제재 면제를 검토한다.

과거 한국 정부도 정치적 상황과 무관하게 북한 주민의 인도적 필요를 고려하여 다양한 지원 조치를 취해 왔다. 남북한 관계의 기복에 따라 지원 규모와 방식은 변화했지만, 인도적 차원의 접근은 지속적으로 유지되어 온 것이다. 한국 정부는 "정치적 상황과 관계없이 북한 주민의 생존과 인권을 보호한다"라는 원칙 아래, 인도적 지원을 일관되게 추진해 왔다. 이에 따라 남북한 관계 경색기에도 최소한의 인도적 지원은 유지되었으며, 북한이 자연재해를 겪을 때마다 긴급 구호 물자를 제공했다. 대표적인 사례로, 이명박, 박근혜 정부 시기에는 북한의 계속된 도발과 핵미사일 프로그램 개발 및 고도화로 인해 정부 차원의 대규모 지원이 축소되었으나 유엔 기구 및 국제단체를 통한 간접 지원은 지속되었다. 세계식량계획WFP과 유니세프UNICEF를 통해 북한의 영유아 및 임산부 대상 영양 지원 프로그램을 후원한 것이다. 결핵 및 말라리아 치료를 위한 의약품 지원도 이루어졌으며, 국내 민간단체와 협력하여 백신 및 의료 장비를 제공했다.

최근 북한의 한국에 대한 적대시 정책의 노골화와 고립화 추구로 인해 대북 인도적 지원은 길이 막혀 있는 상태이다. 교착상태에 있는 남북한 관계의 개선과 해결의 실마리는 결국 한반도의 완전한 비핵화 달성이 될 것이며, 그 이후 가능한 대북 인도적 지원은 단순한 생존 지원을 넘어 북한 주민들의 삶의 질을 개선하는 협력사업으로 확대될 수 있을 것이다.

먼저 보건·의료 협력으로서, 의료 장비 및 의약품 지원뿐만 아니라 북한 내 병원의 현대화를 위한 남북 공동 프로젝트를 추진할 수 있을 것이다. 또한 남북 감염병 공동 대응 시스템을 구축하여, 코로나19, 결핵, 말라리아 등 감염병 대응을 위한 공동 연구 및 방역 협력을 추진할 수 있을 것이다.

다음으로 교육 및 인적 교류로서, 남북 공동 교육 프로그램을 운영함으로써 북한 학생들에게 국제적 수준의 교육 기회를 제공하기 위한 협력이 가능할 것이다. 또한 북한 내 의사, 간호사, 농업 전문가 등을 대상으로 한국에서 연수 프로그램을 제공함으로써 이 분야의 인적 교류를 활성화할 수 있을 것이다.

마지막으로 식량 및 농업 개발 협력으로서, 남북 공동 농업 개발 사업을 통해 북한의 농업 생산성 향상을 위한 기술 지원 및 협력사업을 진행할 수 있을 것이다. 농업 인프라 개선 프로젝트를 통해 북한 내 관개시설 및 비료 공급 시스템 개선을 지원하는 것도 가능하겠다. 이러한 협력사업은 북한 주민의 생활 개선뿐만 아니라 남북 간 신뢰 회복과 경제 공동체 형성의 기반이 된다.

심상민 KAIST

Q. 우리는 북한 주민의 인권 개선을 위해 무엇을 할 것인가?

북한에서는 주민들의 기본적 인권이 철저히 탄압받고 있으며, 국가에 의한 자의적 체포, 구금, 강제노동, 고문, 처형이 조직적으로 이루어진다. 북한인권정보센터NKDB의 〈2024 북한인권백서〉에 따르면, 2020년 이후에도 공개처형이 계속되고 있으며, 정부에 반대하는 주민들은 강제 구금되거나 처형된다. 특히 국경을 넘으려다 붙잡힌 사람들은 총살되거나 강제수용소에서 가혹한 처벌을 받는다. 2023년부터 중국이 탈북자 강제송환을 재개하면서 이들에 대한 처벌이 강화되었고, 정치범수용소에서 고문이나 사망하는 사례가 증가하고 있다.

북한에는 정치범수용소를 비롯한 여러 구금시설이 있으며, 정부의 감시와 처벌이 체계적으로 이루어진다. 2024년 6월 기준

〈NKDB 통합인권 DB〉에는 2,009건의 불법 체포와 32,257건의 불법 구금 사례가 기록되었고, 2020년 이후에도 271건의 자유권 침해 사례가 보고되었다.[17] 이는 북한에서 법적 절차가 제대로 지켜지지 않음을 보여준다. 특히 고문이 만연하며, 피의자의 95%가 변호사 선임권을 알지 못하거나 실제 변호인의 도움을 받지 못했다고 응답했다.

구금시설 내 인권 침해는 더욱 심각하다. 정치범수용소와 교화소에서는 강제노동이 일상화되어 있으며, 영양실조와 질병으로 많은 수감자가 사망한다. 〈NKDB 통합인권 DB〉에 따르면, 구금시설 내에서 3,848건의 고문 사례가 기록되었고, 이 중 2020년 이후 발생한 사례만 39건이다.[18] 수감자들은 가족 면회도 허용되지 않는 경우가 많으며, 기본적인 생존권(식량, 물, 의료 서비스, 법적 상담 등)을 보장받지 못하고 있다.

북한 주민들은 극심한 식량 부족에 시달린다. 경제난으로 배급 체계가 사실상 붕괴했고, 주민들은 시장에서 생계를 유지하려 하지만 정부의 단속 강화로 생존이 더욱 어려워지고 있다. 2020년 이후에도 많은 사람이 기아로 사망했으며, 특히 농촌 지역에서는 영양실조가 심각하다. 표현의 자유도 철저히 제한되어, 외부 정보 유입이 강하게 단속되며 한국 드라마 시청이나 외국

---

17 김레지나 외. 2024.《2024 북한인권백서》. (사)북한인권정보센터, 페이지 103.
18 김레지나 외. 2024.《2024 북한인권백서》. (사)북한인권정보센터, 페이지 314.

라디오 청취가 적발되면 가혹한 처벌을 받는다. 정부 정책 비판은 범죄로 간주되며, 종교 활동으로 탄압받는 사례도 많다. 특히 성경 소지나 기독교 활동이 적발되면 정치범수용소로 보내지기도 한다.

노동권과 이동의 자유도 보장되지 않는다. 학생들은 농촌 동원, 성인들은 국가 건설 사업에 강제 동원되며, 노동자들은 정당한 임금 없이 열악한 환경에서 장시간 노동을 강요받는다. 특히 정치범수용소와 교화소에서는 기본적 지원 없이 혹독한 노동이 이루어진다. 북한 주민들은 거주지 이동의 자유가 없으며, 탈북 시도자들은 강제송환이나 처형의 위험에 처한다. 최근 중국에서 강제 송환된 탈북자들의 체포와 고문 사례가 늘면서 국제사회의 우려가 커지고 있다.

북한의 심각한 인권 침해에 대해 국제사회는 효과적 대응에 한계를 보인다. 유엔총회의 북한인권결의안은 인권 유린을 규탄하지만, 중국과 러시아의 반대로 강력한 제재로 이어지지 못한다. 북한의 반인도적 범죄를 국제형사재판소[ICC]에 회부하려는 시도도 유엔 안보리의 구조적 한계로 실현되지 못하고 있다. 한국 내에서도 북한인권법(2016년 제정)의 실효성 논란이 지속되고 북한인권재단 출범이 지연되는 등 정치적 논쟁이 이어지고 있다.

이러한 한계로 인해 북한 인권 문제에 대한 국내 정책 추진이 지체되고, 실질적인 개선을 위한 국제적 공조도 어려움을 겪고 있다. 그럼에도 불구하고, 현 상황에서 북한 주민의 인권을 보호하기 위해 실질적이고 실행할 수 있는 대응 방안을 마련하는 것이 무엇보다 중요하다. 이에 대해 구체적으로 다음과 같은 방안을 고려할 수 있다. 첫째, 탈북자 보호와 지원을 강화해야 한다. 한국과 국제사회는 중국을 비롯한 제3국에서 체포된 탈북자들의 강제송환을 막기 위해 더 강력한 외교적 노력을 기울여야 한다. 탈북자들이 난민 지위를 인정받을 수 있도록 국제법적 보호를 확대하고, 이들의 인권을 보호하는 네트워크를 구축하는 것이 중요하다.

둘째, 북한 내 인권 감시와 기록을 체계화하고, 국제형사재판소ICC 회부 가능성을 적극 검토해야 한다.[19] 북한에서 발생하는 인권 침해를 체계적으로 감시하고 기록하는 작업을 강화해, 향후 국제사회가 실질적인 조처를 할 수 있도록 해야 한다. 특히, 북한인권기록보존소나 국제인권단체와 협력하여 인권 유린의 증거를 수집하고 보관하며, 국제형사재판소ICC에 회부할 수 있는 자료로 활용할 필요가 있다.

셋째, 대북 방송과 정보 유입을 확대해야 한다. 북한 주민들이 외부 세계의 소식을 접할 기회를 늘리면 인권 의식이 높아지고,

---

19 중국과 러시아의 거부권 행사로 인해 유엔 안보리를 통한 ICC 회부는 현실적으로 어렵지만, 이에 대한 대안으로, ICC가 직접 북한 내 인권 범죄 가해자들을 조사하도록 유도하는 방안이 제기되고 있다.

자발적인 변화의 가능성도 커질 것이다. 이를 위해 라디오 방송을 활성화하고, USB나 SD카드 같은 매체를 활용해 한국과 국제사회의 소식을 북한 내부로 전파하는 전략이 필요하다. 마지막으로, 국제적 연대를 더욱 강화해야 한다. 유엔, 국제 NGO, 각국 정부와 협력하여 북한 인권 문제를 지속적으로 국제사회에 제기하고 압박을 가해야 한다. 특히, 유엔 인권 이사회의 역할을 확대하고, 북한 인권 문제가 국제사회에서 주요 의제로 논의될 수 있도록 촉구하는 것이 중요하다.

최현진 경희대

Q. 북한은 왜 오물풍선을 날릴까?

북한은 분단 이후 지속적으로 대남심리전을 전개해 오고 있다. 2024년 1월 15일 김정은 국무위원장은 '적대적 두 국가 선언'을 제시했고, 북한의 대남전략이 근본적으로 변화하고 있다. 김정은은 2024년 1월 15일 최고인민회의 시정연설에서 "헌법에 있는 '북반부', '자주, 평화통일, 민족대단결'이라는 표현들이 이제는 삭제되어야 한다"라고 말했다. 이는 한반도 적화통일이 사실상 불가능해졌음을 북한이 공개적으로 인정한 첫 사례이다.

북한은 이후 '조국통일 3대헌장 기념탑'을 철거하고, 경의선-동해선 남북연결도로를 폭파하는 등 통일 관련 상징물을 제거했다. 이는 단순한 레토릭에 그치지 않고 실제 행동으로 이어졌음을 보여주는 것이다. 북한의 변화는 현대화modernization와 세계화

문답으로 풀어 본 트럼프와 한반도

globalization라는 세계적 흐름에 대응하기 위한 불가피한 선택으로 해석될 수 있다. 통일부의 탈북민 대상 설문조사에 따르면, 외국 영상물 시청 비율이 2000년 이전 8.4%에서 2016~2020년 83.3%로 급증했고, 휴대전화 가입자 수도 2009년 6만 9,000명에서 2020년 600만 명으로 증가했다.

이러한 변화는 북한 주민들의 사고방식을 근본적으로 바꾸는 원인이 되며, 독재자들의 통치 메커니즘을 무효화시킬 수 있는 요소가 된다. 북한은 이에 대응하여 '반동사상문화배격법', '청년교양보장법', '평양문화어보호법' 등을 제정하여 내부 통제를 강화하고 있다. 그러나 법률만으로는 이러한 흐름을 막기에 한계가 있어, 내부 통제 강화의 명분을 확보하기 위한 새로운 접근이 필요한 상황으로 판단된다.

북한은 2008년부터 국제질서가 '신냉전' 구도로 접어들고 있다고 평가하기 시작했다. 초기에는 이를 기회로 인식했으나, 2017년 '핵무력 완성 선언' 이후 미국과의 협상이 실패하면서 위협으로 인식하기 시작했다. 따라서 2022년 러시아의 우크라이나 침공 이후, 북한은 러시아에 군수물자를 적극 지원하고 있고, 2024년 6월에는 김정은과 푸틴이 '포괄적인 전략적동반자관계에 관한 조약'에 서명했으며, 이후 북한은 러시아에 군인을 직접 파병하기도 했다. 동시에 북한은 한반도 내 무력충돌은 피하려는 모습을 보이고 있다. 2024년 한미 연합훈련 기간에는 무력 도발을 자제했으며, 김정은은 "우리는 솔직히 대한민국을 공격할 의사가 전혀 없다"라고도 밝혔다.

2016년 살포된 대남전단은 '적화통일'이라는 목표를 유지한 채 대통령 비방, 반외세투쟁, 북한의 정책선전과 체제 선전 등의 내용이 포함되어 있었다. 반면, 2024년 등장한 오물풍선에서는 '적화통일' 요소가 사라졌다. 오물풍선의 내용물은 인분, 가축의 분뇨, 담배꽁초 등으로 구성되어 있다. 이는 기존의 대남 전단과는 달리 특별한 메시지를 담지 않고, 단순히 오물만을 담아 남측으로 보내는 형태로 변모한 것이다. 대신 '팃포탯tit for tat' 형식의 패턴을 보이며, 한국 정부의 반응을 유도하고 이에 다시 반응하는 형태를 띠고 있다. 오물풍선은 한반도 긴장을 의도적으로 고조시키면서도 직접적인 무력충돌은 피하려는 모습으로 보인다.

그러나 향후 인지전 형식으로 심화 발전할 가능성도 있다. 도발의 일상화로 인한 안보 공백 발생 우려와 함께, 국민의 상시적 불안감이 정부에 대한 불신으로 이어질 가능성도 존재한다. 결론적으로, 북한의 대남심리전 성격 변화는 북한 내부의 변화와 국제질서 변화에 대응하는 새로운 전략의 일환으로 볼 수 있다.

또한, 오물풍선 살포 도발이 지속될 경우, 한국 사회의 인지 구조 자체를 변화시키는 수단이 될 수 있다. '도발의 일상화'에 따른 경계심 저하와 동시에 상시적 불안감으로 인한 정부 불신 증가 가능성이 존재하게 된다. 오물풍선 도발은 적화통일이라는 전략적 성격보다는 내부 체제 결속 강화와 한반도 긴장 유발을 위한 전술적 성격을 띠고 있다고 볼 수 있는 것이다.

허재영 연세대

Q. 북러 협력의 종착점은?

러시아와 북한의 밀착을 바라보는 지배적인 시각은 북한이 외교적 고립에서 탈피하고 대북제재를 무력화하며 필요한 지원과 군사 기술을 전수받는 등 전적으로 북한에 유리하다는 것이다. 특히, 2024년 6월 19일 평양에서 체결된 북러 간 '포괄적 전략 동반자 협정'은 4조에 무력 침공 시 상호원조 조항을 포함함으로써 사실상 동맹 복원으로 간주하였다. 이후 북한이 러시아-우크라이나 전쟁에 파병함으로써 북한은 온전한 혈맹으로 러시아를 확보하게 되었다고 주장한다. 한반도 유사시 러시아가 군사적으로 개입하여 북한을 도울 것이 확실시된다는 것이다. 그러면서, 북러 간 밀착은 러우전쟁이 종결되더라도 여전히 지속될 것이라고 전망한다. 북한은 러시아와 협력을 기반으로 대미 관계에서도 충분히 버티기가 가능하고, 중국을 자극하여 더 큰 지원을 획득할 수 있다고 판단한다. 과연 그럴까?

우선, 러시아의 국력은 세계 강대국 수준이 아니다. 러시아가 우크라이나를 불법 침공하기 이전부터 세계 차원의 국력이 미국, 중국과 비견될 수준이 전혀 아니었다. 2021년을 기준으로 국내총생산(명목 GDP)은 한국이 1조 8,070억 달러로 세계 10위이고, 러시아는 한국보다 뒤처진 1조 6,380억 달러로 세계 11위이다. 군사비 지출 규모는 러시아가 669억 달러, 한국이 430억 달러로 GDP 대비 각각 3.13%, 2.48%로 세계 5위와 9위 수준이다. 종합하면 블라디미르 푸틴의 러시아는 핵무기를 보유하고, 제국주의적 영토 확장의 야심을 가진 수정주의적 국가라는 특성을 제외하고는 국력 차원에서 한국과 유사하다. 한국이 세계 강대국으로 간주되지 않는다면, 러시아도 동일하다.

러시아의 국력은 우크라이나 침공으로 더욱 약화할 것이다. 러시아의 주된 수출품인 천연가스와 원유 등을 더는 유럽이 구매하지 않는다. 발트해 해저를 통해 러시아에서 독일로 직접 천연가스를 공급하는 '노트르스트림 2' 사업은 러시아의 우크라이나 침공 이후 중단되었고 재개될 가능성은 희박하다. 중국과 인도 등이 대체 시장으로 역할을 감당하고 있지만, 절대 수출 분량 차원에서 유럽 수출이 막힌 것은 러시아에 매우 불리하다. 원윳값 상승으로 적자 폭을 줄였다고 하더라도 러시아를 대표하는 국영 에너지 기업 가스프롬의 수익률은 전쟁 전과 비교할 때 50% 감소하였다. 러우전쟁이 종결되고, 미국의 도널드 트럼프가 공헌한 대로 원유와 천연가스 공급을 대폭 늘리면서 산유국의 원유 가격 하방을 압박한다면 러시아의 수익률은 더욱 악화할 것이다.

2023년 러시아가 기록한 국내총생산 3.6% 성장도 착시이다. 국방비를 전체 예산 중 30% 이상으로 증대하여 정부 지출을 대폭 늘려 군수 사업을 최대치로 가동한 결과이다. 단기 성장을 이루더라도 정부 지출과 군수 산업 중심 경제는 결국 인플레이션 압박과 군사비 과다 지출로 인한 재정 부담 등으로 구조 자체를 왜곡한다. 여기에 천연가스 및 원유 가격이 하락한다면 정부의 재정 적자는 더욱 확대되어 국가 부도로 이어질 수 있다.

이 외에도 러시아의 국력 약화는 다음의 두 가지 사건만으로 충분히 확인된다. 비핵국가이자 경제·군사력에서 월등한 격차가 있는 우크라이나를 상대로 한 전쟁에서 푸틴은 결국 초기 목표 달성에 실패했을 뿐 아니라 전쟁 지속 능력도 부족하여 북한에 의존한다는 사실 자체가 러시아의 한계를 노정한다. 병력 수급과 전장에서 사용되는 포탄과 미사일 부족으로 북한에 손을 내밀어야 하는 상황이 러시아의 곤궁함을 표상한다. 러시아가 50년 가까이 중동의 핵심 전략국으로 지원해 온 시리아의 알아사드 정권의 몰락을 막지 못한 것도 러시아 국력의 약화를 방증한다. 그렇다면, 러시아는 이미 버락 오바마 대통령이 규정했듯이 세계 강대국이 아닌 '지역 강국' 수준이다.

이러한 러시아와 협력을 통해 북한이 얻는 이득은 한계가 있다. 우선, 북한이 가장 원하는 러시아산 핵 관련 기술 이전은 제한된다. 러시아는 소련 시절부터 민감기술을 동맹국에 이전한 전례가 없고, 러우전쟁 종전을 모색하는 현시점에서 더욱 가능성이 크지 않다. 트럼프 2기 출범 후 미국은 러우전쟁 종전을 위해 러시아를 압박하고 있는 상황에서 러시아가 북한에 이러한 기술을 전수하기 더욱 어렵다. 북한이 러시아로부터 받고자 하는 기술은 대륙간탄도미사일 완성을 위한 기술과 핵추진잠수함 개발 기술, 정찰위성 관련 기술 등임을 고려할 때 모두 다 미 본토 타격에 필요한 것이다. 러시아가 이러한 기술을 이전한다면 미국 우선주의를 주창하며 특히 미 본토에 대한 방어를 중시하는 트럼프 행정부를 직접 도발하게 된다. 러우전쟁 종전 과정에서 미국과 협력해야 하는 러시아가 미국의 보복이 예상되는 선택을 하기 어려울 것이다.

러우전쟁 종전 이후에도 러시아가 이전만큼 북한과 협력할지도 불확실하다. 유럽과 교류가 막힌 상태에서 미중 관계에 따라 러시아의 중국 수출이 원활치 않는다면 러시아가 기대할 수 있는 제한된 선택지 중 하나는 한국이다. 러시아의 우크라이나 침공 전이자 코로나19 발생 전인 2019년 한국과 러시아의 교역량은 약 184억 달러인 데 반해 북한과 러시아의 교역량은 4,790만 달러로 한국과 교역 규모가 460배 크다. 러시아의 서쪽인 유럽이 막힌 상태에서 푸틴이 이전부터 추진을 밝힌 신동방정책이 유일한 경제 돌파구가 된다면 러시아는 어떤 선택을 해야 하는지 자명하다.

결정적으로 러시아와 북한은 역사적으로 상호 신뢰가 매우 제한된다. 김일성은 1956년 8월 종파 사건 때 당시 소련과 중국이 개입한 것을 절대 잊지 않았다. 이후 탈냉전 과정과 러시아의 한국과 수교 등의 모든 역사 현장에서 북한은 러시아로부터 잊힌 존재였다. 러우전쟁이라는 특수한 상황이 계기가 되어 협력이 강화되었지만, 이데올로기와 가치 등을 공유하지 않고 권위주의 일인체제라는 특성만 공유하는 양국의 협력이 지속할지 장담할수 없다. 오히려 이러한 정치 체제하에 지도자는 결코 아무도 믿지 못하는 속성이 있으므로 언제든지 관계 이탈이 가능하다. 결국, 북한은 약화일로인 러시아를 선택한 패착을 범했다.

이를 통해 북한은 제국주의 침략 전쟁을 시도한 수정주의 불량국가 러시아와 같은 이미지를 공유한다. 인도주의 차원에서 북한에 동정적이고 일면 수용적이던 유럽의 다수 국가가 러시아라는 실존 위협에 가담한 북한을 위협세력으로 정체성을 재규정하고 있다. 중국도 속내는 다를 수 있지만, 유럽국가와의 관계를 고려하여 북한이 원하는 북중러 삼각 연대의 진영주의를 공개적으로 반대하고 거리를 두고 있다. 미국의 트럼프는 북한과 대화를 재개한다면 초입에 북한의 러우전쟁 파병 철회부터 요구할 수 있다. 더불어 러시아와 중국을 압박하여 북한군 파병 철회도 가능하다. 이미 상당 수준의 피해가 보고된 파병된 북한군으로 인해 북한 내부 여론의 반감도 확대될 것이다. 그렇다면 북한은 러시아와의 밀착으로 얻는 이득과 지급해야 하는 비용 사이에서 균형을 맞췄다고 판단하기 어렵다. 썩어가는 동아줄을 잡은 패착의 가능성이 크다.

박원곤 이화여대

Q. 북중러 동맹 형성 가능성은?

시진핑 주석이 집권한 후 가장 많이 만났고 전화 통화를 했던 외국 정상은 단연 푸틴 대통령이다. 중국 외교부는 중러 관계가 반석 위에 있는 것과 같이 굳건하며 양국 관계에는 상한선이 없다고 강조했고, 이에 푸틴 대통령은 양국 관계가 역사상 최고 수준에 도달했다고 화답했다. 2020년 12월 중러 양국은 한국 방공식별구역KADIZ으로 전략 폭격기를 포함한 군용기 19대를 진입시켜 연합훈련을 한 이후 중국 내륙, 동중국해와 북태평양 등 지역에서 매년 연합훈련을 진행했다. 현재 중러 관계는 1949년 중화인민공화국 건국 직후 중국이 친소親蘇 일변도 외교정책을 채택해 중소 동맹이 형성되었던 시기를 제외하면 최고로 밀접해진 것으로 평가할 수 있다. 이로 인해 혹자는 중러 간 군사 동맹 가능성을 제기하기도 한다. 한편 북러 양국은 2024년 6월에 이미 포괄적 전략적 동반자 관계 조약을 체결하였고, 북한은 러시아에 대규모의 포탄을 제공한 후 전투 병력까지 파병했다. 그 결과 국내외에서는 북러 관계가 사실상 동맹관계로 복원되었다는 평가까지 제기되고 있다. 그렇다면 한국의 안보에도 심각한 영향을 줄 것이 자명한 북중러 군사협력 강화 가능성이나 북중러 군사동맹 형성 가능성을 우리가 우려해야만 하는 것인가?

러우 전쟁을 통해 러시아군의 현대전 수행 능력에 대해 재평가가 이뤄지고 있지만 러시아는 여전히 군사 대국이다. 또 북한은 낙후된 재래식 군사력에도 불구하고 핵탄두와 탄도미사일 보유를 통해 실질적 핵 타격 능력을 보유했고 생화학 무기 등도 한국 안보에 가장 중대한 위협이다. 그리고 북한과 러시아는 북중러 군사협력이나 동맹 형성을 통해서 군사적, 경제적, 외교적으로 얻을 것이 많은 국가이기도 하다. 만약 중국이 러시아와 무역을 지속하고 석유와 천연가스 구입을 통한 경제적 지원을 제공하는 것을 넘어 무기 제공이나 판매, 나아가 북한처럼 전투병까지 파병할 경우에는 러우 전쟁의 전황이 러시아에 우세한 쪽으로 확실히 기울 것이다. 한편 만약에 중국이 북한과 군사협력을 강화하거나 동맹관계를 실질적으로 회복하기로 결정할 경우 북한도 세계에서 두 번째로 큰 중국의 경제력과 제조업 생산력을 우군으로 두게 된다는 이점을 누릴 수 있을 것이다. 이와 같이 북한과 러시아는 북중 혹은 중러 군사협력 혹은 동맹을 통해서 얻을 수 있는 것이 확실하다. 그러므로 북한과 러시아는 중국과의 군사협력 강화나 동맹 형성을 원하고 있을 가능성이 높다.

그렇지만 북중러 군사협력이나 동맹 형성이 현실화될 가능성을 논의할 때 중점적으로 분석해야 할 국가는 중국이다. 중국은 현재 미국에 이어 두 번째로 많은 국방비를 사용하고 있는 국가일 뿐 아니라, 가장 빠른 속도로 핵탄두를 늘리면서 동시에 재래식 군사력도 증강하고 있는 국가이기 때문이다. 여기에 더해 중국은 핵과 재래식 군사력 증강을 지속하고 유지할 수 있는 경제력과 기술력도 갖추고 있다. 즉 능력의 측면에서 평가할 때 중국은 북한과 러시아가 필요로 하는 경제력과 기술력을 뒷받침해 주면서 군사동맹을 주도할 수 있는 잠재력을 충분히 갖추고 있다고 평가할 수 있다. 하지만 이것이 중국이 현재 상황에서 북중러 군사협력이나 동맹 형성을 추진할 것을 의미하지는 않는다. 중국은 미중 경쟁에서 힘의 균형을 맞추기 위해 러시아와 전략적 협력관계를 공고히 해야만 하고, 북한에 대한 영향력도 유지해야만 하지만, 미중 경쟁이 미소 냉전처럼 적대적인 두 진영 간의 군사적 대치로 악화되는 것은 원하지 않는 것으로 보이기 때문이다.

중국은 소련 붕괴 이후 어느 국가보다도 소련이 붕괴한 원인에 대한 철저한 분석을 진행했으며, 미중 경쟁에서 소련의 전철을 밟지 않기 위해서 노력하고 있다. 우선 중국은 미중 군사력 격

문답으로 풀어 본 트럼프와 한반도

차에 대해 객관적 평가를 하고 있을 것이며, 현시점에서 미국과의 군사적 충돌이 중국에 불리할 것이라는 점도 명확하게 인식하고 있을 것이다. 그러므로 현재 시점에서 중국이 추구하고 있는 전략은 경제력과 기술력의 발전과 군사력 증강을 통해 시간이 걸리더라도 힘의 분포 상황 자체를 변경시킨 이후에 미국과 주변국들이 이 현실을 받아들이게 하는 것이지, 군사적 모험주의에 나서는 것은 아니라고 판단된다.

둘째, 역사적 교훈과 현실적 상황을 고려해 볼 때 중국은 러시아와 북한이 믿음직한 동맹이 될 수 있다고 판단하지 않을 것이다. 중소 분쟁이 최악으로 치달았던 1960년대 후반 양국은 대규모 국경분쟁에 이어 핵전쟁의 위기까지 겪었다. 북중관계도 양측 모두 상대방에 대한 신뢰도는 낮은 것으로 보인다. 그뿐만 아니라 러시아와 북한 모두 핵을 보유하고 있기에 미국과 동맹국 간의 관계처럼 비대칭적인 동맹 구조를 러시아와 북한 모두 쉽게 받아들이려 하지 않을 것인 반면, 군사협력이나 동맹에 필요한 경제력은 중국에 의존할 수밖에 없는 상황이다. 즉, 중국은 러시아와 북한에 지원해 줄 것은 많지만 북러 양국 모두 동맹관계에서 중국의 주도권을 그다지 존중하지는 않을 가능성이 높다. 또 중국은 동맹에 연루될 위험성도 높아질 것이다.

셋째, 북중러 군사협력이나 동맹은 중국이 우군으로 만들려 노력하고 있는 국가들과의 관계도 악화시킬 것이다. 중국이 러우

전쟁에서 중립적인 입장을 견지하는 이유 중 하나는 서유럽 국가들과의 관계를 고려해야만 하기 때문이다. 마찬가지로 북중러 군사협력은 한중 관계에도 치명적 타격을 줄 것이다.

결론적으로 현 상황에서는 북중러 군사협력 추진이나 동맹 형성이 중국이 추구하는 전략과 국익에 부합하지 않기에 현실화할 가능성은 작다고 생각된다.

김동찬 연세대

2 통일정책

Q. 북한의 대남 통일포기 선언은 성공할까?

　김정은 북한 노동당 총비서는 2024년 1월 남북한 관계를 "동족관계, 동질관계가 아닌 적대적인 두 국가 관계, 전쟁 중에 있는 완전한 두 교전국 관계"로 선포하고 더는 통일을 추구하지 않겠다고 한국과 헤어질 결심을 선언하였다. 이어 같은 해 2월 8일 이른바 건군절 연설을 통해서는 "유사시 핵무력을 포함한 모든 물리적 수단과 역량을 동원하여 남조선 전 령토를 평정하기 위한 대사변준비에 계속 박차를 가해겠다"라고 선포하였다. 전쟁할 결심으로 읽힌다.

　북한이 내세운 평화통일의 진정성은 의심받아 왔고 일부에서는 북한이 무력으로 한국 영토를 점령하는 '영토완정'목표를 결코 포기한 적이 없다고 주장하지만, 헤어질 결심을 공식화한 것은 '우리

민족끼리'라는 선전적 차원에서 시도된 대남전략조차 완전히 포기한 극적 노선 전환이다. 그렇다면, 북한은 왜 이런 결정을 했을까?

북한의 선택은 '자기방어적 패배 선언'이다. 김일성이 1980년 6월 노동당 6차 대회에서 제안하여 그간 북한의 공식 통일방안이었던 '고려민주연방공화국 창립방안'(고려연방제)에 따르면 가장 낮은 단계에서 남북 간 경제·문화·사회적 교류를 강화하게 되어 있다. 이를 통해 북한은 한국 내 북한 동조세력을 최대한 확보하여 결국 자신들이 주도하는 통일을 구상하였지만, 사실상 실패했음을 인정한 것이다. 한국민의 북한에 대한 반감은 증대되고 있다. 예를 들어 KBS에서 매년 실시하는 국민 통일의식 조사에 따르면 북한을 경계 또는 적대 대상으로 인식하는 비율이 2021년 65.1%에서 2023년 75.9%로 뚜렷이 증가하는 추세를 보인다. 북한도 이를 충분히 인지하여 불리하고 현실성 없는 민족개념 통일방안을 포기하고 적대적 두 국가론으로 선회한 것으로 판단된다.

보다 근본적으로 대남노선 전환은 김정은 체제하에 사상통제를 위한 고강도 내부 결속용 극약 처방이다. 한국 문화가 북한에 전파되는 상황을 더는 막지 못하므로《대한민국》을 철저히 타자화하고 적대시한다. 북한 내 사상 이완은 역설적으로 북한이 2020년 이후 통과시킨 3대 법을 통해 확인할 수 있다. 북한 당국은 반동사상문화배격법(2020.12), 청년교양보장법(2021.9), 평양문화어보호법(2023.1) 등을 제정하여 비사회주의·반사회주의 척결운동을 본격화하였다. 예를 들어 한국 드라마를 혼자 보면 5년에서 15년 노동교화형, 주변에 전달하는 전파가 이루어지면 최소 무기에서 사형까지 가능한 강력한 처벌 조항을 포함한다. 북한은 한국과 달리 법치 국가가 아니다. 일반법 위에 헌법, 그 상위에 노동당 규약이 있고 최고의 권위는 지도자의 교시教示이다. 그러나, 최고 구속력이 있는 김정은이 수없이 반사·비사 척결을 외쳤지만, 결국 실패하여 법을 통한 구체적 처벌을 선택하게 된 것이다. 한국 문화를 접하면 받는 처벌을 법에 자세히 기록한 것은 체제에 또 다른 위협이 될 수 있다. 북한 주민 처지에서 '나만 한국 영화를 보는 것이 아니라 다른 이도 보고 있구나'라는 '공동지식'을 당국이 공식 인정한 셈이 되기 때문이다. 북한은 체제 유지를 위해 북한 주민 간 소통을 절대 하지 못하도록 철저히 통제해 왔는데, 법을 통해 이를 알린 것은 그만큼 사상 이완이 심각하다는 것을 방증한다. 북한 당국의 선택 여지가 없다는 의미이기도 하다.

김정은의 적대적 두 국가론은 진영주의를 구축하려는 노력의 일환이기도 하다. 김정은이 신냉전을 공개 석상에 언급하기 시작한 것은 2021년 9월 최고인민회의 연설에서이다. "국제관계 구도가 신냉전 구도로 변화하고 있다"라고 선포한 이래 2022년 12월 전원회의에서는 "명백히 전환되었다"라고 주장했다. 2024년 12월 전원회의에서는 신냉전이라는 표현은 없었지만, 북한 중심의 "자주 세력권"과 미국 중심의 "패권 세력권"으로 양분화한 진영주의를 여전히 주창하였다. 북한이 외교 고립에서 탈피하고 새로운 형태의 대안 경제모델을 구축하며 핵 보유를 사실상 인정받기 위해서는 냉전기와 유사한 진영 구축이 필수이다. 이런 측면에서 북한은 한미일을 '핵 동맹'으로 정의하면서 이에 대응하는 북중러 연대를 강조한다. 진영을 구축히기 위해서는 남한이 한민족으로 통일 대상이 아닌 '반제 자주'의 적대 대상이 되어야 한다. 신 냉전의 절연선을 확실히 긋는 시도이다.

북한은 한국을《대한민국 족속》으로, 자신들은《김일성 민족》으로 정체성을 규정하고 동족이 아닌 적대관계로 치환했다. 통일 포기의 빈자리를 영토완정을 위한 전쟁결심으로 채우고 있다. 그러나, 이러한 김정은의 선택은 결정적 패착이 되고 있다. 우선, 노선 전환을 선포한 지 1년이 넘는 현시점까지 아직도 북한 주민을 상대로 통일포기 선언에 대한 정당성을 제대로 설명하지 못하고 있다. 북한은 보통 중요 노선을 발표하면 노동신문 정론이나 근로자 등의 이론지를 통해 노선의 정당성을 설파하고 이를 학습자료로 만들어 북한 주민을 교육한다. 그러나, 북한의 통일포기 선언과 관련해서는 이런 노력이 없다.

이러한 한계는 김정은 스스로 초래한 것이다. 북한에 통일이라는 것은 그들의 정체성이다. 김일성이 조선인민민주주의 공화국을 건국하면서 밝힌 2대 역사적 사명은 '사회주의 건설과 조국 통일'이다. '식민지 남조선 통일과 조선반도 통일'은 노동당 규약의 기초이기도 하다. 1930년대 빨치산 투쟁 이래 북한 정권이 내세운 백두혈통, 혁명위업, 혁명전통은 모두 '조국 통일'을 근간으로 한다. 심지어는 1990년대 후반 대규모 아사자가 발생한 '미공급 시기'에도 이 모든 어려움을 분단체제로 돌리고, 통일되면 해결될 것이라고 선전했다. 김정은은 이러한 북한체제의 근간을 아무런 설명 없이 제거함으로써 자신의 정통성을 스스로 부인하고 북한 주민의 믿음체계를 흔들고 있다.

북한이 대남관계를 적대적 두 국가로 규정한 이상 북한은 자유민주주의 대한민국을 상대로 자신들의 체제 우월성을 증명해야 할 필요성이 오히려 더 커진다. 군사력 외에도 경제 성과 도출을 통해 한국보다 나음을 보여줘야 하지만, 불가능하다. 더불어 앞으로도 통일의 희망을 대체할 만한 비전을 제시할 수 있을지도 의문시된다. 북한체제에서 강조하는 '혁명'은 통일, 평화, 민족을 근본으로 하므로 이를 제거할 경우 1인 지배체제만 더 부각될 수밖에 없다. 통일의 빈자리를 영토완정으로 채우려면 상시적 전쟁 준비에 몰입할 수밖에 없으므로 북한 경제는 더욱 어려워질 것이다. 경제와 군사의 '병진'이 아닌 명백한 '선군'의 부활이다. 이미 장마당의 시장경제에 의존하고 있는 북한 주민의 바람과는 더욱 멀어지는 선택이다. 김정은 체제의 앞날은 결코 밝지 못하다.

박원곤 이화여대

Q. 자유민주주의 가치를 기반으로 한 통일외교는 지속될 수 있을까?

  한반도의 통일은 남북 간 군사 분계선의 철폐를 넘어, 대한민국이 지켜온 자유민주주의의 가치를 확장하고 북한 주민들에게도 인간다운 삶을 보장하는 역사적 과업이다. 자유민주주의에 기반한 통일외교는 단순한 외교 전략이 아니다. 대한민국의 정체성을 반영하는 핵심 원칙이며, 한반도의 안정과 번영을 위한 필수적인 접근법이다. 하지만 최근 국제정세의 변화는 가치 기반 통일외교의 지속가능성에 도전을 제기하고 있다.

  우선, 미국의 가치 외교 후퇴를 들 수 있다. 트럼프 대통령의 재선은 서방세계의 리더를 자임해온 미국의 대외정책을 자국 중심적으로 변화시키며, 민주주의와 인권보다는 경제적 실리에 초점을 맞추고 있다. 이는 직전 바이든 행정부에서 '민주주의 대 권위주의' 구도로 국제사회의 가치 기반 파트너십을 강화해 온 추세와는 정반대의 움직임이다. 트럼프의 미국 우선주의 강화는 한국의 가치 기반 통일외교의 지속에 전략적 부담으로 작용할 수 있다.

다음으로, 권위주의 연대authoritarian convergence의 강화이다. 러시아와 북한은 러우전쟁을 기해 군사협력을 심화하고 있으며 이는 한반도의 전략적 균형마저 흔들고 있다. 중국과 이란 역시 전쟁 중인 러시아를 지원하며 미국과 서방에 대항하는 공동 전선을 구축하고 있다. 이들 국가는 자유민주주의적 가치를 위협하며, 국제사회에서 권위주의 체제의 지속가능성을 강화하는 방향으로 암묵적 결사체를 강화해 가는 중이다.

한편, 북한은 2023년 12월 남북 관계를 '적대국, 교전국 관계'로 선언하며 전략적 '두 국가 접근법two state approach'을 채택했다. 이는 통일 노력을 약화하고 대한민국 헌법에 기반한 통일외교의 국제적 정당성을 훼손하려는 의도를 가지고 있다. 북한은 '신냉전' 담론을 앞세워 러시아, 중국과의 연대를 강화함으로써 한반도의 분단을 고착화하고, 대한민국을 적대국으로 규정함으로써 체제 생존을 강화하며 지역 안정을 위협하려 하고 있다.

이러한 국제정치적 격변에 더해 우리가 국내적으로 처한 현실 또한 녹록지 않다. 2024년 8월, 정부는 자유·평화·번영에 기초한 "8·15 통일 독트린"을 발표하였다. 이는 남북 체제대립 구도를 넘어 북한 주민의 인권을 개선하고, 자유민주주의 가치를 기반으로 국제사회의 지지를 확보할 수 있는 혁신적 통일전략으로 평가되었다. 그러나 작금의 국내 정치적 혼란은 자유민주주의에 기반한 통일외교의 지속가능성을 약화하는 요인으로 작용하고 있다. 국내외적 난관 속에서 자유민주주의 가치를 중심으로 한 통일외교를 지속할 수 있을까?

자유민주주의를 기반으로 한 통일외교는 대한민국의 외교적 선택이 아니라, 국가정체성과 헌법적 가치에 부합하는 필연적 노선이다. 대한민국 헌법 제4조는 "대한민국은 자유민주적 기본질서에 입각한 평화적 통일정책을 수립하고 이를 추진한다"라고 명시하고 있다. 즉, 자유민주적 통일은 헌법이 규정한 책무이며, 이를 포기하는 것은 국가의 정체성을 부정하는 것과 다름없다.

게다가, 자유민주적 통일은 한반도의 지속가능한 평화와 국제사회의 안정을 위한 실질적 전략이기도 하다. 북한은 체제유지를 위해 외부정보 유입을 막고 '3대 악법' 제정 등 폭력적 수단을 활용하고 있다. 북한 주민들에 대한 인권탄압은 단순히 북한 내부 문제로 치부할 수 없고, 인간안보human security 차원에서 국제사회가 해결해야 할 인도적 위기이다. 대한민국이 자유민주주의 가치를 기반으로 한 통일외교를 지속하는 것은, 헌법상 우리 국민인 북한 주민들에게 인간다운 삶을 보장하기 위함에 다름 아니다.

자유민주주의 통일외교를 지속하기 위해 다음과 같은 구체적인 전략이 필요하다. 첫째, 국제협력 강화이다. 대한민국은 미국, 일본, 유럽연합EU 등 민주주의 국가들과의 협력을 통해 자유통일의 정당성을 국제사회에서 지속적으로 강조해야 한다. NATO, G7, ASEAN, UN과 같은 국제 협의체에서 북한 실상에 대응하기 위한 자유통일 논리를 제도적으로 확산할 필요가 있다.

둘째, 북한 주민 중심 접근이다. 기존의 통일외교가 남북 간 체제대립에 초점을 맞췄다면, 이제는 북한 주민들에게 직접적인 변화를 유도할 수 있는 정보 접근권 확대와 인권 증진 활동을 강화해야 한다. 국제 NGO 및 미디어를 활용하여 북한 내부로 정보가 유입될 수 있도록 하고, 북한 주민들이 자유세계의 가치를 경험할 기회를 늘려야 한다.

셋째, 공공외교의 적극적 활용이다. 한류K-Culture를 포함한 다양한 문화·디지털 플랫폼을 통해 글로벌 시민들에게 자유민주주의 통일의 가치를 자연스럽게 전달하는 섬세하고 감각적인 접근이 필요하다. 싱크탱크, 학계, 언론과 협력하여 통일논리를 객관적이고 설득력 있게 전달하는 노력도 중요하다.

국제질서가 격변하고, 권위주의 연대가 강화되며, 미국의 가치 외교가 후퇴하는 상황에서도 대한민국은 자유민주주의 가치를 기반으로 한 통일외교를 포기해서는 안 된다. 자유민주적 통일외교의 방향성은 정부와 무관하게 유지되어야 한다. 민주주의 국가들과 연대하여 통일외교의 정당성을 강화하고, 북한 주민 중

심의 접근을 통해 자유통일의 기반을 조성해야 한다. 또한, 공공
외교와 정보접근권 확대를 통해 북한 내부의 변화를 유도하는 것
이 중요하다. 결국 자유민주주의에 기반한 한반도의 통일은 국제
사회의 평화와 안정에 기여하는 공공재로서 기능하게 될 것이다.

하경석 국가안보전략연구원

Q. 우리는 어떠한 통일을 해야 하는가?

통일 추진 환경이 요동치고 있다. 대내적으로 통일에 대한 무관심을 넘어 통일을 당분간 추진하지 말자는 주장까지 제기되는 등 사실상 분단 선호 경향이 증가하고 있다. 통일 상대인 북한은 2023년 12월 말 당 전원회의에서 남북한 관계를 소위 '적대적 두 국가 관계'로 규정하고 우리가 동족임을 부인했다. 김정은은 한 술 더 떠 한반도 통일이 필요 없다고 역설했다. 지역과 국제적 차원의 통일 추진 환경도 녹록하지 않다. 탈냉전 초기에 표현 수위와 속내는 달랐을지 몰라도 남북한 포함 미·일·중·러 모두 한반도의 평화로운 통일을 지지하거나 최소한 반대하지 않았다. 하지만 30년이 지난 지금 관련국들의 입장에 미묘한 기류가 형성되고 있다. 미국과 일본은 우리 주도의 '자유롭고 평화로운 통일'을 공식적으로 지지했다. 하지만 중국과 러시아는 북한이 통일 포기를 선포한 이후 한반도 통일에 대한 명확한 입장을 안 밝히고 있다. 이는 러북 군사동맹 강화와 미중 전략경쟁의 영향으로 중국과 러시아 모두에게 북한의 전략적 가치가 높아지는 상황과 무관하지 않다.

분단 당사국인 남북한 모두가 통일을 외면하면 국제사회 어디도 한반도 통일에 관심과 도움을 주지 않을 것이다. 한반도 주변 4대 강대국 중 어느 한 국가라도 적극적으로 통일을 반대하면 나머지 강대국들 또한 애써 우리의 통일정책에 협력하려 하지 않을지도 모른다. 분단 80주년이 멀지 않았다. 핵무기로 동족을 위협하며 통일을 지우고 있는 북한과 지정학적 유불리로 통일된 한반도를 저울질하는 주변 강대국들. 우리가 이들 모두를 대상으로 적극적인 통일 드라이브를 걸지 않는다면 우리는 너무나 허망하게 분단 100년을 맞이할지 모른다. 통일의 골든타임은 저절로 찾아오지 않는다. 만약 남북한 주민 모두가 통일을 간절히 원하고, 국제사회가 우리의 통일을 염려하지 않고 축복해 줄 수만 있다면 통일은 꿈이 아니라 현실이 될 수 있다.

우리는 통일 한반도에서 좀 더 안정적이고 훨씬 더 평화로운 번영을 이룩할 수 있다. 우리 미래세대는 한반도를 독점하는 8,000만 단일 국가의 울타리 속에서 주변 강대국과 자신 있고 당당하게 지역 질서를 이끌 수 있다. 통일의 과정은 인구와 영토를 두 배로 늘리는 퀀텀 도약이다. 불확실한 한반도 정세와 숙명적으로 불리한 지정학적 지역 환경을 고려할 때 통일보다 파괴력 있는 돌파구는 없다. 따라서 이제 우리는 통일을 민족 단일성 회복과 역사 정상화 차원에 국한하지 말고, 미래 생존 전략과 성장 동력 확보 차원에서 적극적으로 접근할 필요가 있다.

첫째, 먼저 통일 미래상을 그리기 이전에 오랜 분단의 역사를 엄중히 직시하며 솔직하게 통일에 접근해야 한다. 분단 이후 남북한은 서로 다른 정치체제를 선택해 치열한 체제 경쟁을 벌였다. 체제 경쟁의 종식이 분단의 극복, 즉 통일이다. 따라서 통일은 체제 경쟁의 결과에 따른 체제 선택의 문제다. 따라서 통일은 바로 8천만 남북한 주민이 남북한 각각의 정치체제 중 어느 한 가지를 선택함으로써 결정된다. 남북한 체제를 적당히 섞거나 어느 일부를 정치적으로 용인하는 것은 가능하지 않을 것이며 바람직하지도 않다. 체제 경쟁의 승자인 남한이 퇴행적인 북한 체제 일부를 수용하는 것은 비현실적이다. 실제 통일의 순간이 왔을 때, 통일한국의 정치체제가 자유민주주의가 아니라면 우리 국민 대다수는 통일을 반대할 것이다. 따라서 북한 주민들이 자발적으로 자유민주주의를 선택하고 우리가 북한 주민들의 의사를 평화적으로 수용하는 것이 바람직하고 자연스러운 통일의 과정이며 방식이다. 그런 의미에서 우리가 통일을 주도하는 것은 불가피하고 당연하다.

둘째, 우리는 어떠한 비전으로 통일한국 미래상을 상정해야만 할까? 통일 추진과 통일 이후 통합, 그리고 통일의 지속가능성 등 이 세 가지를 함께 고려할 때, 통일한국은 반드시 그리고 자신 있게 부국강병富國強兵을 지향해야만 한다. 튼튼한 경제력이 뒷받침되지 않으면 통일 이후 신정한 남북한 동합을 성취하기 힘들 것이다. 남북한 주민 모두가 통일을 후회하지 않도록 남북한 지역의 경제적 동반성장이 필요하다. 또한 한반도에 대한 주변 강대국들의 영토적 야심과 불편부당한 외교적 강압을 억제하기 위해서라도 강력한 군사력을 반드시 보유해야만 한다. 한반도가 제국주의의 희생양이 되고 끝내 분단되었던 공통의 원인은 우리의 국력이 약했기 때문이다. 최소한 통일한국은 튼튼한 경제와 안보를 바탕으로, 우리 미래는 우리가 결정할 수 있어야 한다.

셋째, 우리가 지향해야 할 또 다른 통일 미래상은 통일한국이 지역 안정과 세계 평화·번영의 마중물이 되어야 한다는 것이다. 통일한국의 출현으로 더 강력한 한미동맹이 동북아의 안정을 담당하게 될 것이다. 통일한국은 동북아 세력 균형balance of power의 핵심으로 등장할 것이며, 중장기적으로 통일한국의 탄생은 한·미·일·중·러 다자안보 협력체 구상을 촉진하는 계기도 될 수 있다. 통일한국의 기여는 지역 안보에 그치지 않는다. 지난 80년간 막대하게 소요되었던 한반도 분단 비용은, 통일한국이 추진하는 세계 평화 유지와 인류 공동 번영의 소중한 자원으로 전용될 것이다. 우리는 한반도 통일을 인류의 공동 자산으로 만들겠다는 강력한 메시지를 전 세계로 꾸준히 발산해야 한다.

정성윤 **통일연구원**

문답으로 풀어 본 트럼프와 한반도

Q. 2030 세대는 통일을 지지하는가?

최근 10년간 한국 사회에서의 통일 필요성과 관련한 여론은 감소하는 추세에 있다. 2018년 4·27 판문점 선언은 단기적으로 국민의 대북인식을 개선하는 효과가 있었지만, 근본적인 인식 변화를 끌어내는 데는 한계가 있었다. 2024년 발표된 서울대학교 통일평화연구원 조사에 따르면 통일이 '필요하다'라고 답한 비율은 36.9%로 2007년 조사 시작 이래 가장 낮은 수치를 기록했다. 반면, 통일이 '필요하지 않다'라는 비율은 35%로 가장 높은 수치를 나타냈다. 이러한 결과는 2018년 남북정상회담, 북미정상회담 등의 정치 이벤트가 있었음에도 불구하고 통일 필요성에 대한 인식에 큰 영향을 주지 않고 있음을 알 수 있다.

특히, 2030 세대의 통일 필요성에 대한 인식이 다른 세대와 차별적으로 나타나고 있다. 2024년 조사에서 19~29세 연령층의 경우, 통일이 '필요하다'라는 응답은 22.4%에 불과한 반면, '필요하지 않다'라는 응답은 47.4%을 기록했다. 30대에서도 '필요하다'라는 응답이 23.9%, '필요하지 않다'라는 응답이 45.0%로 나타났다. 이러한 흐름은 크게 안보적 요인, 경제적 요인, 사회적 요인, 세대적 요인으로 나누어 설명할 수 있다.

표) 통일 필요성 (단위: %)

연도	① 매우 필요하다	② 약간 필요하다	①+②* 필요	③ 반반 / 그저 그렇다	④+⑤* 불필요	④ 별로 필요하지 않다	⑤ 전혀 필요하지 않다
2007	34.4	29.4	63.8	21.1	15.1	12.7	2.4
2008	26.1	25.4	51.5	23.1	25.4	20.0	5.4
2009	24.7	31.2	55.9	23.6	20.5	16.1	4.4
2010	27.3	31.8	59.0	20.4	20.6	16.6	4.0
2011	28.8	24.9	53.7	25.0	21.3	16.8	4.5
2012	26.8	30.3	57.0	21.6	21.4	17.2	4.3
2013	23.6	31.3	54.8	21.5	23.7	18.5	5.2
2014	26.6	29.3	55.9	22.5	21.6	18.3	3.4
2015	20.6	30.4	51.0	24.2	24.8	18.7	6.1
2016	19.5	33.9	53.3	22.0	24.6	19.0	5.7
2017	16.5	37.3	53.8	24.1	22.1	17.9	4.2
2018	21.4	38.4	59.7	24.1	16.1	13.5	2.6
2019	20.1	32.9	53.0	26.5	20.5	15.7	4.8
2020	20.5	31.8	52.3	22.6	25.0	19.8	5.3
2021	13.6	30.6	44.3	26.5	29.2	24.3	4.9
2022	14.6	31.4	46.0	27.3	26.7	20.9	5.8
2023	14.3	29.4	43.8	26.2	30.0	24.3	5.7
2024	10.9	26.0	36.9	28.1	35.0	27.7	7.2

* 합계는 개별 항목에서 반올림으로 인해 단순 합계와 약 ± 0.1 의 차이가 있음.
** 2021 년 조사부터 이전까지 사용했던 "반반 / 그저 그렇다"를 "반반 / 보통이다"로 수정하여 제시.
출처: 서울대 통일평화연구원,《2024 통일의식조사》, p. 32.

문답으로 풀어 본 트럼프와 한반도

첫째, 안보적 요인으로는 북한의 핵 무력 강화, 미사일 실험발사, 오물풍선 살포 등이 지속되면서, 북한의 불량행위로 인해 통일을 긍정적으로 바라보기 어려운 환경이 만들어졌기 때문이다. 둘째, 경제적 요인의 경우 독일통일의 사례로 미루어보아 재정지출 심화 등으로 인한 세금 부담 증가를 대표석으로 꼽을 수 있다. 셋째, 사회적 요인으로는 통일교육이 이전 세대보다 감소하고 있으며, 북한 주민들과의 이질감, 북한 지도부에 대한 불신 등이 영향을 주는 것으로 판단할 수 있다. 마지막으로 2030 세대는 연애, 취업, 결혼, 내 집 마련, 자녀 교육 등의 문제에 더 큰 관심을 두기 때문에 상대적으로 다른 세대에 비해 통일문제에 대해 관심이 덜 한 것으로 파악할 수 있다.

세대 간 차이가 뚜렷하게 대비되는 이유는 젊은 세대일수록 같은 민족이라 인식하지 않고, 직접적으로 연관되지 않은 존재로 인식하고 있기 때문이다. 공익 차원에서는 통일의 필요성을 인정하면서도 통일을 대비하기 위한 재정적 부담 이야기가 나오면 사익 차원에서 통일을 거부하는 경향이 나타나고 있다. 특히, 2030 세대는 어려운 취업환경, 부동산 문제 등을 겪고 있기에 통일문제는 시급하지 않거나 중요하지 않다고 인식하고 있는 것이다. 즉, 개인의 이익과 안위를 중시하는 경향이 강해, 통일이 개인의 삶에 어떤 이익을 가져다줄 것인지에 대해 회의적인 태도를 보이고 있다.

또한, 산업화 세대, 민주화 세대처럼 특정 가치관이나 이념에 매몰되지 않고 탈이념화된 모습을 보여주는 세대가 2030 세대이기에 통일의 주요 슬로건이었던 민족 동질성 회복에도 큰 반응을 하지 않고 있는 것으로 유추할 수 있다. 젊은 세대는 민족주의나 반공 등 기존의 통일담론에 익숙한 기성세대와 달리 통일문제에 대해 덜 공감하는 경향이 있다. 이들은 통일을 숙명적으로 받아들이기보다는 선택의 문제로 인식하고 있기 때문이다.

통일이 선택의 문제라면, 통일 이후에 2030 세대들에게 가져다줄 이익에 대해 담론을 만들어 나가야 한다. 예를 들어, 통일세 지출로 인한 재정적 부담이 우려된다는 젊은 세대에게는 통일이 가져올 경제적 성장과 관련 새로운 시장 창출, 자원 개발 등의 데이터를 제시하고, 군사적 대치 해소로 인한 불필요한 군비지출을 복지예산에 투입함으로써 경제적 이익이 상당함을 강조할 필요가 있다. 뿐만 아니라, 통일이 한국의 국제적 위상을 높이고, 평화롭고 안정적인 한반도를 통해 동북아시아의 중심 국가로 자리 잡을 수 있다는 점을 강조함으로써 통일이 우리 일상과 동떨어진 이야기가 아니라는 점을 깨닫게 해야 한다.

허재영 연세대

Q. 만약 북한이탈주민이 통일부 장관이 된다면?

2024년 9월 대한민국에 입국한 북한이탈주민은 3만 4천여 명을 넘어섰다. '우리 곁의 통일'이라고 할 수 있는 북한이탈주민의 공직 진출과 방송을 통한 대중 노출이 증가하면서 한국 사회에서 북한이탈주민을 자연스럽게 받아들이는 모습도 확산하고 있다. 그러나 우리는 북한이탈주민들을 정착 지원 및 인권유린 피해에 대한 구제 대상으로 여기며 이들에게 북한 주민을 대표하는 정책적 역할을 부여하는 관점은 부족하다. 북한이탈주민을 수동적으로만 바라보는 관점은 북한 문제에 대한 국제사회의 관심을 유지하는 데 걸림돌이다.

북한에 대한 국제사회의 우려는 크게 인권과 비핵화 문제로 나눠진다. 이 두 분야 모두 북한이탈주민이 이바지할 수 있는 여지가 크다. 북한 실상에 대한 국제사회의 궁금증은 지난 20여 년 간 지속되어 온 국내외 인권단체와 북한이탈주민 자신들의 노력 덕분에 상당 부분 해소되었고, 그 결과 북한 정권의 잔인함과 폭 력성을 축소 또는 미화하는 무지한 모습은 찾아보기 어려워졌다. 그러나 한국을 비롯해 주요국 대북정책에는 일관성이 부족한 것 또한 현실이다.

최대 당사국이지만 정권 성향에 따라 대북정책이 크게 달라 지는 한국은 물론이고 국제사회의 대북정책을 주도하는 미국도 이제는 정권에 따라 대북정책이 크게 달라지는 모습을 보인다. 따라서 북한이탈주민에게 북한 주민 전체를 대표하는 대표성과 자주성을 부여하여 대북제재와 비핵화 정책에 대한 국제사회의 공감대를 형성하고 정치 지형 변화 따른 대북정책 변화를 최소 화해야 한다. 이는 당연히 국내에서부터 시작되어야 한다.

지금까지 북한이탈주민은 대북정책에 있어 주도적인 역할보 다는 보조적인 역할을 담당하였다. 북한이탈주민이 제일 잘 알고 또 주도할 수 있는 인권 분야에서조차 북한이탈주민은 주로 피 해자로서 증언을 제공하는 역할에 국한되었다. 최근 들어서야 인 권 분야에 조예가 깊은 북한이탈주민이 이끄는 단체들이 늘어났 지만, 아직 북한이탈주민과 북한 주민은 스스로 인권을 쟁취하 는 능동적인 행위자가 아닌 외부 사회의 도움을 받아야 하는 대 상으로 보는 시각이 국내외에 팽배하다.

문답으로 풀어 본 트럼프와 한반도

이러한 대북정책의 심각한 맹점은 인권 부문에서 특히 두드러진다. 북한이탈주민을 피해자의 역할에만 한정하면서 국제사회와 북한 간 양자 대화에서 북한이탈주민은 배제되고 있다. 특히 유엔은 북한과 주기적으로 가지는 인권 대화에서 당사자인 북한 주민은 배제한 체 최대 인권유린자인 김정은 정권에게 주민들의 인권 개선을 촉구하는 소극farce을 이어오고 있다. 이는 북한이탈주민에게 대표성을 부여하지 않으면서 생기는 부조리다.

북한이탈주민은 북한 비핵화 정책의 정상화에도 이바지할 수 있다. 북한의 핵능력이 빠르게 고도화하고 비핵화에 대한 회의적 목소리가 미 조야에서 확산되면서 북한 비핵화 정책의 근간이 '비핵화'가 아닌 대북제재 실효성 여부로 변질되었다. 북한이 제재받게 된 원인이 된 불법적 핵개발에 대한 비판은 줄고 대신 제재 완화를 통한 북한과의 타협 주장에 힘이 실리고 있다. 이를 뒷받침하는 것이 제재 무용론이다.

그러나 북한 주민들의 민생이 어려워진 것은 대북제재만으로 설명할 수 없다. 2021년 이후 김정은 정권은 코로나19를 빌미로 북중 접경지대를 봉쇄하고 북한 전역에 확산되어 있던 장마당을 폐쇄하는 반시장정책을 실시하였다. 이로 인해 북한 주민들은 극심한 식량과 물자 부족에 시달렸고, 2023년에는 일부 지역에서 아사자까지 발생하였다. 이 비극적 실상과 정권의 책임을 제일 잘 아는 이들이 아직도 북녘에 가족을 두고 있는 북한이탈주민들이다.

국내외 흔들리는 대북정책을 바로 잡는 첫걸음이 바로 북한이탈주민들에게 대표성을 부여하는 것이다. 북한이탈주민 출신이 대북정책을 담당하고 국제사회와 외국정부와 협의하는 게 필요하다. 윤석열 정부에서 북한이탈주민들은 통일부 장관 특보 및 미래기획위원회, 북한인권증진위원회, 민주평화통일자문위원회 등 자문기관에서 고위급에 임명되어 분명히 전에 비해 위상이 높아졌다. 또한 여당 국회의원으로 현재까지 4명의 북한이탈주민 출신 국회의원이 배출되었다. 그러나 아직 대북정책을 책임지는 자리에는 임명되지 않았다.

만약 통일부 장관이 북한이탈주민 출신이라면 어떨까? 이를 통해 통일 논의에 북한 주민들이 참여한다는 상징성을 가질 수 있다. 민주주의 국가인 대한민국의 통일 정책에는 이미 시민단체들이 참여한다. 그러나 북한의 정책은 당과 김정은의 입장만 대변한다. 북한이탈주민 출신이 정부 각료로 임명된다면 한국은 남한뿐만 아니라 북한 주민들의 목소리가 담긴 통일 담론을 주도할 수 있다. 이를 통해 통일은 한국이 주도한다는 인상을 국제사회와 주요국에 확실히 각인시킬 수 있다. 북한 주민들에게 희망을 줄 수 있다는 점도 큰 장점이며, 북한의 통일 논의와 남북대화 거부로 존재감이 약해진 통일부가 대내외적으로 기관의 중요성을 부각할 기회가 될 수 있다.

문답으로 풀어 본 트럼프와 한반도

북한이탈주민이 직접 국제사회의 북한 인권 논의를 주도하고 북한 비핵화의 중요성을 강조하면 그 화제성만으로도 북한 정권의 반인륜적 행태와 대량살상무기 위협에 대한 국제적 비판 여론을 다시 환기할 수 있다. 한국의 대북정책은 한국 국민뿐만 아니라 북한 주민도 대표하게 되기에 그 호소력과 영향력이 배가된다. 이제는 우리 곁의 북한이탈주민을 단지 다가온 통일의 신호탄만이 아니라 마중물로도 적극 활약할 수 있도록 배려해야 한다.

고명현 국가안보전략연구원

Q. 한반도 통일에 대한 주변국들의 입장은?

남북한 통일문제는 남북한 내부 정치뿐만 아니라 동북아시아 지역 질서 전반에 복합적인 영향을 미치는 중요한 이슈이다. 특히 한반도를 둘러싼 주변국(미국, 중국, 일본, 러시아 등)은 각각의 안보적·경제적·정치적 이해관계에 따라 한반도 통일 문제를 바라보고 있으며, 통일과정에서 나타날 수 있는 불확실성에 대해 민감하게 반응하고 있다.

주변국들의 이해관계는 한반도가 통일되었을 때 나타날 새로운 질서를 어떻게 수용하고, 자국의 이익을 극대화할 것인가에 초점을 맞추고 있다. 따라서 각국은 "통일한국"이 지역 내 세력 균형에 어떤 영향을 끼칠지 사전에 계산하면서, 한반도의 분쟁 가능성이나 급변사태를 최소화하는 데에도 신경을 쓰고 있다.

문답으로 풀어 본 트럼프와 한반도

미국은 전통적으로 한반도에서의 안정과 비핵화 문제를 최우선 과제로 삼아 왔다. 특히 미국은 북한 핵 프로그램이 지역 안보와 전 세계 핵 비확산 체제에 위협이 된다고 판단하여 국제사회의 제재와 외교적 노력을 주도해 왔고, 원칙적으로 평화적 통일을 지지하고 있다. 한미동맹 체제를 유지한 채 통일이 이루어진다면, 동북아시아 지역에서 미국의 안보적 영향력을 공고히 할 수 있다고 보기 때문이다.

반면, 중국은 북한과 전통적으로 '피로써 맺어진 동맹' 관계를 유지해 왔고, 지리적으로 인접한 국가로서 북한의 안정이 곧 자국 국경지역 안정과 연결된다고 인식하고 있다. 동시에 북한이 급변사태를 맞아 난민이 대거 중국으로 유입되거나, 한미동맹이 북중 국경 인근까지 확장되는 상황을 부담스러워한다. 중국은 표면적으로 한반도 평화 통일을 지지한다고 밝히지만, 실제로는 북한 체제 붕괴나 통일 이후 친미 성향의 국가가 탄생하는 시나리오를 우려한다. 무엇보다 미중 경쟁 구도가 고조되는 상황에서 통일 한반도가 미국에 가까운 국가로 귀결될 경우, 동북아시아에서의 중국 영향력이 약화되는 결과를 초래할 수 있다는 점이 중국의 최대 우려로 볼 수 있다.

일본은 지리적으로 한반도와 가깝고, 북한의 핵·미사일 문제에서 직접적인 위협을 받고 있다고 인식한다. 일본은 원칙적으로 한반도의 평화적 통일을 지지하지만, 통일 후 한반도가 갖는 군사력과 경제력이 일본의 안보 및 경제적 지위에 어떤 영향을 줄지 주시하고 있다. 러시아의 경우 냉전 종식 이후 한반도 문제에서 큰 비중을 차지하지 않았으나, 최근 들어 동북아시아 지역에서의 영향력 회복을 꾀하려 하고 있다. 따라서 남북한 통일 이후 동북아시아 지역에서 러시아가 얼마나 영향력을 유지할 수 있을지에 관심을 두는 것처럼 파악된다.

남북한 통일은 안보적 측면, 정치적 측면, 경제적 측면에서 주변국들에 고민거리를 던져주고 있다. 먼저 안보적 측면을 살펴보면, 북한의 핵 프로그램은 한반도 통일 문제와 직결된다. 미국은 북한 비핵화를 위해, 중국은 국경 안정과 역내 세력 균형을 위해, 일본은 직접적 위협 제거를 위해, 러시아는 전략적 균형 유지를 위해 핵 문제를 중시하고 있다. 또한, 통일 후에도 주한미군이 계속 주둔할 것인가, 아니면 단계적으로 철수 혹은 축소될 것인가가 주요 쟁점이다.

정치적 측면에서는 주변국가들은 통일 과정에서 정권 이양 방식, 국제법적 승인 문제 등을 주시할 수 있다. 특히 중국과 러시아는 '내정간섭'이라는 비판을 받지 않으면서도 안정적이고 예측 가능한 통일을 희망한다. 이 과정 속에서 첨예한 대립이 예상된다. 특히, 통일 이후 일본과의 독도문제, 중국과의 역사 인식 문제 등이 통일한국 외교에서 여전히 쟁점이 될 수 있다. 통일 이후에도 주변국과의 역사 갈등, 영토 갈등은 성격이 다른 또 하나의 과제다.

마지막으로 경제적 측면에서는 통일과정에서 북한 지역의 대규모 인프라 투자 기회가 열릴 것이고, 중국, 일본, 러시아의 기업과 투자자들에게도 매력적으로 비칠 수 있다. 미국 역시 대외투자 또는 한국 기업과의 협력을 통해 경제적 이익을 기대할 수 있다. 이 과정에서 주변국과의 협력 방안을 어떻게 설계하느냐가 한반도 안정화의 핵심이라 할 수 있다.

이러한 고민거리를 해결하기 위해서는 첫째, 외교전략의 다양화가 필요하다. '한·미·일·중·러' 다자 협의체를 통해 통일 시나리오별 대응방안을 공유하고 의사소통을 강화해야 한다. 통일 과정에서 발생할 수 있는 난민 문제 등에 대한 사전 협의가 중요하다. 그리고 한국은 미국과의 동맹을 유지하되, 통일 이후 동북아시아 평화체제 구축에 있어 자주적인 외교 역량을 발휘할 수 있도록 확장억제와 자율성을 조정하는 과정이 필요할 것으로 판단된다. 이것은 중국이나 러시아와의 불필요한 갈등을 유발하지 않으면서도 미국과의 협력 관계를 안정적으로 지속하는 데 필수적인 과정이다. 뿐만 아니라, 통일 이후에도 중국의 이해관계를 존중하고, 상호 이익을 창출할 수 있는 실용적 협력 방안을 모색해야 한다. 예를 들어, '북중 접경지역 공동 개발 프로젝트'나 '한·중·러 가스관 연결 사업' 등을 공동 추진함으로써, 통일 후 중국이 우려하는 안보적 리스크를 상쇄할 수 있을 것이다.

둘째, 경제협력 인프라 구축이 필요하다. 한반도 종단철도TKR를 러시아의 시베리아횡단철도TSR나 중국횡단철도TCR와 연결하는 프로젝트를 추진하여, 유라시아 대륙 물류체계에 편입되는 것을 주변국과 협상할 필요가 있다. 철도 프로젝트는 중국과 러시아에도 경제적 이익이 되므로 경제협력에 대한 긍정적 동력을 창출할 수 있기 때문이다. 철도뿐 아니라 에너지 분야에서의 협력도 가능하다. 통일 한반도를 통해 남·북·러 가스 파이프라인 연결, 동북아 에너지망 구축 등이 가능해진다면, 주변국과의 상호 의존도가 높아져 갈등 위험이 줄어드는 효과가 있기 때문이다.

마지막으로, 국제기구 활용이 필요하다. 유엔산하기구(UNDP, UNICEF, WHO 등)들은 북한 내 인도적 지원과 개발 협력 사업을 오랜 기간 수행해 왔다. 통일 과도기에 이러한 국제기구의 역량을 적극 활용함으로써, 신뢰를 형성하고 주변국의 부담을 완화할 수 있을 것으로 기대된다. 종전선언 및 평화협정 체결 후 동북아시아 안보협력체로 발전시키는 과정에서, "동북아 다자안보협력기구"를 설립하는 방안을 모색함으로써 주변국들의 협력을 유도할 수 있다.

궁극적으로 한반도 통일은 주변국 모두가 이익을 공유할 수 있는 방향으로 설계되어야 하며, 미국과는 한미동맹의 재정립을, 중국과는 상호 불신을 줄이는 협력 채널을, 일본과는 역사·영토 문제 해소를 병행하면서 실용적 협력 방안을, 러시아와는 극동 개발 및 에너지 사업 협력을 구체화해야 한다. 국제사회의 일원으로서 통일한국이 주변국과 적극적인 협력을 꾀할 때, 주변국들은 자국의 안보와 경제 이익을 보장받으면서 한반도 통일을 긍정적으로 수용하게 될 것이다.

허재영 연세대

Q. 한반도 평화체제는 가능할까?

　'한반도 평화체제'는 남북한과 관련국 간에 공식적으로 전쟁 상태를 종식함으로써, 법적·제도적 체제를 통해 한반도에 실질적 평화가 보장되는 상태를 일컫는다.[20] 1950년에 발발한 한국전쟁은 1953년 정전협정으로 종결됨에 따라, 공식적으로는 종전終戰을 이루지 못했다. 이후 남북 및 관련 당사국은 정전체제에서 평화체제로의 전환을 목표로 논의를 진행해 왔고 합의를 이루기도 했는데, 결국 실패로 귀결되었다. 한반도 평화체제의 실현은 가능할까?

　냉전기에는 남북한 모두 공세적으로 평화체제 논의를 진행하

20　외교부, "한반도 평화체제", <https://www.mofa.go.kr/www/wpge/m_3982/contents.do> 참조.

며 경쟁했었다. 북한이 원하는 평화체제의 핵심은 주한미군 철수를 비롯하여 한미동맹 와해를 통해 북한의 체제 안전을 보장하는 평화 상태였다. 그러나 남한은 북한이 여전히 적화통일을 지향하는 것으로 판단했기 때문에, 한미 연합방위를 통한 전쟁 억제 효과, 유사시 연합작선 수행 등을 포기할 수 없었다. 북한이 요구하는 안전 보장 부분 역시 당사국인 미국도 수용하기 어려운 부분이었다. 탈냉전기에 들어서자, 남한이 체제 경쟁의 우위를 기반으로 평화 논의를 주도할 수 있는 환경이 도래한 듯했다. 그러나, 북한 핵문제가 불거지면서 평화체제 논의는 비핵화 협상과 맞물려 나타나게 된다. 북핵 문제가 주요국의 정책적 우선순위가 됨에 따라, 핵문제 진전 없이는 평화체제 논의의 가시적인 변화를 보기 어렵게 된 것이다. 한반도 평화체제 논의는 1990년대 후반 남·북·미·중 4자회담의 핵심 의제였고, 2000년 대의 6자회담에서는 관련 실무그룹이 가동되기도 했으나, 핵문제와 맞물려 진전을 보지 못했다.

2018~2019년, 다시 한반도 평화체제 논의에 있어 기대감이 높아진 계기가 있었다. 2018년 남북 정상회담 판문점 선언에서 종전선언과 정전협정을 평화협정으로 전환한다는 합의가 있었고, 미북 싱가포르 정상회담에서도 항구적이고 공고한 평화체제 구축을 위해 공동 노력하기로 합의했기 때문이다. 그러나 2019년 하노이 미북 정상회담에서 북한의 비핵화 조치 및 미국의 상응

조치에 대해 양측 간 협상이 결렬되었고, 동시에 남북한 관계 역시 경색 국면에 돌입하면서 관련 논의도 중단되었다.

국내적으로 쟁점이 되었던 부분은 비핵화 과정과 맞물려 한반도 평화체제에 대한 수단론과 결과론의 대립이었다. 우선 적극적 평화체제의 구축을 비핵화의 수단으로 활용함으로써, 북한의 안보 우려를 해소하고 평화적 핵 포기를 유도할 수 있다는 의견이 있었다. 특히 종전선언이나 평화협정을 조기에 추진하고, 이를 통해 상호 신뢰구축과 군사적 위협감소를 도모하면, 향후 비핵화도 가능하다는 논리였다. 그러나 정상회담을 통해 남북·미북관계의 획기적 개선도 이뤄졌고, 한미 연합훈련 중단, 남북 9·19 군사합의 등 군사적 신뢰구축 조치도 가동되었으나, 비핵화의 진전은 이루지 못했다. 종전선언과 평화협정 논의의 경우, 미국과 북한은 적극적이지 않았다.

결과론 측 입장은 비핵화를 달성한 후 한반도 평화체제를 최종 단계로서 고려한다. 북한의 비핵화와 남북 및 관련 당사국 간의 신뢰구축이 공고화되고 이의 제도화가 확립되었을 때, 진정한 평화적 체제를 달성한다는 것이다. 이러한 의견은 특히 수단론이 북한의 변화와 선의에 의존한 이상주의적 접근이라고 비판한다. 그러나 북한의 핵능력 고도화로 인해 초기에 비핵화 논의에만 집중할 경우, 평화체제 논의에는 진입도 하기 어려운 상황이 되었다. 더욱이 남북한 관계 경색, 미중 경쟁 및 러북 밀착 상황은 한반도 평화체제를 위한 남북 및 주변국의 협력을 어렵게 하고 있다.

그러나 정전체제의 긴장과 갈등을 관리하는 것이 한반도 상황의 최종 목표가 될 수는 없다. 우리는 미래세대가 살아가야 할 한반도에서 공고한 평화를 추구하고, 나아가 통일로 귀결되고자 하는 지향점을 포기할 수 없기 때문이다. 이에 따라 우리는 북한 비핵화를 도모하며 경제협력뿐 아니라 정치적·군사적 신뢰구축의 다양한 요소들을 단계적으로 활용하고, 미국을 비롯한 국제사회와의 협력을 통해 장기전략 차원에서 한반도 평화체제를 추진하는 것이 바람직하다.

특히 트럼프 2기를 맞이하여 평화체제 논의와 관련, 다음 사항을 고려할 수 있다. 첫째, 북한의 비핵화와 한반도의 평화체제 과정이 한반도만의 문제가 아님을 미국 및 우방국, 지역 및 국제사회에 설명하고, 국제연대를 이끌어내는 것이 필요하다. 한반도의 분단 상황은 국제사회에도 그 책임이 있다. 또한 북한의 핵문제는 지역의 안보 위협일 뿐 아니라 핵비확산체제NPT와 유엔을 비롯한 국제질서에도 영향을 미치고 있다. 북한 비핵화 과정과 더불어 한반도의 평화체제를 구축하는 것이 국제안보에도 중요한 사안이라는 점을 공유하는 것이 필요하다.

둘째, 한반도 평화체제 구축을 장기전략 차원에서 검토하는 만큼 확고한 대북 억제력을 확보하고, 이를 우선 안정적으로 관리해 나가는 것이 중요하다. 북한의 핵위협 상황부터 한반도에 공고한 평화를 구축해나가는 과정에서도 우리의 확고한 안보환경을 유지하는 것이 필요하기 때문이다. 이에 따라 한미 확장억제 강화는 물론, 핵협의그룹NCG, 한·미·일 3국 안보협력 등 추진 중인 대북 억제 기제의 제도화와 활성화가 필요하며, 이를 위해 트럼프 행정부에 대한 외교적 노력을 적극적으로 기울여야 한다.

셋째, 비핵화 및 한반도 평화체제 논의에 있어 한미 간 긴밀한 공조가 필요하다. 트럼프 2기 행정부에서 북한 비핵화 협상이 재개된다면, 미북 직접 협상의 형태로 이루어질 가능성이 크고, 트럼프 1기와 같이 한반도 평화체제와 관련한 사안이 다뤄질 수 있다. 특히 북한이 안보 우려 해소를 위해 주한미군 철수나 한미 연합훈련 중단을 요구하거나, 미국이 한국과 협의 없이 이에 호응할 경우, 대북 억제력을 흔들 수 있는 조치로서 역으로 우리의 안보 우려를 야기할 수 있다. 이는 북한이 오랫동안 추구해 온 한미 동맹 와해를 통한 북한 주도의 평화체제로서, 미국 역시 동맹 정책 및 인도-태평양 전략 등 거시적인 관점에서 판단할 필요가 있다는 점을 설명해야 한다. 한반도의 안보 상황이 핵능력에 기반한 북한에 압도될 수 있다는 점뿐 아니라, 미국이 국제사회 및 지역 차원의 이익을 확보해 나가는 데에 직접적인 영향을 줄 수 있다는 점도 강조하는 것이 필요하다.

김민성 **통일연구원**

저자 명단

고명현 국가안보전략연구원 안보전략연구실장
김동찬 연세대 국제학대학원 교수
김민성 통일연구원 부연구위원
김현욱 세종연구소 소장
박원곤 이화여대 북한학과 교수, 통일학연구원장
박재적 연세대 국제학대학원 교수
박지영 경제사회연구원 원장
반길주 국립외교원 교수
백선우 국가안보전략연구원 부연구위원
신범철 세종연구소 안보전략센터장, 전 국방부 차관
심상민 KAIST 녹색성장대학원 교수
양준석 연세대 정치외교학과 교수
유준구 세종연구소 선임연구위원
이기태 세종연구소 선임연구위원
이성원 세종연구소 외교전략센터장
정성윤 통일연구원 선임연구위원
최현진 경희대 정치외교학과 교수
하경석 국가안보전략연구원 부연구위원
한석희 국가안보전략연구원 원장, 연세대 국제학대학원 교수
허재영 연세대 글로벌인재학부 교수
허태근 전 국방부 국방정책실장

(가나다 순, 총21명)

문답으로 풀어 본
트럼프와 한반도

초판 1쇄 인쇄 2025년 3월 7일
초판 1쇄 발행 2025년 3월 12일

지은이 고명현, 김동찬, 김민성, 김현욱, 박원곤, 박재적, 박지영,
　　　　　반길주, 백선우, 신범철, 심상민, 양준석, 유준구, 이기태
　　　　　이성원, 정성윤, 최현진, 하경석, 한석희, 허재영, 허태근
발행인 전익균

이사　　정정오, 윤종옥, 김기충
기획　　조양제
편집　　김혜선, 전민서, 백연서
디자인 페이지제로
관리　　이지현, 김영진
마케팅 (주)새빛컴즈
유통　　새빛북스

펴낸곳 도서출판 새빛
전화 (02) 2203-1996, (031) 427-4399 **팩스** (050) 4328-4393
출판문의 및 원고투고 이메일 svcoms@naver.com
등록번호 제215-92-61832호 **등록일자** 2010. 7. 12

값 22,000원
ISBN 979-11-91517-95-8 03340